DAXUESHENG DEYU
JIAOYU LILUN
YU
SHIJIAN
JIAOCHENG

大学生德育
教育理论与实践教程

王 伟 梁谦慧 主编

化学工业出版社

·北京·

内 容 简 介

《大学生德育教育理论与实践教程》立足党的二十大"立德树人"教育方针，依托传统文化底蕴与多年教学实践，围绕大学生核心素养培育展开系统阐述。

全书共分 7 章，涵盖大学生德育教育基础、心理健康、传统文化、文明素养、平安法纪、能力提升、社会实践、创新创业和志愿服务等核心维度，通过德育实践基地建设、特色班级案例等鲜活素材，将理论阐释与实践指导有机融合。用典型案例指引发展方向，助力大学生在知识学习与素养提升中实现德智体美劳全面发展，为高校落实"三全育人"要求、培养担当民族复兴大任的时代新人提供实践范本。

本书可以作为普通高等学校德育公共课程或思政课程的教学用书，也可作为大学生提升自身德育素养的参考用书。

图书在版编目（CIP）数据

大学生德育教育理论与实践教程 / 王伟，梁谦慧主编. -- 北京：化学工业出版社，2025. 8. --（普通高等教育教材）. -- ISBN 978-7-122-48878-7

Ⅰ. G641. 6

中国国家版本馆 CIP 数据核字第 2025ZC2755 号

责任编辑：丁建华　江百宁　　　　装帧设计：刘丽华
责任校对：王　静

出版发行：化学工业出版社
　　　　　（北京市东城区青年湖南街 13 号　邮政编码 100011）
印　　装：天津千鹤文化传播有限公司
787mm×1092mm　1/16　印张 10½　彩插 4　字数 238 千字
2025 年 8 月北京第 1 版第 1 次印刷

购书咨询：010-64518888　　　　售后服务：010-64518899
网　　址：http://www.cip.com.cn
凡购买本书，如有缺损质量问题，本社销售中心负责调换。

定　　价：49. 80 元　　　　　　　　版权所有　违者必究

《大学生德育教育理论与实践教程》
编写人员

主　编：王　伟　梁谦慧

副主编：王爱琴　漆　婧　杜毓峰

参　编：王　栋　穆鑫灵　余志川　陆　波　曾易华　刘文倩

前言

    党的二十大报告指出,"育人的根本在于立德",要求"全面贯彻党的教育方针,落实立德树人根本任务,培养德智体美劳全面发展的社会主义建设者和接班人"。大学生在校期间,除了学习专业知识外,提升素养也至关重要。个人素养不仅影响大学生在校期间的学习和生活,也影响大学生未来的人生发展。本书即是在此背景下,立足传统文化,从多年的教学经验出发,在充分调研的基础上,遴选出有助于提升大学生核心素养的具体内容,用平实的语言、鲜活的案例为大学生答疑解惑,引导其树立正确的世界观、人生观、价值观。

    本书分为 7 章,分别从大学生德育教育基础、心理健康、传统文化、文明素养、平安法纪、能力提升、社会实践、创新创业和志愿服务以及德育实践基地建设、特色班级案例等方面,理论结合实例,旨在培养学生的核心素养,为学生提出良好的建议,丰富学生大学生活、培养学生学习兴趣及实践能力。书中所列理论与实践研究数据均为编者团队多年工作所总结,希望对读者具有一定借鉴意义。

    本书由南昌交通学院王伟、梁谦慧担任主编,负责图书框架设计及全书统稿工作;王爱琴、漆婧、杜毓峰担任副主编,王爱琴编写了绪论、第三、七章及附录,漆婧编写了绪论、第一、二、五章,杜毓峰编写了第四、六、七章;参编人员王栋、穆鑫灵、余志川、陆波、曾易华、刘文倩,负责全书资料收集整理及校稿工作。

    在本书编写过程中,得到了中国科学院心理研究所吴瑞华研究员的指导,也得到了南昌交通学院领导和师生的关心和支持,同时,还参考了相关作者的文献资料,在此一并致以衷心的感谢。

    由于编者水平有限,书中难免存在不足之处,敬请广大读者批评指正,以便进一步修改完善。

编　者

2025 年 4 月

第一章

绪论

 学习目标 ....

一、认知发展目标

1. 深化对大学生思想道德现状的理解。深入了解当代大学生的思想道德现状，包括其积极面和存在的问题。

2. 把握社会主义核心价值观的多元载体。阐释人生观、荣辱观、集体观的内涵及教育路径，理解"人性教育""实践教育"对价值观内化的作用。辨析伦理精神（团结协作、社会责任）、民族精神（文化传承与创新）、创新精神（时代价值）的辩证关系及其对社会主义核心价值观的支撑意义。

3. 深化对中华传统美德与革命道德的认知。梳理中华传统美德的核心内容（整体利益、仁爱、诚信、修身等）及其对当代道德建设的启示。总结中国革命道德的历史价值（如坚定理想信念、抵制腐朽思想）与新时代的现实意义（助力"四个全面"战略）。

二、能力培养目标

1. 理论应用能力。运用马克思主义立场分析社会思潮对青年价值观的影响，提出针对性的教育策略（如结合生产劳动、社会实践）。设计融合传统美德与革命道德的教育案例，如通过"义利之辨"讨论市场经济中的集体主义实践。

2. 批判性思维与价值选择能力。通过比较中西价值观（如集体主义和个人主义），批判历史虚无主义对革命道德的歪曲，形成独立的价值判断。在多元文化冲突中，构建基于伦理精神（如"推己及人"）的道德决策框架，解决现实伦理困境（如个人利益与集体利益的权衡）。

3. 实践创新能力。策划"知行合一"实践项目（如红色文化调研、社区志愿服务），将理想信念转化为具体行动。运用创新思维设计传统文化的现代表达形式（如数字媒介传播革命故事），增强道德教育的吸引力和感染力。

三、情感态度目标

1. 树立坚定的政治信仰与历史使命感。认同中国梦与个人理想的统一性，形成将青春梦融入国家发展的自觉意识。通过革命道德教育（如学习先烈事迹），激发对社会主义制度的政治认同与捍卫决心。

2. 培育文化自信与民族认同。从中华传统美德（如"先天下之忧而忧"）中感悟民族精神，增强文化归属感与传承责任感。抵制西方文化霸权，在多元文化对话中维护中华文化的主体性，形成开放包容的文化心态。

3. 内化道德自律与社会责任感。通过荣辱观教育（如"践行社会主义荣辱观"）建立清晰的道德边界，形成耻感文化与向善人格。践行"老吾老以及人之老"的仁爱精神，主动参与社会公益（如关爱弱势群体），强化公民责任感。

四、实践应用目标

1. 教育实践项目设计。组织"理想信念常态化教育"系列活动（如定期理论研讨、榜样人物访谈），探索长效教育机制。开展"传统美德进校园"行动（如经典诵读、礼仪培训），推动传统文化融入日常行为规范。

2. 社会调研与问题解决。调研大学生价值观现状（如物质主义倾向），提出基于伦理精神的教育干预方案（如社会责任课程开发）。针对网络空间历史虚无主义（如诋毁英雄现象），设计新媒体反制策略（如制作革命故事短视频）。

3. 个人修身与行为转化。制订"日省吾身"计划（如道德日志记录），践行诚信、克骄防矜等传统美德。参与"红色基因传承"实践（如重走长征路），在革命圣地体验中强化艰苦奋斗精神。

"德性"（同"德行"）这个词在我国古代典籍中含义较广。《尚书》中有"敬德""明德"的提法，训诂学家依据中国文字的特点，指出音与义的内在联系，认为"训诂之旨，本于声音"，因而认为从"德"的读音可以了解它的原始意义。东汉的刘熙对"德"的解释是："德者，得也，得事宜也。"意思是说，"德"就是把人与人之间的关系处理得合适，使自己和他人都有所得。许慎在《说文解字》中对"德"字做了更为详细的解释："德，外得于人，内得于己也。"也就是说，"德"就是在处理人与人的关系时，既能做到外得于人，使个人各得其益；又能做到内得于己，使自己身心受益。而"性"在中国古代则用于代表人性中之善良者。《说文解字》："性，人之阳气性善者也，从心，生声。"即人的善良本性，从属于阳的心气。所以，在中国古代"德性"的含义实际上是指能够妥善处理人与外界之间关系的人性中的美好善良的品质（即道德和品行）。例如我国古代所提倡的仁、义、礼、勇、宽、信、刚、毅等，以及我们今天所提倡的诚实、勇敢、信用、爱国、奉献等，无不属于德行的范畴。

在西方，德行（Virtue）一词也具有大致相同的含义。例如，亚里士多德认为德行是一种使个性达到善、福的性质，他把德行分为两大类：一类是理智的，一类是品质的；柏拉图认为德行是与人的天赋相适应的品性，他把德行分为智慧、勇敢、节制和正义四种。理智的德行通过教育而生成、培养起来；品质的德行则来自习惯的锻炼和运用。在《欧洲道德史》（*History of European Morals*）一书中，英国学者威廉·爱德华·哈特波尔·莱基将德行分为四类：第一类是严肃的德行，如庄敬、虔诚、贞操、刚正等，它们往往带有宗教色彩，显示了人性中庄严肃穆的一面；第二类是壮烈的德行，如勇敢、牺牲、忠烈、义侠、坚毅等，它们大都属于武德，为战时所必需；第三类是温和的德行，如勤劳、节俭、信用、坚韧等，它们是促使人们的事业获得成功的德行；第四类是实用的德行，强调现实生活中的实践智慧，与亚里士多德"理智"德行相关，注重在具体情境中实现善的能力。

无论是中国还是西方，对德行的认识有一个共同点，就是认为德行是人类最美好善良的一部分。在社会主义社会，我们所提倡的德行不仅应包括以上的内容，而且还包括社会主义道德的内容，比如爱国主义、集体主义、先公后私，等等。当然，人性中不仅仅有美好的部分，还有不好的部分，因此德行也是需要养成和培育的，这种德行的养成和培育就是我们所说的德育，它不仅包括个人道德修养的培育，还包括树立正确的世界观、人生观以及正确认识和对待社会、自然、自身、他人的生活态度，等等。

随着社会的快速发展和全球化的深入推进，大学生德育工作面临着前所未有的机遇与挑战。德育作为高等教育的重要组成部分，对于培养大学生的道德品质、社会责任感和公民意识具有不可替代的作用。然而，当前大学生德育工作在实践中仍存在诸多问题，如教育内容与方法陈旧、教育效果不佳等。因此，了解大学生德育工作的现状、内在机理及工作模式，对于提升德育教育质量、培养德才兼备的高素质人才具有重要意义。

第一节　大学生德育教育现状

一、当代大学生的思想道德现状

在中华民族伟大复兴的历史征程中，当代大学生作为新时代最富活力、最具创造性的群体，其思想道德状况既折射出社会转型期的时代特征，也承载着民族复兴的希望与挑战。总体而言，当代青年学生的道德认知呈现积极向上的基本面貌，但在价值选择、责任担当、行为实践等维度仍存在值得关注的发展空间，这种矛盾统一性恰是青年群体成长规律的真实写照。

1. 价值坐标的双重建构：理想追求与现实考量的交织

在全球化浪潮与市场经济的双重影响下，大学生的价值取向呈现出鲜明的时代特征。多数青年在"为中华民族伟大复兴而读书"的使命感召下，展现出强烈的家国情怀。大多数的学生能够将个人命运与国家发展紧密相连。但也有一些学生更看重个人的发展。这种价值取向的二元性，实质是理想信念与生存现实碰撞的产物，既反映出青年对美好生活的合理诉求，也暴露出物质主义思潮对精神世界的侵蚀。

2. 责任意识的代际差异：从"大我"到"小我"的认知演变

相较于前辈"我是祖国的一块砖"的集体主义情怀，当代大学生在责任认知上呈现出新的特点。某985高校跟踪调查发现，"00后"大学生对"天下兴亡匹夫有责"的认同度较高，但仅有一部分学生参与过社区志愿服务。这种"高认同、低践行"的悖论，折射出责任担当的知行断裂。在公共事务中，青年更倾向于通过社交媒体表达观点，而非线下行动。这种"键盘公益"现象，既包含技术赋能带来的表达便利，也暴露出行动惰性与责任虚化。值得警惕的是，有些学生认为"公共事务与己无关"，这种去责任化的倾向若不加以引导，将消解社会共同体的价值根基。

3. 个体与集体的辩证关系：自我实现与团队精神的平衡难题

在崇尚个性解放的今天，大学生对"自我价值"的追寻达到前所未有的高度。某高校社团活动数据显示，73%的学生在团队项目中因意见分歧选择退出，折射出个体意识觉醒带来的协作困境。这种"自我彰显"具有双重性，既包含突破传统束缚的创新勇气，也暗含规则意识的淡漠。在课堂讨论中，"我要表达"的声音压倒"我们该如何"的共识寻求；在宿舍生活中，个人作息与集体生活的矛盾频发。如何构建既尊重个性又培育共性的教育生态，成为高校德育的重要课题。

4. 公德素养的现代转型：规则意识与文明习惯的培育路径

公共领域的行为失范，暴露出青年公德教育的短板。例如，某城市地铁不文明行为观察报告显示，65%的学生认为"只要不违法，细节无关紧要"，这种法律底线思维与道德高线要求的错位，凸显出公德教育的深层困境。

5. 知行转化的实践困境：道德认知与行为选择的断裂机理

"知而不行"的道德悖论，在青年群体中具有典型性。某高校德育测评显示，91%的学生能准确判断"考试作弊"的道德属性，但仍有12%的学生承认有过作弊行为。这种认知与行为的背离，源于多重因素：一是道德教育重说教轻实践的路径依赖；二是社会转型期"双重道德标准"的示范效应；三是青年心理发展阶段的"理想化"与"现实感"冲突。要破解这一难题，需构建"认知-情感-意志-行为"的全链条教育模式。

6. 发展目标的功利取向：短期利益与长期价值的博弈

在就业压力与成功焦虑的双重挤压下，大学生的发展目标呈现明显的功利化倾向。某高校就业指导中心的数据显示，62%的学生将"起薪水平"作为求职首要标准，仅有28%的学生关注"职业发展空间"。这种"急功近利"的选择，既是生存压力的客观反映，也暴露出生命教育的缺失。当"上岸""躺平"成为网络热词，当"慢就业""间隔年"渐成趋势，折射出青年在价值实现路径上的迷茫与焦虑。

二、高校德育工作现状

面对日益复杂的德育工作环境，很多高校在德育工作上成效较低，存在"德育首位"名存实亡的现状。这种困境源于多方面因素：教育理念存在偏差，将德育简单等同于政治说教；评价机制不完善，重科研、轻育人的考核导向根深蒂固；社会环境剧烈变迁，多元价值观冲击传统德育范式，形成"5+2≤0"的教育效果衰减效应。具体表现在以下几个方面。

① 德育目标过于理想化。高校德育目标往往设定得过于宏大和抽象，缺乏针对性和可操作性，难以在实际教育中得到有效落实。诸如"培养社会主义建设者和接班人"等表述，既缺乏分层分类的具体指标，也未能建立与专业教育相融合的实施路径，导致一线教师陷入"高空作业"的实践困境。部分院校甚至存在目标体系十年未更新的僵化现象，严重滞后于新时代青年的思想发展规律。

② 教育内容的安排欠合理。德育内容与大学生的实际生活和社会需求脱节，缺乏时代性和吸引力。教材更新周期普遍超过五年，典型案例库中仍大量沿用二十世纪素材，对区块链、元宇宙等新兴领域的伦理探讨较少。同时，课程安排不合理，导致德育工作缺乏系统性和连贯性。选修课学分权重不足，"孤岛式"的教学模块难以形成教育合力。

③ 德育方法单一。目前，高校德育方法仍以传统的课堂讲授为主，缺乏互动性和实践性，难以激发学生的学习兴趣和参与度。问卷调查显示，83.6%的思政课仍采用"PPT+讲述"模式，尝试过情景模拟或辩论教学的教师人数比例较低。在移动互联时代成长的新生代更适应碎片化、可视化学习，但多数高校尚未建立有效的融媒体教学矩阵，虚拟仿真技术的应用比例较低。

面对这些时代课题，高校德育需构建"三位一体"的育人体系：以理想信念教育筑牢价值根基，以社会实践教育搭建知行桥梁，以文化浸润教育涵养精神家园。当我们将道德教育从"知识灌输"转向"价值引领"，从"行为约束"转向"精神成长"，方能培育出既仰望星空又脚踏实地的新时代青年，让青春在民族复兴的征程中绽放绚丽之花。

第二节　大学生德育工作内在机理

一、人生观、荣辱观、集体观教育

1. 人生观教育

人生观教育通常涉及世界观、价值观教育，是因为世界观、人生观、价值观有着密切的联系。首先，它们都是人在认识和判断外在世界时产生的一种蕴含主体需要和倾向的观念形态，它们的产生和存在形式，具有相近或一致的性质。其次，世界观、人生观和价值观都是主体的意识，虽然面对的对象不尽相同，但是最后归结于主体的观念中，是主体整体观念的组成部分。最后，世界观、人生观和价值观作为主体的一个观念系统，都对人的行为发挥着指导和指向作用，世界观、人生观、价值观本身就具有包容、渗透、指向统一的特征，在指导人的行为方面，其功能也不是单一的，而是紧密联系在一起的。当前，大学生人生观教育中要充分体现人性教育的内涵。人性教育应是对大学生进行的旨在促进其人性境界提升、美好心灵塑造、理想人格培养及个人与社会价值实现的教育。从一定程度而言，道德规范本质上就是人性规范，而人性的核心就是要体现向善的原则。人性教育是综合一个人知、情、意等精神范畴与身体范畴的统一整体，即人品涵养的素质教育。人性教育有利于培养大学生正确的道德判断能力，并在此基础上使社会道德规范内化为一种意志和信念，从而自觉地付诸实践。人生观教育不能停留在形式上，而应在社会育人要求的同时加强人性教育。教育大学生人心向善，学会对人的尊重，对人生命的关爱，对人尊严的维护，做到既善待自己又善待他人，既爱护自己又爱护别人，树立爱心、同情心和责任感。

2. 社会主义荣辱观教育

社会主义荣辱观明确了当代大学生的基本价值取向、道德规范和行为准则。只有把握了社会主义荣辱观，才能明确自己的人生目标、人生意义和人生价值。首先要让学生知荣明耻，加强自我教育。当前我们开展的社会主义荣辱观教育有着重要的现实意义。追溯人类历史，有关荣辱的论述不计其数。古人讲"知耻近乎勇""不知荣辱乃不能成人""宁可穷而有志，不可富而失节""宁可毁人，不可毁誉""过则勿惮改"，说明古代的哲人志士将荣辱放到与人格同样重要的地位。当代大学生应该自觉践行社会主义荣辱观，净化心灵、熏陶思想、升华认识、提高觉悟。同时要加强实践教育。社会主义荣辱观教育重在实践。开展社会实践活动，有利于增强大学生的社会责任感，使大学生反思和改变自我价值观上的某些模糊认识，养成谦虚谨慎的品格和艰苦奋斗的作风。为此，高校应该创造有利条件，利用社会实践、志愿者活动、主题教育等多种形式的宣传教育实践活动，使理论教育与实践教育有机结合。

3. 集体观教育

集体观教育也是社会主义核心价值观教育的题中之义。集体主义价值观崇尚集体优先、社会至上的原则。集体主义来源于中国传统文化的群体本位主义，这与西方个人至上的价值观截然不同。在当前社会主义市场经济条件下，个人的主体性意识凸显，我们再进行集体观教育，要注意统筹兼顾个人、集体与国家的利益关系。马克思认为："既然正确理解的利益是整个道德的基础，那就必须使个别人的利益符合于全人类的利益。"因此，从个人利益和集体利益相统一的角度出发理解和认识集体主义，并宣传集体主义，才能很好地让学生认可这种集体主义思想，也才能正确地认识马克思主义关于人的社会性本质的理论。马克思主义也认为，每个人既是手段又是目的，并且只有成为他人的手段时才能达到自己的目的，因此，"在真实的集体条件下，各个人在自己的联合中并通过这种联合而获得自己的自由"。中国特色社会主义的集体观强调集体利益高于个人利益，但同时也不否认对于个人合法利益的保护，它强调集体利益必须与个人利益相结合，包含着对于个人权利、个人利益、个人价值的尊重、维护和保障的内容。

二、伦理精神、民族精神、创新精神教育

1. 伦理精神教育

伦理精神是特定民族在生存环境与社会实践中，经历史演进形成的以善恶为表征的社会意识形态，其本质是经济关系的伦理化凝练。作为伦理意识与道德准则的结晶，它构成民族成员普遍认同的整合性价值体系，居于道德规范体系的核心位置，以稳定性价值导向支配个体道德实践与社会伦理秩序。伦理精神作为正确的社会意识，会对社会发展产生强大的推动力。就中国实现民族复兴的价值诉求而论，伦理精神的时代价值更为突出：一方面，伦理精神有助于人们形成正确的世界观、人生观和价值观，帮助公民个体在市场经济条件下，克服工具理性的弊端，正确认识自我、评价自我和实现自我，从而实现个人与社会价值；另一方面，伦理精神能够为建设自由、平等、公正、法治的和谐社会以及富强、民主、文明、和谐的国家提供坚实的伦理基础，增强民族的凝聚力和向心力；同时，社会主义核心价值观所倡导的爱国、敬业、诚信、友善是社会主义伦理精神的集中体现，是社会主义公民个人层面的价值准则。因此，大学生伦理精神教育是社会主义核心价值观教育的应有之义。当前对大学生进行伦理精神培育，要重点培养大学生的团结协作意识与社会责任意识。团结协作是现代社会的一个突出特点。当代大学生个性张扬，有创新精神，敢闯敢干，但是，因为国家、社会、集体是个人成长的园地，成才的摇篮和成功的沃土，只有正确处理好个人与个人、个人与社会、个人与国家的关系，增强社会意识、集体意识、团队意识，与集体成员团结协作，和睦友善，共同进步，才能取得成功。责任作为一种可贵的品质，是个人或组织应该秉持的价值观念和道德准则之一。大学生社会主义核心价值观教育要将"社会责任"作为共同的价值目标和理想追求，着力教育引导学生葆有鲜明的社会责任意识，在认识、吸纳一切有益的人类文明成果的同时，高扬主旋律，注重理想信念，强化祖国意识与爱国情感，增强对各种思潮的辨别、筛选及对相关腐朽思想的抵抗能力，从而顺利成长为中国特色社会主义事业的合格建设者与接班人。

2. 民族精神教育

高昂的民族精神是衡量一个国家综合国力强盛与否的重要标志之一。民族精神代表着一个民族群体的性格特征、行为准则、价值观念和思想品格，是民族优秀文化的核心与灵魂，是民族文化的本质与精华。面对多元价值并存的时代现状，只有全面了解本民族的文

化脉络与历史传承，才能筑牢民族自尊自信的精神基石。对自身文明积淀的深刻认知，是维系民族认同感与自豪感的核心要素。中国古代优秀道德思想是思想道德建设的宝贵资源，要从发掘传统文化在现实中的指导作用出发，加强对大学生进行中国文明史和中华优秀传统文化教育。

在全球化与文化多元交互的时代环境下，当代大学生肩负着双重文化使命：既要通过系统研习中华优秀传统文化精髓、赓续民族精神命脉，构建文化主体性；又需以开放包容的姿态汲取人类文明优秀成果，实现跨文化对话。这一过程本质上是对人文素养的立体化塑造——要求青年学子在价值认知、精神品格与审美境界三个维度实现协同提升，最终成长为社会主义先进文化的忠实践行者、创造性传承者与开拓性建设者。这已成为新时代高校思想政治教育与通识教育改革的核心交汇点。教育要实现人的全面发展，必然要提升人的主体性，而主体性的提升往往取决于对浸染于教育中的文化的理解。因此，对青年学生进行社会主义核心价值观教育，要让他们深刻了解本民族的历史与文化传统，并从优秀的文化传统中汲取营养。在多元文化相互交融与碰撞的今天，尤其是在西方主导的文化传播格局中，教育要注重对中华传统文化和价值的传承与领悟，还要强调对世界多元文化和价值的尊重与理解。要教育学生承担民族文化的保存、传递与发展的重任，突出民族文化的主体性。要引导学生学会以本土文化的视角审视其他民族文化，同时以异域文化的视角反观自身文化传统，从而培养他们兼具家国情怀与全球视野的格局。这种双向的文化认知能力，将使其能够主动且富有鉴别力地汲取世界各民族文化精髓，推动中华文明在全球范围内产生更深远的影响，为人类发展作出更大贡献。

3. 创新精神教育

民族精神文化需要继承、发扬，更要创新。要培养具有世界眼光和全球意识的人才，必须增强民族文化精神的创新活力。这包含双重使命：既要推动人类共同价值深度融入中华文化基因，也要促使中华文化精华转化为全球文明的重要构成部分。只有创新型人才才能担当如此重任，对社会做出里程碑式的贡献。而当代中国精神就是以爱国主义为核心的民族精神和以改革创新为核心的时代精神。以改革创新为核心的时代精神是中国特色社会主义建设的助推器，创新精神是时代的最强音，同时也是对大学生全面发展的素质要求，因而创新精神教育既是大学生社会主义核心价值观教育的重要载体，也是思想道德教育和通识教育的重要内容。创新精神教育是以培养创新素质和创新人才为目的的教育活动。培养学生成为具有创造性思维、创造性能力的人才，既是高等教育培养人才的方向和目标，也是中国教育改革与发展的方向和重点。如何指导大学生在观念、知识、能力、心理等方面尽快适应新时代的要求，是大学生思想道德教育需要研究和解决的新课题。当前，高等教育的创新目标就是培养学生具有完整的人格，能够扎根民族与民生，关怀天下，能够开拓视野、追求卓越、立足前沿，具有科学精神与理性批判能力，具有探索精神与可持续发展能力，具有创新精神与创造实践能力。

另外，现代社会中个人成就愈发依赖心理健康等非智力因素。只有当价值观教育从理论概念转化为群体心理共识，并内化为学生个体的深层价值认同，方能实现有效的教化功能。对于高校而言，在推进社会主义核心价值观教育过程中，须将心理素质培养置于重要地位。真正稳固的价值观塑造不仅需要理性认知的深化，更需情感共鸣的唤醒。通过实施生命教育与心理韧性训练，有效激发青年学子的生命潜能，增强其应对挫折的心理弹性。唯有具备健全的心理品质，当代大学生才能更深刻地理解并践行社会主义核心价值观。

第三节　大学生德育工作模式研究

人类道德的发展具有内在的规律性，人们的道德修养也有其客观要求，都是在继承和弘扬优良道德传统的基础上不断发展和进步的。中华传统美德是中华文化的精髓，蕴含着丰富的思想道德资源。大学生应当自觉继承和弘扬我国人民在长期实践中培育和形成的传统美德，努力成为传播中华美德、中华优秀文化的主体。

一、中华传统美德的弘扬

中华传统美德内涵丰富、博大精深，是中华传统文化中不可分割的组成部分，是人类文明发展的重要精神财富，是我国社会主义道德建设的源头活水。

1. 重视整体利益、国家利益和民族利益，强调责任意识和奉献精神

在中国传统道德的发展演化中，始终注意义利之辨、理欲之辨、公私之辨，而核心和本质是公私之辨。"公义胜私欲"是中国传统道德的根本要求。两千多年前的《诗经》已经提出"夙夜在公"的道德要求，认为日夜为公家办事是一种高尚的道德品质。《尚书》也有"以公灭私，民其允怀"的思想，认为朝廷官员应当以公心灭除自己的私欲，这样就可以得到老百姓的信任和依附。西汉初年的贾谊在他的《治安策》中提出"国而忘家，公而忘私"，宋代的范仲淹在《岳阳楼记》中提出"先天下之忧而忧，后天下之乐而乐"，都体现了强烈的为国家、为民族献身的精神。我国历史上曾出现过许多爱国爱民、为民族为社会舍小家顾大家的杰出人物，他们创造了无数可歌可泣的业绩，至今仍为人们所传颂。正是从国家利益和整体利益的原则出发，中国古代思想家强调在"义"和"利"发生矛盾时，应当"义以为上""先义后利""见利思义""见义勇为"，主张"义然后取"，反对"重利轻义"和"见利忘义"。这种义利观不但在中华民族的长期发展中起了积极的作用，而且对当前提高我国社会成员的道德水平仍有重要意义。

2. 推崇"仁爱"原则，追求人际和谐

中华传统美德一向尊重人的尊严和价值，崇尚"仁爱"原则，主张"仁者爱人"，强调要"推己及人"，关心他人。孔子强调"己所不欲，勿施于人"（《论语·颜渊》），"己欲立而立人，己欲达而达人"（《论语·雍也》），在人和人的相处中，应当设身处地地为对方考虑，凡是我不愿意别人施加于我的事情，我都应当自觉地不施加于别人，以免别人受到伤害；我希望达成的事情，也要允许和帮助别人达成。孟子强调"老吾老，以及人之老；幼吾幼，以及人之幼"（《孟子·梁惠王上》），"亲亲而仁民，仁民而爱物"（《孟子·尽心上》）。荀子则强调"仁者自爱"。墨子从人和人之间的"和为贵"，提出了"亲仁善邻，国之宝也"的思想，强调社会和谐，讲求和睦友善，倡导团结互助，追求和平共处。在人际相处上，中国人历来主张与人为善、推己及人，建立和谐友爱的人际关系；在民族关系上，中华各民族互相交融、和衷共济，建设团结和睦的大家庭；在对外关系上，中华民族

倡导亲仁善邻、协和万邦，与世界其他民族在平等相待、互相尊重的基础上发展友好合作关系。推崇仁爱、崇尚和谐、爱好和平是中华民族的优良传统和高尚品德。

3. 讲求谦敬礼让，强调克骄防矜

中国自古就有"礼仪之邦"的美誉，谦敬礼让是中华传统美德的重要体现。在中国传统道德文化中，谦敬既是个人修养的美德，也是立人处世的道德要求。谦即自谦，虚以处己；敬即敬人，以礼待人。谦敬与礼让是联系在一起的，如孟子在《孟子·公孙丑上》中强调："辞让之心，礼之端也。"中国传统道德文化认为，礼是人与其他动物相区别的标志。"凡人之所以为人者，礼义也"（《礼记·冠义》）。礼也是人的立身之本。孔子说"不学礼，无以立"（《论语·季氏》）。《左传》中也说"礼，人之干也。无礼，无以立"。中国传统道德在提倡谦敬礼让的同时，提醒人们不骄不矜、戒骄戒躁。

4. 倡导言行一致，强调恪守诚信

在中国古人看来，诚是指一种真实无妄、表里如一的品格，也是道德的根本，故"养心莫善于诚"（《荀子·不苟》）。信是指一种诚实不欺、遵守诺言的品格。孔子提出"人而无信，不知其可也"（《论语·为政》），认为"民无信不立"。荀子则进一步将信推行于选贤治国，使信不仅成为朋友伦理、交际伦理的规范，而且扩至一切伦理关系皆应以诚信为本。在中国传统社会，诚信的内容和要求是多方面的，但最基本的是以诚为本，取信于人，"与朋友交，言而有信"（《论语·学而》）；为人思诚，信以行义，"信近于义，言可复也"。诚信之德在于言行一致、表里如一、讲究信用、遵守诺言。

5. 追求精神境界，重视道德需要

中国传统道德文化强调，人之所以不同于其他动物，是因为人有道德。人们除了有物质需要外，还有精神需要，而一切精神需要中最高尚的需要就是道德需要。孟子认为，人之所以异于禽兽的根本点就在于人能够"明于庶物，察于人伦"（《孟子·离娄下》），即能本着"仁义"行事。荀子也说，人之所以能够保持群体性特征，归根结底是由于人能够遵守礼仪，否则人就会由于争斗而发生祸乱，祸乱发生就会造成人与人的彼此分离而变得弱小，就不能胜物。总之，中华传统美德始终强调道德是人之为人的根本，弘扬彰显人的道德精神，以崇高的道德境界来激发人的道德主体性。

6. 强调道德修养，塑造理想人格

中国古代的思想家大都认为，在塑造理想人格的过程中，最重要的就是要奋发向上、切磋践履、修身养性。孔子认为，"仁远乎哉？我欲仁，斯仁至矣"（《论语·述而》），"有能一日用其力于仁矣乎？我未见力不足者"（《论语·里仁》），认为"仁"这种道德品质和道德境界，对人们来说，并不是遥不可及的，人们应当"吾日三省吾身"（《论语·学而》）。荀子认为"道虽迩，不行不至；事虽小，不为不成"（《荀子·修身》）。墨家也非常重视"修身"，强调"察色修身"和"以身戴行"（《墨子·修身》），注重社会环境对人的道德品质的影响。

此外，中华传统美德还体现在宽厚待人、艰苦朴素、勤劳节俭、孝敬父母、尊老爱幼、尊师敬业、廉洁自律，以及刚健有为、舍生取义、见义勇为、奋发图强等方面。在长期的历史发展中，中华传统美德已经深入到全民族的思维方式、价值观念、行为方式和风俗习惯之中。中华民族虽然历经无数磨难与困苦，但始终能屹立于世界民族之林，应当

说，这和中国的优秀传统文化特别是传统美德的作用是分不开的。

二、继承与发扬中国革命道德

中华传统美德和中国革命道德是一脉相承的。继承和发扬中国革命道德既是弘扬中华传统美德的应有之义，是加强社会主义道德建设的客观需要，也是激励大学生锤炼优良道德品质的必然要求。

中国革命道德内容丰富、历久弥新，对中国革命、建设和改革事业发挥着极其重要的作用。在协调推进"四个全面"战略布局、实现"两个一百年"奋斗目标、实现中华民族伟大复兴的中国梦的过程中，大力弘扬中国革命道德仍然具有极其重要的现实意义。

1. 有利于加强和巩固社会主义和共产主义的理想与信念

一个思想空虚、精神萎靡的人，难免要被各种错误思想和观点牵着鼻子引入邪路。如果没有精神、理想和信念的支持，一个人的一生，只能庸庸碌碌、无所作为，甚至会造成对国家和社会的危害。在社会主义初级阶段，我们既要正视人民群众的物质利益，不断改善人民的物质生活，又要进行理想和信念的教育，充实人民群众的精神生活，绝不能使人们陷入只知谋取私利的误区。弘扬中国革命道德，有利于树立和培养人民群众对社会主义和共产主义的理想与信念，有利于坚持社会主义道路，有利于建设一个消灭剥削、消除两极分化、最终达到共同富裕的美好社会。

2. 有利于培育和践行社会主义核心价值观

牢固的核心价值观，都有其固有的根本。抛弃传统、丢掉根本，就等于割断了自己的精神命脉。在中国革命、建设和改革中形成的中国革命道德，是先进价值观在道德领域的集中体现，蕴含着培育和践行社会主义核心价值观的丰富思想道德资源。不忘本来才能开创未来，善于继承才能更好创新。在新的历史条件下，继承和弘扬中国革命道德，对于帮助人们深刻理解社会主义核心价值观的历史渊源和科学内涵，增强价值观认同，为中国特色社会主义事业提供攻坚克难的强大精神支撑，具有重要意义。

3. 有利于引导人们树立正确的道德观，积极投身于社会主义建设事业

历史告诉我们：一个革命者唯有牢固树立并自觉坚持革命道德观，才能在革命事业的艰难困苦中经受严峻考验；才能在身处顺境时保持清醒的头脑，身处逆境时仍然坚韧不拔，保持应有的革命节操；才能视国家和民族的利益为最大价值而为之不懈努力、奋斗终身。在今天，发扬光大革命道德能够引导人们正确对待个人利益和社会利益、国家利益，能够帮助人们在深刻把握历史、认识社会、审视人生的基础上，正确处理人生矛盾，以极大的热情投身到社会主义建设事业中去。

4. 有利于培育良好的社会道德风尚，抵制腐朽思想的侵蚀

革命道德是中国共产党在长期革命和建设实践中形成的崇高精神品质，包括忠诚、奉献、艰苦奋斗、集体主义、为人民服务等核心内涵。在当代社会，发扬革命道德具有重要的现实意义，能够有效抵制拜金主义、享乐主义、极端个人主义等腐朽思想的侵蚀。即充分发挥革命道德的精神力量，培育良好的道德风尚，净化社会人际关系，抵制各种腐朽思想，树立浩然正气，凝聚向上向善的正能量。

5. 中国革命道德是一种继往开来的强大的精神力量

大学生要深入了解中国社会和中国革命的历史，了解中国共产党人和广大人民群众的

革命斗争及社会主义建设和改革的艰苦实践，真正体会中国革命道德的本质内涵、历史意义和当代价值，自觉同各种歪曲历史、诋毁英雄的历史虚无主义思潮作斗争，以自己的实际行动传承和发扬中国革命道德。

📚 实践项目

实践项目一　奏响理想信念之歌：红色歌曲赋能大学生德育实践

实践目标：

1. 强化理想信念认知。帮助大学生深入理解红色歌曲所承载的革命精神、奋斗理念与崇高理想。通过参与各类与红色歌曲相关的活动，如主题讲座、演唱比赛等，使大学生清晰把握不同历史时期理想信念的具体内涵与发展脉络，让他们从理论层面深刻认识到理想信念对于个人成长与国家发展的重要意义，增强对正确理想信念的认同感。

2. 培养积极乐观心态。红色歌曲中蕴含着坚韧不拔、勇往直前的精神力量。在实践项目中，引导大学生感受歌曲传递的正能量，激励他们在面对学习与生活中的困难时保持积极向上的心态。让他们从红色歌曲中汲取勇气和动力，以乐观豁达的态度应对挫折，培养顽强的意志品质，塑造健康阳光的心理状态。

3. 提升社会责任感。借助红色歌曲所展现的为国家、为民族无私奉献的精神，激发大学生的社会责任感。通过创作红色歌曲、参与公益演出等实践活动，使大学生意识到自身肩负的社会责任，引导他们将个人理想与社会发展紧密相连，主动关注社会问题，积极投身社会实践，为社会进步贡献自己的力量。

4. 增强文化自信与民族自豪感。红色歌曲是中华优秀文化的重要组成部分。通过实践项目，让大学生领略红色歌曲的魅力，了解其深厚的文化底蕴，从而增强对中华优秀文化的自信。同时，深刻体会到中华民族在历史进程中的伟大奋斗精神，激发他们内心的民族自豪感，坚定传承和弘扬民族精神的决心。

实践项目形式：

1. 红色歌曲演唱比赛
2. 红色歌曲创作活动

实践项目二　传颂红色家风之韵：为大学生道德情操塑形的德育实践

实践目标：

1. 增强道德情操认知。帮助大学生深入理解红色家风所承载的道德内涵，如忠诚于党和国家、关爱他人、诚实守信等。通过深入研究红色家风故事，大学生能清晰认识到这些道德品质在先辈们生活中的具体体现，明白道德情操并非抽象概念，而是实实在在影响个人与社会发展的行为准则。从理论与实例两方面，全面提升大学生对道德情操的认知水平，使他们自觉将高尚道德情操融入个人价值观体系。

2. 培养积极心态。红色家风中蕴含着革命先辈们面对艰难险阻时的乐观与坚韧。在实践项目中，引导大学生从这些家风故事中汲取力量，激励他们在面对学习和生活中的困难时保持积极乐观的心态。让他们明白，挫折是成长的磨砺，只要坚定信念、勇往直前，就能克服困难。从而培养大学生坚韧不拔的意志品质，使他们以积极向上的心态迎接生活的挑战，形成健康、阳光的心理状态。

3. 提升社会责任感。红色家风彰显了先辈们为国家、为民族无私奉献的伟大精神。通过实践活动，激发大学生内心的社会责任感，让他们意识到个人命运与国家、社会紧密相连。鼓励大学生主动关注社会问题，积极参与社会实践，将个人发展与社会进步相结合，以实际行动为社会发展贡献力量，肩负起时代赋予的责任与使命。

4. 强化文化自信与传承意识。红色家风是中华优秀文化和革命文化的重要体现。通过实践项目，让大学生深入了解红色家风背后的历史文化背景，感受其深厚底蕴，从而增强对中华优秀文化的自信。同时，激发大学生传承红色家风和优秀传统文化的意识，使他们成为文化传承与发展的积极践行者，推动红色基因在新时代的延续与弘扬。

实践项目形式：

1. 红色家风故事分享会
2. 红色家风寻访志愿活动

 课后思考

1. 在网络信息繁杂的今天，部分大学生容易受到不良思想的影响。请分析网络环境对大学生思想道德素养形成的利弊，并提出至少三条提升大学生在网络环境中思想道德素养的有效措施。

2. 举例说明在日常生活和校园活动中，大学生可以通过哪些具体行为来展现高尚的道德情操，以及这些行为对个人成长和校园文化建设有怎样的积极意义。

第二章

大学生人际交往与身心健康

 学习目标 ··

一、认知发展目标

1. 理解社会认知的核心概念。掌握社会认知的定义与分类（人际认知、角色认知），明确认知偏差对交往的影响机制。识别六种典型的人际认知偏差（首因效应、近因效应、晕轮效应、社会刻板印象、投射效应、经验效应），分析其心理根源及现实表现。

2. 建立动态的自我认知框架。区分"现实我""投射我"与"理想我"的差异，正视自我认知偏差（如"全"或"无"思维、情绪性推理）的负面影响。掌握自我评价的科学方法（纵向对比、社会比较），学会通过实践检验自我认知的客观性。

3. 掌握身心健康的标准与意义。理解世界卫生组织及学界的身心健康标准，认识心理健康对独立性、全面发展及社会适应能力的促进作用。

二、能力培养目标

1. 人际交往调适能力。运用综合策略（听其言、观其行、察其色）客观评价他人，避免以偏概全或主观臆断。通过实践修正认知偏差（如主动检验首因效应、克服刻板印象），提升人际关系处理技巧。

2. 自我优化与心理韧性。实践积极悦纳自我的方法（如接纳缺陷、转化消极体验），提升情绪管理与抗压能力。通过校内外的实践活动（社团协作、社会实践）增强环境适应力，培养主动解决问题的能力。

3. 健康行为塑造能力。制订符合个体特征的身心适应策略（如合理目标设定、压力疏导途径），平衡学业与生活需求。践行主体性原则，通过自我激励、换位思考及人际互动提升社会融入能力。

三、情感态度目标

1. 培养批判性思维与人本关怀。树立"发展性认知观"，拒绝静态标签化评价，尊重人际交往中的个体差异。强化共情意识，在冲突中主动反思投射效应，建立包容开放的交往态度。

2. 塑造积极人格与社会责任感。将"小我"融入"大我"，在自我完善中关注集体价值，践行知行合一的成长路径。以林森浩事件等案例为鉴，理解心理健康对个人与社会发展的双重意义，强化道德自律。

四、实践应用目标

1. 模拟场景训练。通过角色扮演（如求职面试、矛盾调解）实践首因效应与近因效应的调适策略。设计团队协作任务，观察刻板印象对决策的影响，提出优化方案。

2. 持续自我监控与反馈。使用情绪日记、认知偏差自查表等工具追踪日常行为模式，定期进行自我评估与改进。参与心理健康工作坊，通过案例研讨深化对投射效应、经验效应的理解与应用。

第一节　大学生人际交往认知障碍及调适

当代大学生在人际交往中会由于认知偏差产生一些障碍。人的认识带有浓厚的主观色彩，人总是在一定的心理倾向和一定的方法原则作用下，加工整理外部输入的信息，形成对他人的印象，然后把这个印象加到认知对象身上，认为这就是此人所具有的实际特征。当代大学生只有掌握主观心理因素对认知他人的作用、规律，才能在人际交往中自觉发挥积极作用，克服消极影响，消除由此而产生的一系列人际交往障碍。

一、社会认知及其分类

社会认知是指主体对社会环境中有关个人或团体特性的认知。社会认知的内容包括对他人的认知、对人际的认知和对角色的认知三方面。

所谓对人的认知，是指对他人动机、感情、意向、性格等的认知。影响我们对人的认知有许多因素，包括过去的经验、已有的知识、当时的情绪状态、环境气氛等。由于个人生活经历、所受教育、职业、环境、兴趣、年龄等方面不同，他们的经验和知识亦不会相同，就极可能对同一认知对象产生不同的认知结果，或对不同认知对象产生完全相同的认知结果，发生认知错误。

所谓人际认知，是指对人与人相互关系的认知。判断人际关系时，我们不但要了解对方的动机、性格以及行为特征，同时也需要了解对方与其他许多人之间的关系。这是由于在一个社会群体中，甲乙双方的社会关系不只受甲乙双方特点的影响，它往往还受第三者乃至更多人的影响。事实上，一个社会成员在社会群体中，不管主体如何想，他的行为必定受其他成员的影响。因此，他们必须了解团体中每一个人与其他人之间的相互关系，才能在人际关系的处理上表现得得心应手。

所谓角色认知，不但包括对某人在社会上所扮演的角色的认知与判断，还包括对角色行为的社会标准的认识。每一个人在社会上都扮演着各种角色，而每一种角色都有其一定的行为标准。个人对此行为标准的认知便决定了他在社会上的行为表现。在社会生活中，不论是学校、企事业单位还是人民团体、军事组织，由于个体所处的地位不同，客观上就已经决定了彼此间的人际关系。当事人必须依照这个已经确定了的人际关系来进行彼此交往。如果不按照这个为社会多数人所认可的人际关系行事，那么就很难与人相处，就很难处理好同学、同事以及上下级之间的关系。

二、大学生人际认知偏差及调适

由于社会知觉的对象是人，社会心理的规律使得人们在知觉时会有一些特殊的反应效果，这就是社会知觉的效应问题，当代大学生的人际认知效应主要包括首因效应、近因效应、晕轮效应、社会刻板印象、投射效应和经验效应。掌握人际认知的这些效应可以使大学生们能够正确认知他人与社会，在人际交往中建立良好的人际关系。

1. 大学生人际交往中的首因效应

首因效应又称首次效应、优先效应或第一印象效应。在社会心理学中，首因效应指的是在社会认知过程中最先的印象对人的认知产生极其重要的影响。第一印象往往深刻牢固，并对以后的人际知觉起指导性作用。首因效应对交往的影响表现在许多方面。

首先，它会使人际认知具有表面性。第一印象常常是对一个人表面特征的认知，素不相识的人初次接触，彼此会根据对方的外貌、表情、姿态、谈吐，作出一个初步的直观的判断与评价，形成某种印象，这就容易以貌取人，使认知具有表面性。首因效应中影响力最大的因素就是容貌的吸引力。在大学生的学习生活中，"以貌取人"的现象比比皆是：如女大学生小 A 娇小玲珑，温文尔雅，在大学生的心目中是娇气、腼腆和软弱的，但是在一次演讲会上，她口若悬河，有条有理、流畅激昂的演讲赢得了经久不息的掌声，这与人们对她的第一印象有着极大的反差，令其他同学对她刮目相看。

其次，首因效应会使人际认知产生片面性。初次见面时给人形成的印象会在很长一段时间内影响人们对他以后的一系列心理与行为特征的解释。由于首因效应的存在，人们对他人的社会认知往往表现出这样的倾向，即当人们刚刚获取了有关他人的少量信息，就力图对他人的另外一些特征进行推理、判断，以期形成有关他人的统一、一致的印象。由于先入为主，首先获得的信息鲜明而强烈，信息在大脑中嵌入的程度比较深。尽管人们知道在短时间内根据有限的资料来判断一个人往往不太可靠，甚至出现很大偏差，但却总是下意识地上当，难以避免这种倾向，常常跟着第一印象走，忽视了后来出现的新信息，或按最初的印象来解释后来出现的新信息。如果不一致，甚至会否认后继信息，造成对他人认知的主观片面性。比如，当初次看到某人谈吐优雅，很有礼貌，就会形成一个有教养的好印象，在日后交往中，往往不会想到他在其他场合会有行为粗鲁、蛮横的表现，即使注意到了，也会认为那是偶然的。

首因效应产生的根源在于人类知觉的恒常性。恒常性是指人类的知觉系统能在一定范围内保持对客观事物的稳定的认识，而不随知觉条件的改变而改变的特性。比如同一挂钟，在不同的角度、距离、光线等条件下，我们会感受到不同的形状和特点，但仍会把它知觉为同一挂钟。知觉的这种恒常性保证了人对事物相对稳定的认识，避免对同一事物，每次都把它看成是从未接触过的新事物而去重新认识，决定了人总是在已有的知识、经验的基础上认识事物，总是按已有的印象解释事物当前的变化。对人的知觉也是如此，知觉的恒常性使人们在已有的鲜明而强烈的第一印象的基础上认识他人，很长时间里都不会改变。在许多回忆录中，大学生常常会读到这样一句话："他还是老样子，像我第一次见到他的时候……"多少年之后，历史的变化加之岁月的沧桑，一个人怎么会没有变化呢？但在作者的眼中，对方还是初次见面时的模样。事实上不是对方依然如故，而是作者头脑中的第一印象太深刻了，没有随着时间的流逝而改变。

了解首因效应的作用具有重大的现实意义。由于知觉的恒常性，首因效应是客观存在的。它既有积极的一面，也有消极的一面，无论是认识的主体还是认识的客体，都要正确对待第一印象。作为被认识的对象，要注意给别人留下良好的印象，这对日后的交往有利；作为认识的主体，要尽量避免受第一印象的影响，要公正、客观地评价人。比如大学新生刚刚入学，在与老师、同学初次交往时，要注意利用首因效应为大家留下一个美好的第一印象，以利于以后的交往。同时，大学生在认知他人时，要深知仅凭第一印象来判断人是认知的偏差，是不可靠的。俗话说："路遥知马力，日久见人心。"要想真正了解对方的真实面目，必须在交往中不断地加深认识与观察，综合全面地分析人、判断人。如果大学生仅凭第一印象作为是否进一步深交下去的标准，则往往会陷入误区，形成交往障碍。对于大学生来讲，要取得社交的真正成功，就必须加强识别人和判断人的能力，同时也要把第一印象拿到实践中去检验，在实践中不断修正它、丰富它。这样大学生才不会因为自己的不在意而给他人造成不良的首因效应，也不会因为自己一时的侥幸，将所创造的良好首因效应在今后更深入的交往中让人识破"庐山真面目"。

2. 大学生人际交往中的近因效应

近因效应是指最近或最后的印象对人的认知具有重要的影响。社会心理学家 A. S. 卢钦斯的研究表明：同一个人的两种信息连续被人感知时，人们总倾向于相信前一种信息，并对其印象较深，这时起作用的是首因效应；而当同一个人的两种信息先后被人感知时，起作用的则是近因效应。首因效应和近因效应不是对立的，而是一个问题的两个方面，两者发挥着各自的作用。通常情况下，认知者在与陌生人交往时，首因效应起的作用较大，而在与熟人交往时，近因效应的作用则较为明显。在大学生的人际交往当中，近因效应也常常出现，如一个学生一贯表现较好，可最近做了一件错事或出了一些差错，便给别人留下了很深的负面印象。两个平时要好的朋友，因其中一个最近做错了一件事，伤害到了对方，于是关系便会中断，甚至反目成仇，对方丝毫不去管他们过去的关系如何。也有的学生平时表现平平，可一到评先进或选班干部，做了些表面文章，往往也能轻易地赢得其他同学的好感。近因效应这种认知偏差要求我们在认知他人时做到用历史的、动态的、全面的眼光来衡量，同时自己在交往中多利用"近因效应"来加深朋友间的友谊。

3. 大学生人际交往中的晕轮效应

晕轮效应是指在人际交往过程中，人对人的认知和判断往往是从交往对象的某些主要而突出的局部特征出发，通过不自觉地扩大和强化而得出整体形象，这就是心理学上的泛化作用。就像是在有风的夜晚月亮周围出现扩大了的月晕一样。比如我们生活中常说的"一好百好""一坏百坏""爱屋及乌""情人眼里出西施"就是典型的晕轮效应。当你对某人印象不好时，就会觉得什么都不顺眼，他就会被消极否定的光环所笼罩，被认为具有所有坏的品质。反之，当你认为某个人很好时，他就会被一种积极肯定的光环所笼罩，被赋予其他好的品质，尽管他本身并不具备这些品质。

晕轮效应对人际认知的影响表现在很多方面，其中首要的是心理定势，定势现象存在于各种心理活动过程中，人际交往也不例外，晕轮效应实际上是认知主体对他人形成的一种心理定势，表现为一个人已有的态度会直接影响到对他人的认识和评价，按照这种定势会解释他人的一切品质，把从外部获得的信息按已形成的定势加以分类、归属、推导，加到已形成的关于他人的印象上去，并以此作为以后交往的根据。在学校里，好学生被老师关怀备至，在老师的眼里好学生一切都好，即使一些淘气的行为也被解释为精力充沛、活泼可爱。苏联学者博达列夫在一次实验中曾向两组大学生出示同一个人的照片。在出示照片前，实验者向第一组被试者说照片上的这个人是一个恶贯满盈的罪犯，而对第二组被试者说照片上的这个人是一个大科学家。然后让两组被试者对照片上的人进行描述。第一组的评价是：深陷的眼窝证明了他内心的仇恨，突出的下巴意味着他沿着罪恶道路走下去的决心。第二组的评价是：深陷的双眼表示了他思想的深度，突出的下巴体现了他在认识道路上克服困难的意志力。根据这一实验我们可以看出，罪犯与科学家的形象已经在我们的头脑中形成了定式，虽然是同一个人，但是我们会根据先前已经形成的不同的态度和印象来评价他，以致评价的结果相去甚远。

其次是中心性质的扩张化，所谓中心性质是对形成印象有决定意义的特殊信息，如人的外表、行为、道德品质等就是决定人际认知的中心性质，一旦先获得这些信息，就会形成爱屋及乌的心理，使这些特征扩张化，具有弥漫性，造成对他人认知带有很大程度的主观臆断色彩。比如，人们对容貌出众的人特别容易产生好感，而且愿意把他们与有教养、品德优良等好品质联系起来。然而，一旦出现"塌房"事件，大家就会感到非常惊讶，产生强烈的反差感。

晕轮效应的产生大都是在掌握知觉对象很少的情况下作出的总体判断的结果。所以，大学生在人际交往中应当多方面地了解别人，在掌握了大量真实的信息的基础上去总结和判断一个人，避免产生错误的人际认知。同时充分展示自己的优势，利用良好的晕轮效应，增加别人对你的好感，从而增加人际吸引力和沟通力。

4. 大学生人际交往中的社会刻板印象

由于地理、经济、政治、文化等条件的综合作用，人们会在过去有限经验的基础上产生对某个群体的一些刻板印象，并常以此作为判断和评价的依据。如一个人属于什么职业、哪个民族，就很容易产生什么样的特定印象。把过去所遇到的这类职业的人所表现的明显特点，看成是这个职业所有人的特点。社会刻板印象主要是依赖人们过去的经验产生的，它会对人们的社会认知产生积极和消极两方面的影响。从积极方面看，刻板印象本身包含了一定的合理的、真实的成分，或多或少反映了认知对象的若干实际状况，因此，刻板印象有助于简化人们的认知过程。从消极方面来看，刻板印象一经形成便具有较高的稳定性，很难随现实的变化而变化，因此在人们的认知中，易导致成见或偏见。

大学生刻板印象的形成主要通过两种途径：第一，大学生的个人经验，即大学生直接与某个人或某个群体接触，然后将其某些人格特点加以概括化和固定化。其原因是新奇的、极端的、凸显的刺激容易引起大学生的注意；一个群体的所作所为对我们的知觉起着很大的作用，但一个群体的社会角色往往限制了大学生所看到的行为，即一个群体所担当的社会角色所要完成的工作往往决定了他们要如何做。如医生总是爱心、耐心、爱整洁的，女性以家庭为重，男性以事业为重等。第二，大学生的社会学习往往依据间接资料形成，如他人介绍、大众传播媒介的描述。在大学生的现实生活中，大多数社会刻板印象是通过社会学习获得的。刻板印象具有夸大、不准确的特点。

社会刻板印象是对某类人的固定看法。如根据地域、家庭出身、受教育程度等判断某人的品性，这种刻板的思维定式容易导致成见，从而妨碍当代大学生良好人际关系的建立。

5. 大学生人际交往中的投射效应

投射效应是指在人际交往中，认知者总把自己所具有的某些特征推及到他人身上的一种心理倾向。比如诚实的人认为别人也像他一样诚实，爱算计的人认为别人也在算计他，爱在背后嘀咕别人的人总觉得别人在背后议论自己等。平常说的"推己及人""以小人之心度君子之腹"便是投射效应。认知者往往把内在的心理外在化，以己度人，把自己的情感、意志强加于人，以为别人也如此，结果导致对他人情感、意向作出错误判断，歪曲他人愿望，造成交往障碍。

大学生交往的投射效应表现多种多样。在情感投射上，一方面表现在总是以为别人的兴趣爱好与自己相同，自己喜欢的别人也喜欢，自己不喜欢的别人也不会喜欢。比如有个班级在节日里搞庆祝活动，其中安排了半小时时间请擅长摄影的同学讲摄影技术。该同学在讲座时用了许多术语、概念，也未加说明，以为别人与他一样喜欢摄影。当他谈兴正浓时，一些同学离席而去，他认为是故意拆他的台，别人向他解释说因为听不懂，去干别的事，他依然耿耿于怀，这是投射效应产生的后果。其原因在于忽视了自己与交往对象的差别，认为他人跟自己一样，对对方进行自我同化，导致对他人认知障碍。

另一方面表现在对自己喜欢的人越看越喜欢，优点越多，对自己不喜欢的人越看越讨厌，缺点越多，因而会过分地赞扬和吹捧自己所喜欢的人，过分地指责甚至中伤自己所厌恶的人。在大学里有些男女同学恋爱时，常在学友面前吹嘘对方如何如何完美无瑕，可一学期过后，又常听他数落对方，原来是失恋了。每个人都认为自己所喜欢的对象是美好的，而认为自己所讨厌的对象是丑恶的，把自己的情感投射到对象上，美化或丑化对方，使人际认知失去客观性。

在愿望投射方面表现为大学生把自己的客观愿望投射于他人，认为他人也如自己所期望的那样，把希望当成现实。有一位女大学生暗恋一位男同学，希望他也能看上自己，她把对方在舞场上请自己跳舞，平时与自己开玩笑等一些言行都看成是对方有情意的表现，将对方的一个眼神、一个动作、一个友好的表示都看成是爱的信号，以为对方也爱自己，当她听说对方早已有女友时，非常烦恼，感到对方是在要弄自己，实际上她是把自身的愿望投射于他人，以为他人也如此。愿望投射把主观意向加于他人，造成对人认知的偏差，带来交往障碍。当双方出现矛盾时，容易造成疑神疑鬼，搜索一些似是而非的证据来表明确实如此，导致友谊不复存在。

引起投射效应的原因就在于大学生在认知他人时仅从自我出发，自我与非我不分，主观与客观不分，认知主体与认知客体不分。事实上，世界上没有完全相同的人，自己与他人的差异客观存在，因此，认知应注意客观性，从他人的实际特点和具体情况出发去认知他人，才能避免冲突和障碍的产生。

6. 大学生人际交往中的经验效应

经验效应是大学生个体凭借自己的以往经验进行认识、判断、决策、行动的心理活动方式。经验是一种财富，也是一种包袱。经验越丰富，人也越老练，为人处世也越得心应手；但是经验总有局限性，不合时宜地照搬套用，只会出尽洋相。现代社会是一个信息社会，科学技术日新月异，人们的思想观念也不断更新，靠老经验行事已越来越行不通了。例如，以前确定一个人的才能仅凭他文凭的高低，认为有了一纸文凭的人，就一定是一个有才干的人。但随着社会的发展，这种观念已被打破，一纸文凭不能说明一个人的才干，因为现代社会需要复合型人才，既有智商又有情商，所以，用老眼光和经验评定现代人是不符合时代标准的。

经验虽然在人际认知上能使人产生认知偏差，但是它也有积极的一面。如果一个人什么经验都没有，在处理事务的过程中必定会遇到许多阻力，甚至会走弯路。因此，我们要在实际中正确看待这一矛盾，既不要轻易地迷信经验，又要在实际生活中积累经验、发展经验。

经验效应在大学生中有许多表现，比如有的大学生在以前有过上当受骗的经历或教训，在遇到同类事情时会表现得犹豫不决，害怕再次上当，正如"一朝被蛇咬，十年怕井绳"。有的大学生自高自大，喜欢拿经验丰富来炫耀自己，在评价一个人时总是凭经验："这种人我见多了……"，遇事也喜欢说："凭我的经验，这事就这样解决。"也有的学生喜欢用"没有经验"来安慰自己。大学生的这些表现是由于过于迷信经验，大学生的社会阅历浅，经历不是很丰富，在生活中积累的一些经验也很少拿到社会实践中去检验，因此，他们的经验有些是很片面的、主观的，如果拿这些经验来指导现实，必定会造成对人际认知的偏差，对事情处理不当。所以我们应当在实际生活中不断地检验以往的经验，丰富和发展它，既克服以往经验对我们的束缚，又避免因缺乏经验而带来的不便。

7. 大学生人际认知偏差的调适

成功的人际交往是建立在正确的人际认知基础上的。对他人的认知应遵循由感性到理性、由外表到内心的认识规律，通过听其言、观其行、察其色等综合判断手段来推测和判断他人的内心状态。正确认知他人应做到以下几点：

第一，综合地评价人。一个人的语言通常反映了这个人的内心，但有时人会掩饰自己的内心，他所说的话不直接表露他的内心所想。这就需要听者善于听"弦外之音"，真正听明白对方的意图，不要被对方的"花言巧语"所蒙蔽。人的内心活动是可以通过行为表现出来的。因此我们还要通过观察和分析他人的行为，特别是习惯性的行为来推测其心理。一个人的内心控制力再强，其行为也总会有所反应，因此我们评价一个人应当综合他的一贯行为表现，不应当仅凭一两件事或最初、最近的表现来判断人。

第二，发展地看人。运动是绝对的，静止是相对的。一个人处在这个不断运动变化的社会中也是会变化的，所以我们应当用发展的眼光看人，而不应当总是利用我们头脑中旧的思维定式来评价人。对于熟悉的人，我们要善于观察他的细微变化，不断改变交往的方式。比如，有位女大学生因为从小娇生惯养形成了自私的毛病，做事只考虑自己，从不考虑别人。当她感觉大家都在疏远她时，便觉得非常孤独和自卑。慢慢地，她开始试图改变自己。如果这时我们发现了她的一些细微变化，友好地和她接近，就会改掉她的毛病，建立友谊。相反，如果我们仍然用"有色眼镜"看人，就会将她良好的愿望扼杀于萌芽状态。

第三，客观地评价人。俗话说："萝卜白菜各有所爱。"每个人都喜欢凭自己的喜好与人交往。在交往中也会不自觉地将个人的爱好强加于他人。这就造成了我们在知觉他人时会带有某些主观的成分，我们喜欢的人就什么都好，不喜欢的人就什么都不好。可是在实际生活、工作中，我们遇到的人并不一定都是我们所喜欢的人，如果我们不能从他人的实际特点和具体情况出发去认知他人，对其有一个客观的评价，确定比较合适的交往方式，而是仅凭个人的喜好去与人交往，势必造成一定的交往障碍，无形中缩小了交际的范围。

三、大学生自我认知偏差及矫正

自我认知是一个具有多维度、多层次的心理概念。从内容上看由三方面组成。①对物质（生理）自我的认知。指对人的物质属性的认识，包括对自己身材的高矮、体重的胖瘦、相貌的美丑等外部特征的认知以及生理结构和功能的认知等。②对社会自我的认知。对自己在人际关系和社会群体中的地位和作用，包括对自己所扮演的角色的名声、人缘、权力、义务、人际距离等方面的认知。③对心理自我的认知。认知的主体把认知的对象指向了自我的精神世界，对自己心理属性的认知，它包括个人对自己的气质类型、性格特征、心理状态、心理过程及其行为表现等方面的认知。

从自我观念来看，自我认知又可分为现实自我、投射自我和理想自我三个维度。现实自我是个体从自己的立场出发对现实的"我"的看法。投射自我是个体想象中他人对自己的看法，如想象自己在他人心目中的形象，以及由此而产生的自我感。但投射自我和现实自我之间往往有距离。当距离加大时，个体便会感到自己不为别人所了解。理想自我是个体从自己的立场出发对将来的"我"的希望，也即想象中的"我"的认识。理想自我是个体想要达到的完善的形象，是个人追求的目标。理想自我与现实自我也不一定是一致的。理想自我虽非现实自我，但它对个人的认识、情绪和行为的影响很大，是个人行为的动力和参考系。

早在古希腊时期，"认识你自己"这句刻在神庙上的名言就激励着人们不断探索自我、实践自我、超越自我。对于心理和生理正在走向成熟的当代大学生来说，"自我"更是他们积极关注的课题。身体方面、性方面急速成熟，在逻辑、抽象思维发达的同时，精神视野开阔了。开始追求自我独立，采取自主自立的生活态度。对人生观、价值观的取向以及在社会中的自我实现都使大学生们更加强烈地意识到自我，他们原来那种对外界的注意和关心逐渐转向了对自身内在世界的关注。客观、全面地认识自我能使大学生将"现实我"与"理想我"进行合理的统一。大学生要想在人际交往中避免自我认知偏差，就必须打破自我封闭，拓宽生活范围，增加生活阅历，扩展交往空间，凭借各种正确的参考系，全方位、多角度地认识自我。

1. 大学生自我认知偏差

随着大学生自我意识的分化，"主体我"和"客体我"、理想自我和现实自我的矛盾冲突也开始加剧。理想自我总是完美的，而现实自我又总是与理想自我有一定的距离。每个大学生都给自己设计了一个"理想自我"，而"现实自我"有时又成为实现"理想自我"的障碍。他们对自我的评价常常是矛盾的，时而能客观地评价自己，时而又高估或低估自己；时而感到自己很成熟，时而又感到自己很幼稚；时而对自己充满信心，认为自己什么都行，时而又对自己不满，感到自己什么都不行，等等。在大学生的日常认知中常常会出现以下几种自我认知偏差。

其一，"全"或"无"的思维。即走极端，非此即彼，非白即黑，非全即无。如一次交往失败，便认为我全完了，我再也交不到朋友了，产生自己无能的心理。这种追求绝对化的认知使人盲目追求完美，至善至真，从而因害怕失败而小心翼翼，偶尔失败便会导致焦虑和自卑。

其二，心理过滤。指认知中，只过滤消极的内容和情节，如同过滤豆浆的布袋，精华的东西被过滤掉了，只剩下渣渣。如求职时，因紧张一个问题回答不理想便想自己这次肯定完了，肯定不会被录取了。而他没想过自己这次求职中答好的另外九道题，没想到自己成功的经历，往往会变得消极而悲观。

其三，代替消极体验。本来是一种快乐和喜悦，而个体偏偏往消极上想，化积极为消极。如别人赞扬你某事做得好时，你内心却在想"他在奉承我，实际上我并不好"，自己给自己泼冷水。

其四，跳跃式地下结论。包括想当然地推论、占卦式地推论等，如一位同学和你关系不太好，他说的难听话你总想当然地认为是针对自己的。你给朋友写了封信，他没有按时回信，你便想当然地推断他不想与你交往了，等等。有时交往中，还常常自己臆测，如同占卦一样下结论。

其五，放大和缩小。人为夸大或缩小错误和缺陷，如出了一点小事便惊呼"天啊，我出大错了，多可怕呀"，与人发生了分歧，便说"完了，我俩再也不会成为好朋友了"，等等。

其六，情绪性推理。有些同学在读心理学书时，总是拿书上的内容和自己对照，照来照去，发现书上讲的几种心理障碍自己都具有，出现疑病症倾向。带着某种不良情绪去认识自己或行为处世，难免会陷入自我认知的偏差之中。

其七，必须倾向，有时想推动自己做某事，总是对自己说"我必须那样做"，对待别人时，总要求别人必须如何如何做，有一种强迫别人的意味，很难让人接受。

其八，错贴标签。给自己贴上"失败者""无能""无用"，给别人贴上"笨蛋""心胸狭隘""自私"等标签。自己压抑自己的同时又对别人产生敌意。

其九，责任自我化。认定自己对某件事或者失败要负责任，尽管有时责任不在自己，也会产生自责甚至自伤等做法。

以上几种对自我认知的偏差不仅影响了大学生在交往中的位置，同时这种过高的自我评价或过低的自我评价也会因妄自尊大或盲目自卑而使大学生陷入孤独之中，给大学生造成一定的心理压力，影响心理健康。

2. 正确认识自我的方法

第一，自我比较。一是将自己的现状与自己的过去相比。人们在自我认知时，往往把自己的今天与昨天放在同一尺度面前进行比较，从中发现自己是进步了，还是退步了，抑或是原地不动。这种纵向比较的方法，是认识和评价自我的一种简单易行的方法，它可以使人们看到自己成长以及在成长道路上还存在的弱点和缺点，从而在人际交往中正视这些不足，更好地处理各种关系。但是，大学生在运用时应注意两个方面的问题，一方面是不要忽视对变化了的客观条件的分析。个人是否进步，要受主客观条件的制约。有时，个人的进步在很大程度上得益于变化了的客观条件。如果简单地把自我的进步完全归结为自我主观因素的变化，那将影响自我认知的客观性，出现自我膨胀的倾向。另一方面是分析自己的失败、得失和优缺点时，不要把失败和错误的原因一味地推向客观，高估自己的成绩，低估自己的问题，这样才能避免绝对的自我肯定的倾向。

二是将自己的现实与自己的未来目标相比。人们通过把自己的今天与明天相比较，从中发现自己存在的差距。运用这种纵向比较的方法，可以使大学生从未来的角度考查自己，认识自己的优势和短处、问题和差距，从而更加严格地控制自我，努力实现自己的既定目标；同时可以从现实的角度去考查目标的可行性，衡量既定目标的意义和价值。但是，大学生在运用这种方法时应尽力避免简单化倾向。许多研究表明，一般人特别是青年人在运用这种方法时容易出现自我否定的倾向，特别是那些抱负水平高、胸怀远大理想的人，每次将自己的现实与未来的目标相对照时，发现自己总是进步缓慢，或没有进步，因而对自己产生不满情绪，甚至怀疑自己的力量，动摇自己的未来目标。

第二，社会比较。自我认知不仅仅限于自己同自己的纵向比较，更多采用自己与他人的横向比较。美国社会心理学家费斯廷格把这种比较称为"社会比较过程"。费斯廷格指出，一个人对自己价值的认识，是通过与他人的能力和条件的比较而实现的。社会比较通过以下几种方式进行。

一是通过分析他人对自己的评价来认识自我。心理学家指出，别人对自己的态度，是自我认知的"一面镜子"。个人的自我评价，往往是以别人对自己的评价为参照系。例如，有人待人处事比较好，一切人际行为都较为适度、得体，常常受到他人的赞扬，因此，他感到自己有较强的社交能力，能处理好各种人际关系，建立和发展人际关系的自信心也不断增强。一个不善于处理人际关系的人因为常常把各种关系搞僵而遭到他人的批评，这样长期下去，就会使他丧失自信心，看不到自己的社交能力。值得注意的是，他人评价这面镜子，并不是指某个人的某一次评价，而主要是指对自己有影响的、关系较为密切的人从一系列评价中概括出来的某些经常的、稳定的评价，这才是自我认知的基础。因此，大学生应当根据评价者的特点（是否学有专长，是否值得信任，是集体评价还是个人评价）、评价者所作评价的特点（例行公事还是私人性质、自我评价的差异大小、他人评价的一致性、评价是肯定还是否定）作出判断，有选择地接受他人对自己正确的评价，只有这样才能达到正确的自我认知。

二是通过与社会上和自己地位、条件相似的人的比较来认识自己。马克思在《资本论》（第一卷，人民出版社，2004：67 页）中曾指出："人起初是以别人来反映自己的。名叫彼得的人把自己当作人，只是由于他把名叫保罗的人看作是和自己相同的。"国外有句老话："告诉我你跟什么人来往，我就告诉你，你是什么人。"这些反映的是同样的道理。一个人自我评价高或低，不是孤立地进行的，他总是把自己和与他类似的人加以比较而作出评价。心理学家曾做过这样一个实验：首先请希望在某单位谋职的一群大学生对自己的个人特性作出评价；然后出现一个假装谋求同一职位的人，其中一组学生见到的是衣着讲究、温文尔雅、手提公文包的人（干净先生），另一组学生见到的是穿着破烂、手脚忙乱的人（肮脏先生）。再以后，找借口让这群大学生重新填写自我评价表。结果发现，遇到"干净先生"的学生，自我评价普遍降低了，而遇到"肮脏先生"的学生，自我评价普遍提高了。这说明，人们总是不由自主地将自己与他人进行比较，在比较中对自己作出评价。许多研究发现，人们与相比对象的相似性越高，就越容易在比较中获得对自我的正确认识和评价；相反，人们与相比对象在地位、条件等方面的相似性越低，就越不易在比较中正确地把握自己的认识和评价。大学生作为一个群体，在知识水平、道德品质、能力等方面具有很多相似性，因此会在平时的学习生活中比较容易正确地评价自我。但是，我们不仅要引导大学生与自己情况差不多的人相比，更要激励他们与周围的强者相比。在比较中认清自己的优势和劣势、长处和短处，达到取长补短、缩小差距的目的。

3. 塑造完美自我的方法

第一，积极悦纳自我。悦纳自我就是要无条件地接受自己的一切、优点和缺点，好的和坏的，成功的和失败的；其次要喜欢自己、肯定自己的价值，相信"天生我材必有用"。"金无足赤，人无完人"，世界上十全十美的人是不存在的，就看你如何正确地去认识。实事求是地承认自身的价值能够维护自己的自尊心，充分调动积极因素，发挥自己的潜能；而实事求是地否定自己的弱点和缺点，不仅不会降低自己的自信心、伤害自己的自尊心，相反会使自己的自信心和自尊心建立在坚实的基础上，有利于克服自身的消极因素，减少对潜能的自我消耗，使自我力量充分展示出来，进一步增强自信心，提高自我价值和地位。所谓的否定应包含两层意思：一是正视、承认缺点和错误，不文过饰非，不推诿他人和客观看待；二是根据不同的缺点和错误采取不同的方法来改正。多数缺点和错误，经过自我调节，是能够改正和克服的。有些错误虽不可避免，但也可以通过自我调节而尽量减少其消极影响。而对于有些弱点和短处，如身段体态、长相等外貌的缺陷，无法通过自我调节而得到矫正和改善，但只要你勇敢地面对和承认这种现实，你就不会给自己造成心理压力，而且会轻松、乐观地面对一切。有一个口吃的大学生，由于怕别人耻笑，就尽量不与人说话，甚至回避参与团体活动，结果使自己孤立起来，失去了昔日的好伙伴。如果不得不在公开场合讲话时，便特别注意别人的反应，因而使自己心情更加紧张，更难顺利地说成一句话。后来在心理学家的指导下，他勇敢地面对自己的欠缺，进行认真的自我训练，积极参加团体活动，踊跃发表意见。经过一段时间，他的信心增强了，对说话的恐惧心理解除了，口吃的毛病也得到了一定的矫正。

第二，优化自我意识。一个人在与他人交往时的形象如何，主要是受他本人的自我意识制约的。有的人在与他人相处时故作老练，有的人拘谨扭怩，这种情况都与缺乏正确的自我意识有关。因此，只有优化自我意识，才能在他人面前树立起好的形象，从而获得别人的喜爱。自我意识是人对自己、自己与他人、自己与周围环境关系的认识，具有认知的、情绪的和意志的成分，即所谓的自我认识、自我体验和自我控制。

自我意识不是先天生成的，而是后天实践的结果，是个体社会化的产物。因此，大学生自我意识的优化也应当在实践中进行。具体地说，应当通过以下几条途径来进行：一是积极投身社会实践活动。只有投身于认识和改造客观世界的实践，才能获得对自我的客观认识，形成稳定的自我态度，有效地调节、控制自我。二是通过读书学习优化自我意识。在读书学习中，人们不仅可以吸取历史人物优化自我意识的经验，而且会学到许多富有成效的自我认识、自我体验和自我调节的原则和方法。此外，还可以选定自己的理想人格，作为自己效仿、认同的榜样。这类榜样自我觉醒、认识自己、控制自己的经验，将会逐渐内化为人们自我意识的品质。三是通过人际交往优化自我意识。自我意识的优化与人际关系的发展是相互促进的。一方面，良好的人际关系离不开优化的自我意识；另一方面，人际交往或人际关系又是优化自我意识的重要途径。研究证明，自我认识、自我体验和自我控制总是通过他人并受他人影响。他人是反映自我的镜子，与他人交往是个人获得自我观念的主要来源。正确的自我认知有助于大学生定向地调节和控制自己的心理和行为。四是发挥主观能动性。如果一个人能经常有目的地去观察自己、分析自己、评价自己，又能有目的地去增强自信心，维护自尊心，那么他的自我意识就会得到优化。相反，如果一个人不发挥自己的主观能动性，处于盲动的、不自觉的状态，完全凭他人对自己的认识、评价、态度来认识和评价自己，那么他就没有了自我意识，也就谈不上优化它。因此，要优化自我意识，就必须充分发挥个人的主观能动性。

第三，完善与超越自我。加强自我修养，不断进行自我塑造，达到完善自我、超越自我的境界，是当代大学生最终要追求的目标。大学生都有很高的抱负和远大的理想，古人说得好，要"齐家治国平天下"须从"修身养性"开始。即从点滴小事开始，从行动开始。所以自我修养、自我塑造首先应根据社会的需要和个人的特点，做到行与知并重。要想运动健身，就天天练习自己喜欢的体育活动；要想开阔思路，就多读书、多听讲座。在行动时，无论对人对事，均全力以赴，使自己能力品性得到最大限度的发挥。行动之后再反省得失原因，再度投入行动汲取教训作为经验，一旦有所成果，便再反省总结。如此往复进行，自我便一步一步得到扩展和深化，自我的境界也就自然而然得到开拓与提升。

完善自我、超越自我也是大学生从个体的"小我"不断走向社会"大我"的过程，从"昨天之我"向"今日之我""明日之我"迈进的过程。每一个新时期的大学生都应该明确这一点，努力自觉地将"小我"和"大我"统一起来。既立足于自我，又不封闭自我；既要有自己的主体意识，又要尊重别人的主体地位；既要实现自我价值，又要鼓励和帮助他人实现自我价值，还要和众人共同实现社会价值。总之，当代大学生必须能够坚持正确的方向，积极投身于现实的社会实践之中，积极主动地去学习、去实践、去交往、去创造，才能全面地认识自己，很好地把握自我，不断地超越自我，一步步走向完善和成熟。

第二节　大学生身心健康的认知与调适

一、大学生身心健康的教育意义

大学生是否保持健康的身心状态不仅直接影响其自身发展，而且对社会的发展产生重要影响。大量的研究发现，大学生保持身心健康具有非常重要的意义，主要体现在三方面：

首先，培养大学生的独立性。大部分大学生都是独生子女，从小享受父母的百般呵护，独立性较差。当他们成为大学新生后，必须独立处理生活和学习中的各种问题，其中有些大学生能在很短时间内调整自己的心态，适应大学生活，但也有部分大学生不会独立处理生活和学习中的各种问题，适应不了大学生活，时间一长就会变得沉默寡言，出现不健康的心理。从这一角度来看，大学生必须提高自己的独立能力，减少对家人以及朋友的依赖性，以便尽快适应大学生活。

其次，提升大学生全面发展的能力。大学生要想提高自身综合素质，实现全面发展，必须首先具备健康心理，只有具备健康心理的大学生才能不断提高自身综合素质，进而实现个人全面发展，否则个人全面发展只能是一句空话。

再次，提高大学生在社会中的适应能力。大学生的心理素质一定要好，因为如果他们的心理素质较低，就不能判断是非，影响自己正常的学习和生活，根本无法在社会中很好地生存下来。举例来说，前几年网络上热传的复旦大学高才生林森浩投毒杀害舍友的案件，恰恰能证明大学生具有较强心理素质的重要性。林森浩无疑在学业上是成功的，本应将自己的全部力量投身于社会进步的伟大事业中，却因为心理不健康做出了杀害朋友的事情，不但害了他人，也毁了自己。因此，大学生必须重视提高自己的心理素质，只有具备较强的心理素质才能尽快适应社会，才能在激烈的社会竞争中更好地生存下去。

二、大学生身心健康的标准

有关心理健康标准的问题最早由美国心理学家马斯洛提出，他在《变态心理学》这本书中率先概括了心理健康标准：①安全感很强；②能客观认识自己、分析自己，准确对自己能力做出评估；③理想与目标并没有脱离实际；④与所在环境相适应，并保持密切联系；⑤具有完整的人格；⑥能够从生活中总结经验和教训；⑦交际能力强，建立良好的人际关系；⑧能控制自己的情绪，懂得通过合理途径发泄情绪；⑨在不违反社会规范以及法律的条件下发展个性；⑩在遵循社会规范以及法律规定的条件下满足个体需要。

我国学者提出的心理健康标准如马建青在《心理卫生学》这本书中规定心理健康标准共包括7个方面的内容：①智力发展健康；②能够保持良好的心境，具有调控不良情绪的能力；③意志品质较高；④有良好的人际关系；⑤不仅能较好地适应环境，还能对不良环境进行改造；⑥人格健全；⑦心理表现与年龄特征相一致。王效道的观点是，具有良好的控制力、适应能力以及耐受力和交际能力，意志水平较高。他还提出衡量心理健康的三原则，即心理与环境的统一性、心理与行为的完整性以及人格的稳定性。王林毅在《大学生身心健康指导》中指出大学生身心健康的标准是：①有正常的智力；②具有正确的自我意识，能悦纳自己；③有较强的自我情绪控制能力；④有良好的人际关系；⑤有符合年龄特征的心理行为；⑥有良好的环境适应能力；⑦有健全的、统一的人格。

世界卫生组织规定了10条标准：①精力旺盛，能够胜任工作，且没有压力感；②以积极的态度对待工作和生活，无论事情难易程度如何，都能够勇于承担；③有充足的休息时间，睡眠质量高；④能及时应对外界变化，有良好的应变能力；⑤免疫能力较强，能抵抗一般的感冒；⑥身材匀称，体重合理，身体外部器官分布协调；⑦眼睛有神，反应敏捷；⑧牙齿不出血、牙龈正常，没有牙痛、牙洞等疾病；⑨头发密集，没有头屑，且头发具有很高的光泽度；⑩皮肤有弹性，走路姿势优美。通过分析以上10条健康标准可以发现，健康既包括身体健康，也包括心理健康，二者不能单独存在，而是互相影响、联系密切。人们必须认识到自身的整体性。人，作为一个完整的有机体，其身体健康和心理健康存在密切不可分割的联系。

三、加强大学生身心适应能力的培养

唯物辩证法认为，事物的发展是内因和外因共同作用的结果，外因是事物发展的条件，内因是事物发展的根据，外因通过内因起作用。由此可见，大学生身心健康问题的有效解决离不开大学生自身的努力。

首先，大学生应提高自身对外部环境的身心适应能力。目前社会竞争压力持续增大，各种突发性问题增多，在多变的社会环境下，大学生的身心状态很容易产生变化，因此大学生要积极应对复杂的社会情况，这就要求大学生应提高自身的身心适应能力，合理调整情绪，积极适应社会环境。如设定与个人能力相符合的发展目标，避免目标设定过高从而产生压力过大的问题。此外，大学生应寻找适合自身的心理疏导渠道，如与同学、老师或家人倾诉，或锻炼等，从而缓解心理压力，以便更好、更快地适应社会。

其次，大学生应积极提升个人的综合素质。对于大学生而言，在学习基本的专业知识以外，还应通过网络、第二课堂、图书馆和各种校内外知识讲座等学习课外知识，扩大知识面，并积极参加组织的教学实践活动，实现理论知识与社会实践的有机统一。注重个人的全面发展，才能够在激烈的社会竞争中占据优势。

1. 主动参加实践活动

马克思主义哲学认为，实践是检验真理的唯一标准。大学生应该在理论研究的基础上，重视社会实践活动。

首先，大学生应该主动在校内开展各类实践活动。可以通过组织篮球、足球、马拉松和趣味运动等体育活动，或自主策划校园歌手大赛、合唱比赛、绘画及其他才艺比赛等文艺活动。在开展校内实践时，可以依托各类社团的号召力，如心理社团、舞蹈社、合唱团、戏剧社等，由学生自主发起社团活动，吸引志趣相投的同伴参与。通过主动发起院系之间、班级之间的主题活动，大学生不仅能够展现个人风采，还能增强集体凝聚力。这种自主实践既能丰富课余生活，又能营造积极向上的校园氛围，有效释放自身的心理压力，促进身心健康发展。

其次，对于校外实践活动，大学生应主动把握机会，积极寻求资源。相较于校内实践，校外实践具有更广阔的空间和更丰富的形式。学生可以自主组织参观历史古迹、博物馆研学、野外拓展训练，或结合所在高校的地区优势开展民族文化考察、企业实习等社会实践。通过主动参与校外实践，大学生能够拓宽视野、提升知识应用能力，在实践中实现思想境界的提升，同时缓解学业与就业带来的双重压力。这种主动探索的过程不仅能增强个人竞争力，更能培养对社会责任的认知与担当。

2. 坚持主体性原则

自我认知。是指大学生对个人情况有一个准确、全面的评价，对自己理解事物、处理人际关系、学习和成长等过程中的情绪变化有所了解，以此来更准确地把握个人身心发展状态，如果这种自我认识不准确、不完整，就有可能造成大学生的自我认知混乱，很容易就会失去个人方向，在学习和生活中陷入盲目。

自我管理。是指个体对自己的思想、行为、情绪、心理等进行约束和管理的行为。因此，大学生学会疏导自己，如遇到困难或是出现焦躁、沮丧、失望等消极情绪时，都应正确认识并积极应对，要通过自我管理从消极情绪中脱离出来，避免由于暂时的失意而一蹶不振，失去上进心。

自我激励。对于大学生而言，除了来自学校、家庭和社会的外界激励外，自我激励也是不可缺少的。自我激励有助于大学生更好地发现自身优势，激发个人的主观能动性，避免行事冲动，能够在任何环境下都适时地控制情绪，以更大的热情投入新的学习和生活中。

认识他人。是指通过换位思考来体会他人的行为和身处的环境，对他人的情绪和心理有所了解。认识他人是处理好人际关系的出发点。通过对他人的认识，可以提高大学生的感知能力，建立良好的人际关系，有利于快速融入新环境。

处理人际关系。人际关系是指人与人在相互交往中所形成的心理关系。大学生处理人际关系的能力，决定了其受欢迎程度及能否被他人所接受和认同。良好的人际关系有助于大学生健康身心的形成，也是大学生必须掌握的一项重要能力。

大学生在坚持主体性原则、培养主体意识的同时，要能够真正理解身心健康教育的主旨，重视身心活动的复杂性，如将理论方法盲目应用到个人实践中，可能会产生强烈的抵触情绪，不仅达不到身心健康教育的目的，反而会引发其他心理问题。

 案例精选 ···

大学生心理健康日

为什么将"5·25"定为大学生心理健康日？

5月25日是全国大学生心理健康日，"525"的谐音即为"我爱我"，意为爱自己才能更好地爱他人。心理健康的第一条标准就是认识自我、接纳自我，能体验到自己存在的价值，这样的人才能以尊重、信任、友爱、宽容的态度与人相处。大学生应该懂得了解自我、接纳自我、关爱自我，关注自己的心理健康和心灵成长，提高自身心理素质，进而爱他人、爱社会。

什么是心理健康？

人的健康包括身体健康和心理健康两个方面。一般而言，心理健康是指个体的心理活动处于正常状态，即认知结构正常、情感协调、意志健全、个性完整和良好的适应性，能够充分发挥自身的最大潜能，以适应生活、学习、工作和社会环境的发展与变化的需要。

大学生心理健康具有以下几点标准：

1. 有适度的安全感，有自尊心，对自我的成就有价值感。

2. 适度地自我批评，不过分夸耀自己，也不过分苛责自己。

3. 理智、现实、客观，与现实有良好的接触，能容忍生活中的挫折，甚至打击，无过度的幻想。

4. 在日常生活中，具有适度的主动性，不为环境所左右。

5. 适度地接受个人的需求，并具有满足此种需要的能力。

6. 有自知之明，了解自己的动机和目的，能对自己的能力作出客观的评价。

7. 能保持人格的完整与和谐，个人的价值观能适应社会的标准，对自己的工作能集中注意力。

8. 有切合实际的生活目标。

9. 具有从经验中学习的能力，能适应环境的需要，不断调整自己的状态。

10. 有良好的人际关系，有爱人和被爱的能力。在不违背社会标准的前提下，能保持自己的个性，既不过分阿谀，也不过分寻求社会赞许，有个人独立的意见，有判断是非的标准。

如何保持良好的心理状态？

1. 培养良好的人格特征。良好的人格特征首先应该正确认识自我，培养悦纳自我的态度，扬长避短，不断完善自己。

2. 养成科学的生活方式。生活方式对心理健康的影响已为科学研究所证明。健康的生活方式指生活有规律、劳逸结合、科学用脑、坚持体育锻炼、少饮酒、不吸烟、讲究卫生等。

3. 加强自我心理调节。自我调节心理健康的核心内容包括调整认知结构、情绪状态，锻炼意志品质，提高适应能力等。

4. 保持浓厚的学习兴趣和求知欲望。学习是大学生的主要任务，有了学习兴趣就能够自觉地在浩瀚的知识海洋里遨游，努力吸取新知识，发展多方面的能力，以提高自身素质，更好地适应社会发展的需要。

5. 保持乐观的情绪和良好的心境。大学生应保持积极乐观的情绪、愉悦开朗的心境，对未来充满信心和希望，当遇到悲伤和忧郁的事情时，要学会自我调节，适度地表达和控制情绪，做到胜不骄、败不馁、喜不狂、忧不绝。事事有度，情绪不大起大落。

6. 保持和谐的人际关系。在与他人交往的过程中能用理解、宽容、信任和尊重的态度与人和睦相处。

7. 积极参加业余活动，丰富自身兴趣爱好。丰富多彩的业余活动不仅丰富了大学生的生活，而且为大学生的健康发展提供了课堂以外的活动机会。

8. 必要时求助心理老师或心理咨询机构。有资质的心理咨询机构，心理老师都具备较深厚的理论功底和生活实践经验，对学生所面临的心理问题具有良好的处理技巧。

（本内容由中国科学院心理研究所研究员吴瑞华进行科学性把关）

 课后思考

1. 大学生在人际交往中常见哪些认知偏差？这些偏差如何影响他们的人际关系？
2. 如何通过实践来纠正大学生在人际交往中的认知偏差？
3. 大学生应如何正确认识自我并塑造完美自我？
4. 大学生如何通过提升身心健康能力来促进个人发展和社会适应？

第三章

中华优秀传统文化与中华经典诵读

 ## 学习目标 ......

一、认知发展目标

1. 理解中华优秀传统文化的核心概念体系。掌握"天人合一""以人为本""崇德尚义"三大哲学根基的内涵关联，厘清中华文化"和而不同"的辩证思维与"经世致用"的实践智慧。

2. 建立动态传承的中华文化认知框架。构建"创造性转化-创新性发展"的双轮驱动模型，理解数字化保护与跨媒介传播对文化传承的赋能机制，掌握"取其精华，去其糟粕"的文化筛选原则与实施方法。

3. 掌握经典文本的深度解读方法。运用"三纲八目"解析《大学》的修身治国体系，通过"中庸之道"理解《中庸》的平衡哲学智慧。

二、能力培养目标

1. 培养文化阐释与批判性思维能力。能够分析"天人合一"思想对生态文明建设的启示意义，具备辨识外来文化价值并开展跨文化对话的能力，掌握运用经典文本论证现实问题的学术写作技巧。

2. 培养文化创新与实践转化能力。设计"经典诵读+数字媒体"的传统文化传播方案，策划"传统文化与现代生活"主题校园创新大赛，组织策划校级中华经典诵读展示活动。

三、情感态度目标

1. 文化认同与价值自信。形成"文化主体性"意识，坚定"四个自信"的文化根基，培养对"仁义礼智信"等核心价值的情感认同。

2. 文化尊重与开放胸怀。养成对不同文化形态平等对话的态度，理解"各美其美，美人之美"的文化交流真谛，培育"苟日新，日日新，又日新"的持续学习精神。

四、实践应用目标

1. 经典诵读实践体系。开展"精读《孟子》百日打卡"经典研习活动，组织"四书心得"主题读书会与学术沙龙。

2. 文化传承与创新项目。实施"非遗进校园"传统文化工作坊计划，组建"传统文化宣讲团"开展社区服务，设计"文化养老"经典诵读志愿服务项目，制作"中华文化关键词"多语种微课件。

第一节 中华优秀传统文化

中华优秀传统文化具有极其丰富的思想观念、价值追求、道德规范等，是大学生成长成才的有益借鉴。中国特色社会主义迈入新时代，大学生肩负新使命，走上新征程，应以习近平新时代中国特色社会主义思想为指导，继续大力推进中华优秀传统文化在新时代背景下、新传播条件下的创造性转化和创新性发展，为中国特色社会主义文化繁荣发展，为中华民族伟大复兴、中华文明持续兴盛提供强大智力支撑。

中华传统文化中的一些伦理观念、道德思想、行为准则，经过历史长河淘洗，已经深入民族血液，具有强大的民众感召力和公信力，在汇聚人心、凝聚共识、积聚力量方面发挥着巨大作用。在新时代，传统文化的创新发展承担着树立文化自信、贡献文化智慧的崇高使命。中华优秀传统文化是我们最深厚的文化软实力，也是中国特色社会主义植根的文化沃土。中华文明是世界文明史上璀璨的连续性文明，五千多年文化的连续发展是中华文明的重要特征。

传承和弘扬中华优秀传统文化，绝不意味着故步自封，当代大学生应进一步加强对中华优秀传统文化的挖掘和阐发，把跨越时空、跨越国度、具有当代价值的文化精神弘扬下去，立足中国，面向世界！

一、中华优秀传统文化的核心内容

中华优秀传统文化源远流长、博大精深，其中最核心的内容之一就是思想理念、价值观和民族精神。主要内容如下。

① 天人合一。即注重人与自然的和谐合一，注重人道和天道的一致，不强调征服自然、改造自然，不主张天和人的对立，而主张天和人的协调。

② 以人为本。主张"天地之性，人为贵""人者，天地之心"，呈现出一种既强调人文中心性，又追求天人和谐的辩证思想。中华传统主流文化始终关注的焦点是人类社会的有序和谐与人生理想的实现。

③ 崇德尚义。重视人的德行品格，重视德行的培养和人格的提升，传统文化历来高度推崇那些有高尚精神追求的人士。孔子的"杀身以成仁"，孟子的"舍生而取义"，都认为道德品格的信守和道德理想的坚持可以不受物质条件影响，在一定的条件下比生命还重要。除了这些核心理念，几千年来中华文明形成了自己的价值偏好，即责任先于权利，义务先于自由，社群高于个人，和谐高于冲突。

二、弘扬中华优秀传统文化的价值内涵

中华优秀传统文化积淀着中华民族最深沉的精神追求，代表着中华民族独特的精神标识，滋养着中华民族生生不息、发展壮大，是中国特色社会主义植根的文化沃土，是我们在世界文化激荡中站稳脚跟的根基。在新的时代条件下，我们要传承弘扬好中华优秀传统文化，深入挖掘其中的价值内涵，进一步激发中华优秀传统文化的生机与活力，为中华民族伟大复兴筑牢深厚的文化根基、提供强大的精神力量。

（一）中华优秀传统文化是中华文明的智慧结晶和精华所在

1. 中华优秀传统文化是中华民族的根和魂，是中华文明的智慧结晶和精华所在，是我们最深厚的文化软实力，是我国的独特优势

文运同国运相牵，文脉同国脉相连。我们只有更深刻地理解中华优秀传统文化的当代

价值和时代意蕴，才能更好地构筑中国精神、中国价值、中国力量，不断铸就中华文化新辉煌。

2. 中华优秀传统文化是中华民族的突出优势

在五千多年文明发展中孕育的中华优秀传统文化，积淀着中华民族最深沉的精神追求，代表着中华民族独特的精神标识。中华优秀传统文化中蕴含的核心思想理念、传统美德和人文精神，是中华民族生生不息、发展壮大的丰厚滋养。中国共产党是中华优秀传统文化的忠实继承者、弘扬者和建设者，在领导人民进行革命、建设、改革的伟大实践中，自觉肩负起传承中华优秀传统文化的历史责任。

3. 中华优秀传统文化是坚定文化自信的强大底气

文化自信是更基础、更广泛、更深厚的自信。历史和现实表明，一个国家和民族要自立自强，首先要在文化上自觉自信。"源浚者流长，根深者叶茂。"一个民族文化的形成，是一个不断积累沉淀、世代传承发展的过程。中华文化源远流长、灿烂辉煌，其在长期发展中形成的独一无二的理念、智慧、气度、神韵，增添了中国人民和中华民族内心深处的自信和自豪。中华文明是世界上唯一没有中断、发展至今的文明，靠的就是中华文化塑造的民族精神气质和文化自信。我们有坚定的道路自信、理论自信、制度自信，其本质是建立在五千多年文明传承基础上的文化自信。

4. 中华优秀传统文化对促进人类文明进步发挥着重要作用

中华文明自古就以开放包容闻名于世，在同其他文明的交流互鉴中不断焕发新的生命力。中华优秀传统文化蕴含着和平、发展、公平、正义、民主、自由的全人类共同价值，"远人不服，则修文德以来之"，以理服人、以文服人、以德服人，是中华文化的生命禀赋和生存耐性。

（二）高质量推动中华优秀传统文化创造性转化、创新性发展

1. 不忘本才能创未来，善于继承才能更好创新

新的时代条件下传承弘扬好中华优秀传统文化，要本着科学的态度，坚持古为今用、洋为中用、辩证取舍、推陈出新，高质量推动中华优秀传统文化创造性转化、创新性发展。

2. 利用好"中华文明探源工程"成果弘扬中华优秀传统文化

"中华文明探源工程"等重大工程的研究成果，实证了我国百万年的人类史和五千多年的文明史，展现了中华文明的起源和发展历程。要利用好"中华文明探源工程"成果和历史研究成果，完整准确地讲述古代历史。加强"中华文明探源工程"成果的宣传、推广和转化，教育引导广大干部群众特别是青少年和大学生认识中华文明的起源和发展脉络，认识中华优秀传统文化的灿烂成就，阐释中华文化的历史渊源、发展脉络、基本走向，讲清楚中华文明多元一体的形成和发展过程，发挥以史育人、以文化人的作用。

3. 推动中华优秀传统文化的数字化保护、传播、转化和创新

依托国家文化数字化战略，实施"互联网＋中华文明"行动计划，要善于运用数字技术，提取具有历史传承价值的中华文化元素、符号和标识，加快建设中华民族文化基因库，用于文化基因的当代表达与传承，推动历史文化认同。充分利用新一代信息技术，搭

建线上线下结合的文化体验环境，加强文化展示利用方式融合创新和文化遗产数字化保护，丰富优秀传统文化的时代表达和艺术化呈现。顺应文化消费新形势，鼓励文化机构、社会力量利用中华文化资源数据库和文化数据服务平台，深入挖掘中华优秀传统文化素材，提高内容创作生产的文化内涵，扩大数字文化产品和服务供给。

三、大学生弘扬传统文化的要点

首先，应培养自己对传统文化的兴趣，努力学习相关知识，提高自己的文化素养，厚植文化底蕴。

其次，要正确对待外来文化，以理智的心态去分辨、消化外来文化，取其精华去其糟粕，建立文化自信。

最后，中国传统文化作为中华民族的智慧结晶，需要大学生去继承和发扬，大学生要主动承担起传承的重任，并在传承过程中提升自己的道德素养，促进自身的完善和发展。

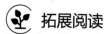 拓展阅读 ··········

中国的传统文化

中国的传统文化是世界上最具生命力的文化之一。五千多年来，中国的传统文化一直以其博大精深和兼容并包的精神生生不息，对中国和周边国家的价值观念与生活方式的形成及发展产生着巨大的影响。

对于中国的传统文化可以有多种多样的概括，但毫无疑问，儒释道的思想构成了中国传统文化中最为核心的部分和基本的价值准则，这些思想和价值观念渗透在中国古代的政治、经济、法律制度中，通过艺术、建筑、文学、医学等方式表现出来，塑造出有别于西方文化、印度文化等别具特色的文化样式，并与这些文化一起构成了世界文化多元共存的局面。

然而，在中国近代史上，由于军事上的接连失利以及经济、科技的相对落后，中国社会遭遇了深重的危机。面对从"天朝上国"到被动挨打的落差，中国人开始深刻反思传统制度与文化，并寻求变革之路。因为学习西方并想以此来振兴民族的心理过于迫切，一些思想家以激进和非此即彼的思想方式，将中国在近代落后的原因归结为传统文化因素。因此，中国的传统文化曾被视为"封建""落后""愚昧"，甚至认为传统文化是中国没有现代科学及造成落后的决定性原因。这样，传统文化遭受到了巨大的轻视甚至否定，这种观念是如此的根深蒂固，以至于一段时期只要提出重视传统文化的倡议，就会被人们视为抱残守缺、冥顽不化。

到了21世纪的今天，随着中国经济的发展和综合国力的增强，人们逐渐认识到传统文化并非社会发展的阻力；相反，经济的发展需要一种文化意志力的支持，中国的发展和社会稳定需要悠久的中国传统文化，这种信念被越来越多的人所接受。与此同时，全球化进程的一个重要成果便是对民族和世界关系的重新理解。人们逐渐认识到，文化交流增多，使不同的文化传统有了更多的交流机会，并能充分吸收对方的优点。但是这种交流和吸收并不会使某一种文化消失，不同的文化在这种吸收和沟通中不断强化自己文化的独特理念，并使这种理念被不同文化的人们所了解。

这种建立在民族文化本位的基础上，吸收各种文化优势的新的文化观念便被越来越多的人所接受。正因为如此，中国的传统文化是中国发展的一种重要的支撑力量而不是阻力的看法得到了广泛的认同。

现在世界上有越来越多的人开始学习汉语，迫切想要了解中国的传统文化，而近年来的传统文化热也正成为中国人的一种文化自觉。

第二节　中华经典诵读

中华优秀传统文化伴随五千多年中华民族发展道路而来，有着丰富深远的文化内涵。从春秋战国到秦汉魏晋，从隋唐五代到宋元明清，从鸦片战争到五四运动，从中国共产党成立到新中国成立，从全面推行改革开放到确立"两个一百年"奋斗目标，中华民族在一条艰难曲折而又繁荣兴盛的发展道路上，创造出无数享誉世界的文明成果，对全球文明进步和社会发展产生了巨大影响力和推动力。只有深入研究、系统总结中华优秀传统文化的思想内涵与成长机制，才能深刻领会中华文明生生不息的精神伟力与生命活力。

新时代大学生要做传统文化忠实的传承者、传播者和创新者。中华经典诵读可以将传统文化精髓根植到内心里，落实到行动中。通过对中华优秀传统文化的不断体认，做到知行合一，这是我们坚定文化自信的重要基础。

 经典诵读 ....

《大学》（选读）

导读：《大学》原为《礼记》第四十二篇，在宋代以前不是一部独立的经典，学者对其价值也没有予以足够的重视。北宋程颢、程颐推崇《大学》，认为《大学》是"初学入德之门也"，也阐明了古人为学与修身次第，"外有以极其规模之大，而内有以尽其节目之详者也"。到了南宋，朱熹又作《大学章句》，《大学》《中庸》《论语》《孟子》合称"四书"，与"五经"并列。

原文（经）：

大学之道❶，在明明德❷，在亲民，在止于至善。

知止❸而后有定，定而后能静，静而后能安，安而后能虑，虑而后能得。物有本末，事有始终。知所先后，则近道矣。

古之欲明明德于天下者，先治其国；欲治其国者，先齐其家；欲齐其家者，先修其

---

❶　大学之道：大学的宗旨。"大学"一词在古代有两种含义：一是"博学"的意思，二是相对于小学而言的"大人之学"。

❷　明明德：前一个"明"作动词，有使动意味，即"使彰明"，也就是发扬、弘扬的意思；后一个"明"作形容词，"明德"就是光明正大的品德。

❸　知止：知道目标所在。

身；欲修其身者，先正其心；欲正其心者，先诚其意；欲诚其意者，先致其知❶；致知在格物❷。物格而后知至，知至而后意诚，意诚而后心正，心正而后身修，身修而后家齐，家齐而后国治，国治而后天下平。自天子以至于庶人，壹是❸皆以修身为本❹。

其本乱而末治者，否矣。其所厚者薄❺，而其所薄者厚❻，未之有也❼！

此谓知本，此谓知之至也。

诵读理解

朱熹认为《大学》正文分经、传两部分，"右经一章，盖孔子之言，而曾子述之"；"其传十章，则曾子之意而门人记之也"。朱熹说："《大学》是为学纲目，先通《大学》，立定纲领，其他经皆杂说在里许。通得《大学》了，去看他经，方见得此是格物、致知事，此是正心、诚意事，此是修身事，此是齐家、治国、平天下事。"

《大学》开篇所展示的是儒学"三纲八目"的追求。所谓"三纲"是指"明明德""亲民""止于至善"。它既是《大学》的纲领旨趣，也是儒学"垂世立教"的目标所在。所谓"八目"，是指"格物、致知、诚意、正心、修身、齐家、治国、平天下"。它既是为达到"三纲"而设计的条目工夫，也是儒学为我们所展示的人生进修阶梯。纵览"四书五经"，我们发现，儒家的全部学说实际上都是循着这"三纲八目"展开的。因此，抓住这"三纲八目"，就等于抓住了一把打开儒学大门的钥匙。循着这进修阶梯一步一个脚印，你就会登堂入室，领略儒学经典的奥义。另外，就进修阶梯本身而言，实际包括"内修"和"外治"两大方面。"格物、致知、诚意、正心"是"内修"，"齐家、治国、平天下"是"外治"，而"修身"一环，则是联结"内修"和"外治"两方面的枢纽，它与"内修"项目连在一起，是"独善其身"，它与"外治"项目连在一起，是"兼善天下"。两千多年来，一代又一代中国知识分子"穷则独善其身，达则兼善天下"（《孟子·尽心上》），把生命的历程铺设在这一阶梯之上。

《大学》开篇，语言凝练，内涵深厚，层层递进，直入人心，既是朗读的好作品，也是吟诵的不二选择。读起来朗朗上口、韵味十足，听起来丝丝入味、如入佳境。

《中庸》（选读）

导读：《中庸》原是《礼记》第三十一篇，是一篇论述儒家人性修养的文章。《中庸》相传为子思所作，是儒家学说的经典论著。北宋程颢、程颐极力尊崇《中庸》，南宋朱熹作《中庸集注》，最终和《大学》《论语》《孟子》合称"四书"。宋、元以后，《中庸》成为学校官定的教科书和科举考试的必读书，对中国古代教育产生了极大的影响。《中庸》提出的"五达道""三达德""慎独自修""至诚尽性"等内容，对为人处世、人性修养有重要影响。

---

❶ 致其知：让自己得到知识和智慧。
❷ 格物：认识、研究世间万物。
❸ 壹是：都是。
❹ 本：根本。
❺ 厚者薄：该重视的不重视。
❻ 薄者厚：不该重视的加以重视。
❼ 未之有也：未有之也。即没有这样的道理（事情、做法等）。

原文：

天命❶之谓性，率性之谓道，修道之谓教。道也者，不可须臾离也，可离非道也。是故君子戒慎乎其所不睹，恐惧乎其所不闻。莫见乎❷隐，莫显乎微。故君子慎其独也。喜、怒、哀、乐之未发，谓之中。发而皆中节，谓之和。中也者，天下之大本也。和也者，天下之达道也。致❸中和，天地位焉，万物育焉。

天下之达道五，所以行之者三，曰：君臣也、父子也、夫妇也、昆弟❹也、朋友之交也。五者，天下之达道也。知、仁、勇三者，天下之达德也。所以行之者一也。或生而知之，或学而知之，或困而知之，及其知之，一也。或安而行之，或利而行之，或勉强而行之，及其成功，一也。

子曰："好学近乎知，力行近乎仁，知耻近乎勇。知斯三者，则知所以修身。知所以修身，则知所以治人。知所以治人，则知所以治天下国家矣。"

博学之，审问之，慎思之，明辨之，笃行之❺。有弗学，学之弗能❻，弗措也❼。有弗问，问之弗知，弗措也。有弗思，思之弗得，弗措也。有弗辨，辨之弗明，弗措也。有弗行，行之弗笃，弗措也。人一能之，己百之。人十能之，己千之。果能此道矣，虽愚必明，虽柔必强。

诵读理解

《中庸》的中心内容是儒学的中庸之道，主旨在于修养人性，教育人们自觉进行自我修养、自我监督、自我教育、自我完善，把自己培养成具有理想人格，达到至善、至仁、至诚、至道、至德、至圣、合外内之道的理想人物，共创"致中和，天地位焉，万物育焉"的"太平和合"境界。其中，"天命之谓性，率性之谓道，修道之谓教"言简意赅地揭示了"中庸之道、自我管理"这一主题思想的核心。此外，还有"博学之，审问之，慎思之，明辨之，笃行之"的学习方式，以及儒家做人的规范"五达道"（君臣也、父子也、夫妇也、昆弟也、朋友之交也）和"三达德"（知、仁、勇）等。

"道也者，不可须臾离也，可离非道也。是故君子戒慎乎其所不睹，恐惧乎其所不闻。莫见乎隐，莫显乎微。故君子慎其独也。"自我教育贯穿于人的一生之中，人们一刻也离不开自我教育。要将自我教育贯穿于人生的全部过程，就需要有一种强有力的自我约束、自我监督的精神，这种精神就叫作"慎独"。

中庸之道的理论基础是天人合一。天人合一的真实含义是合一于至诚、至善，这才是《中庸》天人合一的真实含义。因此，《中庸》始于"天命之谓性，率性之谓道，修道之谓教"，而终于"'上天之载，无声无臭，'至矣！"。这就是圣人所要达到的最高境界，这才是真正意义上的天人合一。

---

❶ 天命：天赋，实际上就是指人的自然禀赋，并无神秘色彩。

❷ 莫：在这里是"没有什么更……"的意思。见（xiàn）：显现，明显。乎：于，在这里有比较的意味。

❸ 致：达到。

❹ 昆弟：兄和弟，也包括堂兄、堂弟。

❺ 博学之，审问之，慎思之，明辨之，笃行之：博学、审问、慎思、明辨、笃行是古人谈学习的五个层次或五种方式，不管是学习书本知识，还是学习某种技能，都得经过反复训练才能完成。

❻ 有弗学，学之弗能：要么不学，学就要学会。

❼ 弗措也：决不放弃。

《中庸》的思想内涵非常丰富，辩证的哲学观点令人醍醐灌顶、一通百通，非常适合吟诵和朗读，关键要把握对其语言内涵的理解以及对语句平仄韵律的挖掘和追溯，避免出现"拗口"的问题。

《论语》（选读）

导读：《论语》是儒家学派的经典著作之一，由孔子的弟子及其再传弟子编撰而成。它以语录体和对话体为主，记录了孔子及其弟子的言行，集中体现了孔子的政治主张、伦理思想、道德观念及教育原则等。与《大学》《中庸》《孟子》《诗经》《尚书》《易经》《礼记》《春秋》并称"四书五经"。

原文：

《学而篇》（全文）

子曰："学而时习之，不亦说（yuè）乎？有朋自远方来，不亦乐乎？人不知而不愠（yùn），不亦君子乎？"

有子曰："其为人也孝弟（tì）❶，而好犯上者，鲜矣；不好犯上而好作乱者，未之有也。君子务本，本立而道❷生。孝弟也者，其为仁之本与！"

子曰："巧言令色，鲜矣仁！"

曾子曰："吾日三省（xǐng）吾身：为人谋而不忠乎？与朋友交而不信乎？传不习❸乎？"

子曰："道千乘之国，敬事而信，节用而爱人，使民以时。"

子曰："弟子入则孝，出则悌，谨而信，泛爱众，而亲仁，行有余力，则以学文。"

子夏曰："贤贤❹易色；事父母，能竭其力；事君，能致其身；与朋友交，言而有信。虽曰未学，吾必谓之学矣。"

子曰："君子不重则不威，学则不固。主忠信❺，无友不如己者。过，则勿惮（dàn）改。"

曾子曰："慎终追远，民德归厚矣。"

子禽问于子贡曰："夫子至于是邦也，必闻其政，求之与，抑与之与？"子贡曰："夫子温、良、恭、俭、让以得之。夫子之求之也，其诸异乎人之求之与？"

子曰："父在，观其志；父没，观其行；三年无改于父之道，可谓孝矣。"

有子曰："礼之用，和为贵。先王之道，斯为美。小大由之，有所不行。知和而和，不以礼节之，亦不可行也。"

有子曰："信近于义，言可复也。恭近于礼，远耻辱也。因不失其亲，亦可宗也。"

子曰："君子食无求饱，居无求安，敏于事而慎于言，就有道而正焉，可谓好学

---

❶ 孝弟：孝，奴隶社会时期所认为的子女对待父母的正确态度；弟，读音和意义与"悌"（tì）相同，即弟弟对待兄长的正确态度。孝、弟是孔子和儒家特别提倡的两种基本道德规范。

❷ 道：在中国古代思想里，道有多种含义。此处的道，指孔子提倡的仁道，即以"仁"为核心的整个道德思想体系及其在实际生活中的体现。

❸ 传不习：传，旧注曰"受之于师谓之传"，老师传授知识给学生。习，与"学而时习之"的"习"字一样，指温习、实习、演习等。

❹ 贤贤：第一个"贤"字作动词，是"尊重"的意思。贤贤即尊重贤者。

❺ 主忠信：以忠信为主。

也已。"

子贡曰："贫而无谄，富而无骄，何如?"子曰："可也。未若贫而乐，富而好礼者也。"

子贡曰："《诗》云:'如切如磋，如琢如磨❶，其斯之谓与?"子曰："赐也，始可与言《诗》已矣，告诸往而知来者。"

子曰："不患人之不己知，患不知人也。"

《论语》选句

子曰："《诗》三百❷，一言以蔽之，曰:'思无邪❸。'"

子曰："吾十有五而志于学，三十而立，四十而不惑，五十而知天命，六十而耳顺，七十而从心所欲，不逾矩。"

子曰："里仁为美❹。择不处仁，焉得知?"

子曰："君子怀德，小人怀土;君子怀刑，小人怀惠。"

子曰："不患无位，患所以立;不患莫己知，求为可知也。"

子曰："君子喻于义，小人喻于利。"

子曰："见贤思齐焉，见不贤而内自省也。"

子曰："君子欲讷于言而敏于行。"

子曰："德不孤，必有邻。"

子曰："贤哉，回也! 一箪❺食，一瓢饮，在陋巷，人不堪其忧，回也不改其乐。贤哉，回也!"

子曰："质胜文则野，文胜质则史。文质彬彬，然后君子。"

子曰："知者乐水，仁者乐山。知者动，仁者静。知者乐，仁者寿。"

子曰："三人行，必有我师焉。择其善者而从之，其不善者而改之。"

曾子曰："士不可以不弘毅，任重而道远。仁以为己任，不亦重乎? 死而后已，不亦远乎?"

子绝四:毋意、毋必、毋固、毋我❻。

孔子曰："益者三友，损者三友。友直、友谅、友多闻，益矣;友便辟、友善柔、友便佞，损矣。"

孔子曰："君子有九思:视思明，听思聪，色思温，貌思恭，言思忠，事思敬，疑思问，忿思难，见得思义。"

子曰："小子何莫学夫《诗》?《诗》可以兴，可以观，可以群，可以怨。迩之事父，远之事君，多识于鸟兽草木之名。"

---

❶ 如切如磋，如琢如磨:此二句见《诗经·卫风》。分别指对骨、象牙、玉、石四种不同材料的加工方式，加工象牙和骨，切了还要磋，加工玉和石，琢了还要磨，有精益求精之意。

❷ 《诗》三百:《诗》，指《诗经》一书，此书实有305篇，三百只是举其整数。

❸ 思无邪:此为《诗经·鲁颂》中的一句，此处的"思"作"思想"解。无邪，一解为"纯正"，一解为"直"。思想纯正;心无邪念，思想正直。

❹ 里仁为美:住在有仁者的地方才好。里，住处，借作动词用。

❺ 箪 (dān):古代盛饭用的竹器。

❻ 毋意、毋必、毋固、毋我:不凭空臆测，不武断绝对，不固执拘泥，不自以为是。

诵读理解

《论语》全书 20 篇 492 章，是儒家思想和中国文化的经典著作。《论语》以记言为主，"论"是论纂的意思，"语"指话语、经典语句、箴言，"论语"即论纂先师孔子的语言。其中所记孔子循循善诱的教诲之言，或简单应答，点到为止；或启发论辩，侃侃而谈；富于变化，娓娓动人。该书语言简洁精练，蕴意深刻，其中有许多言论至今仍被世人视为至理名言。

诵读《论语》要多读、勤读，好的语句要熟读、精读，读到熟能生巧、信手拈来。要着重读取《论语》中具有普遍意义的精华段落和上口的语句，以增强我们的道德意识、责任感、使命感以及提升综合人文素养。

《孟子》（选读）

导读：孟子曾仿效孔子，带领门徒游说各国，但不为当时环境所接受。于是退隐，与弟子们著书，有《孟子》七篇传世。提出"仁政""王道"，主张德治。南宋朱熹编"四书"时将《孟子》列入其中，正式把《孟子》提到了非常高的地位。元、明以后，《孟子》成为科举考试的内容，更成为读书人的必读之书。

原文：

《公孙丑上》（选读）

孟子曰："人皆有不忍人之心。先王有不忍人之心，斯有不忍人之政矣。以不忍人之心，行不忍人之政，治天下可运之掌上。所以谓人皆有不忍人之心者，今人乍见孺子将入于井，皆有怵惕恻隐❶之心，非所以内交于孺子之父母也，非所以要誉于乡党朋友也，非恶其声而然也。由是观之，无恻隐之心，非人也；无羞恶之心，非人也；无辞让之心，非人也；无是非之心，非人也。恻隐之心，仁之端也；羞恶之心，义之端也；辞让之心，礼之端也；是非之心，智之端也。人之有是四端也，犹其有四体也。有是四端而自谓不能者，自贼者也；谓其君不能者，贼其君者也。凡有四端于我者，知皆扩而充之矣，若火之始然，泉之始达。苟能充之，足以保四海；苟不充之，不足以事父母。"

《告子上》（选读）

孟子曰："鱼，我所欲也；熊掌，亦我所欲也。二者不可得兼，舍鱼而取熊掌者也。生，亦我所欲也；义，亦我所欲也。二者不可得兼，舍生而取义者也。生亦我所欲，所欲有甚于生者，故不为苟得也；死亦我所恶，所恶有甚于死者，故患有所不辟也。如使人之所欲莫甚于生，则凡可以得生者，何不用也？使人之所恶莫甚于死者，则凡可以辟患者，何不为也？由是则生而有不用也，由是则可以辟患而有不为也。是故所欲有甚于生者，所恶有甚于死者。非独贤者有是心也，人皆有之，贤者能勿丧耳。一箪食，一豆羹，得之则生，弗得则死，嘑❷尔而与之，行道之人弗受；蹴尔❸而与之，乞人不屑也。万钟则不辨礼义而受之，万钟于我何加焉？为宫室之美、妻妾之奉、所识穷乏者得我与？乡为身死而不受，今为宫室之美为之；乡为身死而不受，今为妻妾之奉为之；乡为身死而不受，今为

---

❶ 怵惕：惊惧。恻隐：哀痛，同情。
❷ 嘑（hū）：同"呼"。
❸ 蹴（cù）尔：以脚践踏。

所识穷乏者得我而为之：是亦不可以已乎！此之谓失其本心。"

《告子下》（选读）

孟子曰："舜发于畎亩之中❶，傅说举于版筑之间，胶鬲举于鱼盐之中❷，管夷吾举于士，孙叔敖举于海，百里奚举于市❸。故天将降大任于是人也，必先苦其心志，劳其筋骨，饿其体肤，空乏其身，行拂乱其所为，所以动心忍性，曾益其所不能❹。人恒过，然后能改；困于心，衡于虑，而后作；征于色，发于声，而后喻。入则无法家拂士❺，出则无敌国外患者，国恒亡。然后知生于忧患而死于安乐也。"

诵读理解

孟子生活的战国中期较孔子生活的春秋末期，社会更加动荡不安，思想也更加活跃，正值"百家争鸣"的时代。孟子一方面继承了孔子的政治思想和教育思想等；另一方面又有所发展，形成了自己的政治和学术思想。同时，在与墨家、道家、法家等学派的激烈交锋中，孟子维护了儒家学派的理论，也确立了自己在儒学中的重要地位，成为仅次于孔子的正宗大儒。随着儒家地位的不断提升，孔子被尊为"圣人"，孟子也被称为"亚圣"。

与《论语》相同，《孟子》也是以记言为主的语录体散文，但它比《论语》又有明显的发展。《论语》的文字简约、含蓄，《孟子》却有许多长篇大论，气势磅礴，议论尖锐、机智且雄辩。如果说《论语》给人的感觉是仁者的谆谆告诫，那么《孟子》给人的感觉就是侃侃而谈，对后世的散文写作产生了深远的影响。诵读时，要注意理解整段文字的推理逻辑，把握语录体散文的故事性以及段落之间的连接与语句之间的关系。

 课后思考

1. 中华优秀传统文化在当代社会的重要性体现在哪些方面？
2. 大学生在弘扬中华优秀传统文化中扮演着怎样的角色？
3. 在全球化背景下，大学生应如何处理外来文化与中华优秀传统文化的关系？

---

❶ 舜（shùn）发于畎（quǎn）亩之中：舜原来在历山耕田，30岁时被尧起用，后来成了尧的继承人。舜，传说中远古帝王。发，起，指被征用。畎亩，田间，田地。

❷ 胶鬲（gé）举于鱼盐之中：胶鬲起初贩卖鱼和盐，西伯（周文王）把他举荐给纣。后来他又辅佐周武王。

❸ 百里奚举于市：百里奚，春秋时期虞国大夫。虞亡后被俘，由晋入秦，又逃到楚。后来秦穆公用五张羊皮把他赎出来，用为大夫，所以说举于市（集市）。

❹ 曾益其所不能：增加他所不具备的能力。曾益，增加。曾，通"增"。所不能，指原先所不具备的能力。

❺ 入则无法家拂（bì）士：在国内没有坚守法度的大臣和辅佐君王的贤士。入，在国内。法家，守法度的大臣。拂士，辅佐君王的贤士。拂，通"弼"，辅佐，辅弼。

第四章

基础文明素养与品行修养教育实践

 学习目标

一、认知发展目标

1. 理解文明素养的内涵与价值。掌握文明素养的基本概念，包括个人礼仪、公共道德、社交礼仪等，明确文明素养在个人成长与社会发展中的重要作用。

2. 掌握文明素养教育的理论基础。了解文明素养教育的理论依据，包括社会学、心理学和教育学的相关理论，认识文明素养教育对大学生思想道德建设的促进作用。

二、能力培养目标

1. 个人礼仪实践能力。掌握正确的仪表修饰方法（如发型、妆容、着装搭配）和仪态习惯（如站姿、坐姿、行走姿态），展现得体、自信的个人形象。

2. 社交礼仪实践能力。掌握与同学、老师交往的基本礼仪（如主动问候、借用物品、参加聚会），提升校园社交能力。通过角色扮演、模拟训练等方式，实践社交礼仪场景，增强应对实际社交挑战的能力。

3. 文明素养教育活动设计与实施能力。能够运用所学理论设计并实施基础文明素养教育活动（如礼仪培训、行为规范教育），提升活动策划和组织能力。

三、情感态度目标

1. 塑造良好形象意识。深刻认识到文明素养在个人成长和社会发展中的重要作用，树立打造个人品牌的意识，将文明行为视为个人形象的重要组成部分。

2. 增强社会适应能力意识。认识到文明素养是帮助学生适应社会规则的"缓冲带"，减少从校园到职场的"水土不服"，提升社会适应能力。

3. 促进社会和谐与文明进步意识。理解个人文明素养对社会和谐与文明程度的贡献，愿意通过自身行为影响他人，推动社会进步，成为文明传播的使者。

四、实践应用目标

1. 文明素养实践活动。积极参与校园内的文明素养实践活动（如"文明课堂"角色扮演、"宿舍生活大挑战""社团招新礼仪考核"），将理论知识转化为实际行动。参与社会场景模拟训练（如"地铁文明引导员"模拟、"餐厅服务礼仪"体验），提升在真实社会场景中的文明素养表现。

2. 志愿服务实践。参与校园志愿服务项目（如图书馆"书籍归位计划"、食堂"光盘行动先锋"），践行文明理念，服务师生。参与校园文化建设（如设计道德文化景观、运营新媒体道德传播矩阵、培育道德榜样），营造浓厚的道德氛围，推动校园文明建设。

第一节　基础文明素养教育实践

一、基础文明素养教育理论价值阐释

（一）文明素养的内涵与构成要素

走进大学校园，我们常常看到这样的场景：有人在图书馆轻声细语地查阅资料，有人在食堂自觉排队并主动回收餐盘，有人在课堂上认真倾听、礼貌提问……这些看似微小的行为，正是大学生基础文明素养的直观体现。那么，究竟什么是文明素养？它又包含哪些核心要素？

1. 个人礼仪：塑造自我的"第一张名片"

个人礼仪是文明素养的"外显窗口"，涵盖一个人的仪表仪态、言谈举止和着装规范，是个体在社会交往中传递给他人的"第一信号"。

（1）仪表仪态：细节之处见修养

仪表整洁是个人礼仪的基础。男生需注意发型整齐、胡须修剪，避免穿着拖鞋、背心进入教室；女生妆容宜淡不宜浓，过度修饰反而会显得突兀。仪态方面，站立时应腰背挺直、双肩放平，避免弯腰驼背或斜倚墙面；行走时步伐稳健、目视前方，展现自信从容的气质。例如，某校曾对毕业生进行跟踪调查，发现职场中晋升较快的学生，普遍具备"姿态端正、眼神坚定"的共同特征，这正是仪态修养带来的积极影响。

（2）言谈举止：语言是思想的镜子

文明的语言习惯是个人礼仪的核心。日常交流中，"请""谢谢""对不起"等礼貌用语的使用频率，直接反映一个人的修养水平。例如，向老师请教问题时，先说："老师，请问这个问题可以打扰您一下吗？"得到解答后诚恳致谢，会让沟通更加顺畅。举止方面，递接物品时用双手、接电话时先说"你好"、咳嗽打喷嚏时用纸巾或手肘遮挡，这些细节看似琐碎，却能瞬间提升他人对自己的好感度。曾有学生在实习时，因主动为面试官递上一杯温水并使用礼貌用语，在专业能力相近的竞争者中脱颖而出。

（3）着装规范：着装是无声的自我介绍

大学生的着装应遵循"得体、舒适、适合场合"的原则。课堂上，选择休闲衬衫、牛仔裤等舒适得体的衣物，避免穿着睡衣或过于暴露的服装；参加学术讲座或正式会议时，可穿着简约正装，体现对活动的重视；运动时则应换上运动装和运动鞋，既方便活动，也避免对他人造成视觉干扰。值得注意的是，着装规范并非要求千篇一律，而是鼓励学生在符合场合的前提下展现个性与审美。例如，某校设计专业学生在校园活动中，将传统汉服元素融入日常穿搭，既传承了文化，又展现了独特的个人风格。

2. 公共道德：守护共同空间的"文明契约"

公共道德是文明素养在社会层面的延伸，体现为对公共场所规则的遵守、对公共环境的爱护和对他人权益的尊重，是维持社会秩序的"隐形纽带"。

（1）遵守秩序：规则意识的集中体现

公共场所的秩序需要每个人的共同维护。在教室，准时上课、关闭手机铃声、不在课堂上随意走动，是对教师和同学的基本尊重；在图书馆，保持安静、不随意占用他人座位、归还书籍时放回原位，是对公共学习资源的珍惜；在食堂，自觉排队、按需取餐、不浪费粮食，是对劳动成果的尊重。某高校曾通过监控发现，午餐高峰期食堂排队时间较长时，总有少数学生试图插队，导致后方学生不满情绪蔓延，而设立"文明引导员"岗位后，插队现象减少了80%，这说明遵守秩序的行为具有强大的示范和带动效应。

（2）爱护环境：社会责任的微观实践

爱护公共环境是文明素养的重要标志。随手捡起地上的垃圾、不随地吐痰、节约水电资源、保护校园绿植，这些行为看似微小，却能反映一个人对社会的责任感。例如，某校学生自发组织"校园环保日"活动，每周五下午清理教学楼和宿舍区的卫生死角，不仅改善了校园环境，更让"爱护环境"的理念深入人心。在宿舍生活中，不乱扔垃圾、定期打扫卫生、合理处理废旧物品（如快递盒、饮料瓶），既是对室友的尊重，也是培养生活自理能力的重要途径。

（3）尊重他人：人际交往的基本准则

尊重他人的核心是"换位思考"。在宿舍，注意控制音量、不随意翻动他人物品、尊重室友的生活习惯（如有人早睡时调暗灯光），能减少矛盾，营造和谐的居住氛围；在团队合作中，认真倾听他人意见、不打断别人发言、尊重不同的观点和文化背景，是高效协作的基础。曾有学生社团在组织活动时，因忽视成员的宗教信仰和饮食习惯，导致部分成员感到被冒犯，活动效果大打折扣，这提醒我们：尊重他人的细节，往往决定了人际关系的质量。

3. 社交礼仪：搭建人际桥梁的"文明密码"

社交礼仪是人际交往的"润滑剂"，帮助我们在校园和社会中建立信任、增进感情，是文明素养在人际互动中的具体运用。

（1）校园社交：构建和谐的校园关系

同学间的交往讲究真诚与尊重。遇到同学时主动问候，如"早上好""最近学习怎么样？"能拉近心理距离。向同学借用物品时，先说："请问可以借我用一下吗？"使用完毕后及时归还并致谢，能建立良好的信用；参加同学的生日聚会或活动时，遵守约定时间、携带小礼物，体现对他人的重视。与老师交往时，进出办公室先敲门、请教问题时清晰表达需求、受到老师帮助后主动反馈进展，这些礼仪细节能展现学生的成熟度和修养。例如，某学生在毕业多年后，仍因读书时每次请教老师后都会手写感谢卡，给老师留下了深刻印象，获得了宝贵的职场推荐机会。

（2）社会交往：为未来职场铺路

社会交往中的礼仪规范是校园社交礼仪的延伸和升华。拜访他人时需提前预约，说明来意和停留时间，避免突然造访；接受他人帮助后，通过电话或短信再次致谢，必要时可赠送小礼物表达心意；参加社交活动时，要注意倾听他人讲话，不随意打断或抢话，遇到不同意见时保持礼貌回应，如"您的观点很有道理，我想补充一点……"。在网络社交中，使用文明用语、不传播谣言、尊重他人隐私（如不随意截屏转发聊天记录），也是社交礼仪的重要组成部分。例如，某大学生在实习期间，因在工作群中随意使用表情包和口语化表达，被领导提醒"注意职场沟通礼仪"，这才意识到在不同场景中社交礼仪的差异。

（二）文明素养对大学生个人成长的意义

1. 塑造良好形象：打造行走的"个人品牌"

在竞争激烈的社会中，文明素养是个人形象的核心竞争力，甚至比专业成绩更能决定一个人的长远发展。

（1）第一印象的重要性

心理学研究表明，人们在初次见面时，7秒钟内就会形成对对方的基本印象，而这一印象的80%来自仪表、举止和语言表达。例如，一位穿着整洁、谈吐优雅、遵守规则的大学生，无论是在校园里担任学生干部，还是在实习中与同事合作，都会更容易获得他人的信任和认可。某企业人力资源（HR）曾分享过一个招聘案例：两名专业成绩相近的应聘者，一人在面试时主动与面试官握手、坐姿端正、回答问题条理清晰，另一人则穿着随意、坐姿松散、回答问题语无伦次，最终前者被录取，后者被淘汰。这说明，文明素养是敲开职场大门的第一块砖。

（2）个人品牌的长期建设

文明素养不仅影响第一印象，更决定了个人品牌的长期口碑。在校园里，一个总是遵守课堂纪律、主动帮助同学、爱护公共环境的学生，会被贴上"靠谱""有修养"的标签，这种口碑会随着时间的推移不断积累，成为个人的无形资产。进入职场后，文明素养高的员工往往更受同事和领导的欢迎，因为他们懂得尊重他人、遵守规则、善于沟通，能有效降低团队协作的成本。例如，某毕业生因在校期间长期担任"文明督导员"，养成了自觉遵守规则和主动维护公共秩序的习惯，入职后很快被提拔为团队负责人，领导评价他"身上有一种让人放心的气质"。

2. 提升综合素质：文明是"全人教育"的底色

文明素养不是孤立的行为规范，而是与价值观、思维方式、情感态度紧密相连，培养文明素养的过程，也是提升综合素质的过程。

（1）培养自律意识与执行力

遵守课堂纪律、保持宿舍整洁、按时完成文明实践活动，这些都需要自律意识和执行力。例如，坚持每天早起整理内务、每周参与一次志愿服务，这些看似简单的行为，实则是对意志力的锻炼。长期坚持，能让学生养成"说到做到"的习惯，这对学生未来面对工作中的挑战至关重要。

（2）激发同理心与社会责任感

文明素养的核心是尊重他人、关爱社会。当学生在食堂看到他人自觉回收餐盘时，会下意识地模仿；当参与社区志愿服务，看到孤寡老人的生活困境时，会激发内心的compassion（共情）。这种情感体验能帮助学生超越"自我中心"，认识到自己作为社会成员的责任，从而形成正确的价值观。某高校的调查显示，参与文明实践活动较多的学生，其社会责任感得分显著高于其他学生，且更愿意参与公益事业。

（3）促进人格健全与心理成熟

通过践行文明规范，学生学会自我约束、自我管理，形成积极向上的人生态度。例如，在处理宿舍矛盾时，学会换位思考、理性沟通，而不是情绪化争吵，这是心理成熟的重要标志；在面对公共场合的不文明行为时，能勇敢地进行礼貌劝阻，而不是选择沉默或跟风，这是人格独立的体现。这些经历能帮助学生构建健康的自我概念，增强心理韧性。

3. 增强社会适应能力：从"校园人"到"社会人"的桥梁

大学是走向社会的过渡阶段，文明素养是帮助学生适应社会规则的"缓冲带"，能减少从校园到职场的"水土不服"。

（1）职场规则的预演

校园里的许多场景都是职场的"微缩版"：宿舍生活教会学生如何与他人共享空间、处理矛盾，这正是职场中团队协作的预演；课堂上的发言礼仪、小组讨论规则，能迁移到工作中的会议表达和沟通技巧；遵守图书馆、食堂等公共场所的秩序，能帮助学生更快适应职场中的企业文化和社会规范（如准时参加会议、保持办公环境整洁）。

例如，某毕业生入职后发现，同事们在午餐时会自觉回收餐盘、离开办公室前会整理桌面，这些习惯与他在校园里养成的文明行为完全一致，因此他能迅速融入职场环境，获得同事的认可。

（2）社会角色的提前认知

作为"准社会人"，大学生通过践行文明素养，能提前理解不同社会角色的责任和义务。例如，担任"校园文明督导员"时，需要提醒他人遵守规则，这让学生体会到"管理者"的责任；参与社区志愿服务时，作为"服务者"，需要耐心倾听居民需求，这让学生理解"为他人服务"的内涵。这些角色体验能帮助学生更快地完成身份转换，明确自己在社会中的定位。

（三）文明素养对社会发展的贡献

1. 促进社会和谐：文明是社会的"黏合剂"

当每个人都具备基本文明素养时，社会冲突会大幅减少，人际关系更加融洽，公共事务管理成本降低。

（1）减少人际矛盾

公共场合的轻声细语，能避免因噪声引发的争吵；自觉排队、礼让他人，能防止资源争夺导致的冲突；尊重他人隐私和习惯，能减少宿舍、班级中的小摩擦。例如，某高校曾对宿舍矛盾进行分析，发现70%的冲突源于不文明行为（如噪声扰民、随意占用他人物品），而通过开展文明素养教育，宿舍矛盾发生率下降了40%，学生们学会了用沟通和包容解决问题，而非争吵和对抗。

（2）增强社会凝聚力

文明行为具有强大的示范效应和感染力。当看到他人主动帮助老人过马路、自觉分类垃圾时，人们会下意识地效仿，这种"文明传递"能形成良性循环。高校作为人才培养的高地，学生的文明行为更是具有标杆作用。例如，某大学学生自发组织"地铁文明引导员"活动，在早晚高峰协助维持秩序、劝阻不文明行为，带动周边市民自觉排队乘车，成为城市文明的流动风景线，相关视频在网络上点击量超过百万次，引发广泛好评。

2. 提升社会文明程度：高校是文明的"播种机"

大学生是社会中文化水平较高的群体，其文明素养的提升能通过"辐射效应"推动社会进步，发挥"教育一个学生，影响一个家庭，带动一个社区"的作用。

（1）人才输出的文明示范

学生毕业后进入各行各业，会将校园中养成的文明习惯带入职场，影响同事和合作伙伴。例如，一个遵守职场礼仪、尊重他人的员工，能带动整个团队形成文明的工作氛围；一个爱护环境、节约资源的管理者，会将绿色办公理念融入企业管理。据统计，文明素养高的毕业生，其所在团队的协作效率和员工满意度普遍高于平均水平，这说明文明素养具有强大的传导性。

（2）社会服务的文明倡导

高校开展的文明实践活动（如社区志愿服务、文明倡导活动），能直接向社会传递文明理念。例如，某校学生走进周边社区，开展"文明养宠""垃圾分类"等主题宣传活动，通过现场讲解、发放手册、趣味游戏等方式，帮助居民了解文明规范，提升社区文明程度。这些活动不仅服务了社会，更让学生在实践中深化了对文明素养的理解，形成"教育—实践—再教育"的良性循环。

（3）舆论引导的文明传播

大学生通过社交媒体（如微信、微博、抖音）传播文明行为，能形成积极的舆论导向。例如，拍摄"校园文明小贴士"短视频、分享志愿服务经历、曝光不文明现象（匿名且客观），能引发同龄人的共鸣，扩大文明理念的影响力。某高校学生团队制作的"文明乘坐电梯"动画短片，在校园平台播放量超过5万次，许多学生主动转发到家庭群，带动家长共同践行文明乘梯礼仪。

二、基础文明素养教育实践操作设计方案思路

1. 礼仪培训：从"知礼"到"习礼"

模块化课程设计：开设大学生礼仪修养相关通识课程，包含理论教学和实践演练，基础礼仪模块包括：

个人礼仪：仪表修饰（发型、妆容、着装搭配）、仪态训练（站姿、坐姿、行走姿态）。

语言礼仪：礼貌用语使用场景、电话礼仪（接听、拨打、留言规范）、网络沟通礼仪（邮件、微信、短信的格式与语气）。

校园礼仪模块包括：

课堂礼仪：迟到/早退流程、手机管理、提问/发言礼仪。

师生交往：办公室拜访礼仪（预约、问候、告别）、邮件沟通礼仪（主题、正文、签名格式）。

宿舍礼仪：作息协调、物品共享、矛盾处理技巧。

社团礼仪：会议组织（座次安排、发言顺序）、活动协作（任务分配、进度沟通）。

职场预备模块包括：

面试礼仪：着装规范（正装搭配禁忌）、肢体语言（握手力度、眼神交流）、应答技巧（STAR 法则应用）。

商务礼仪：名片递送（双手递接、文字朝向）、餐桌礼仪（中西餐餐具使用、敬酒顺序）、会议礼仪（准时到场、记录要点、发言逻辑）。

2. 情境模拟：在"实战"中掌握文明技巧

（1）校园场景模拟活动

"文明课堂"角色扮演：学生分成小组，模拟"上课迟到""课堂上手机响铃""向老师提问"等场景，其他小组观察并指出其中的不文明问题并提出改进建议。

"宿舍生活大挑战"：设计"作息冲突""物品丢失""卫生纠纷"等情境，让学生分组演练如何通过文明沟通解决问题，例如：

情境：室友每天凌晨 1 点追剧，影响自己睡眠

文明沟通步骤：①主动关心室友（"你最近是不是学习压力很大，睡得这么晚？"）；②表达感受（"我睡眠比较浅，凌晨的声音会影响我休息"）；③沟通协商（"能不能戴耳机看剧，或者稍微调小音量？"）。

"社团招新礼仪考核"：在社团招新现场设置"礼仪考核关卡"，要求应聘者演示"自我介绍""回答提问""与老成员互动"等情景，由学长、学姐担任评委，重点考查应聘者的礼貌用语、肢体语言和团队协作意识。

（2）社会场景模拟训练

"地铁文明引导员"模拟：在校园内搭建模拟地铁场景，学生扮演乘客和引导员，练习如何礼貌劝阻插队、抢座行为，如何帮助老人、孕妇找到座位。

"餐厅服务礼仪"体验：与学校食堂合作，学生轮流担任"临时服务员"，学习如何礼貌引导顾客排队、处理顾客投诉、清理餐桌，体会"服务他人"的文明内涵。

"社区文明倡导"演练：组织学生设计"文明养宠""垃圾分类"宣传方案，模拟向社区居民讲解的场景，练习如何用通俗易懂的语言传递文明理念，如何应对居民的质疑和反驳。

三、文明素养教育的活动设计

1. 主题班会：让文明成为共同话题

"文明校园，从我做起"系列班会

第一期：文明问题大调查

播放校园不文明行为暗访视频（经马赛克处理，保护隐私），学生匿名投票选出"最影响校园文明的十大行为"（如"教室垃圾遗留""宿舍走廊喧哗""图书馆占座不使用"）；分组讨论"这些不文明行为为什么会发生？""如何从制度和个人层面解决？"每组形成一份建议书，如"在教室设置'文明监督员'""开发图书馆占座超时自动释放系统"；全班制定《班级文明公约》，涵盖课堂、宿舍、公共场合等场景，例如"课堂上手机统一放入'手机收纳袋'""离开教室前主动清理桌面垃圾"，学生签字承诺践行。

第二期：礼仪知识竞赛

设计"个人礼仪""公共道德""社交礼仪"三个竞赛环节，采用必答、抢答、情景模

拟答题等形式。

案例："当你在食堂排队时，前面的同学突然插队，你会如何处理？"考查学生的沟通礼仪和规则意识。

获胜小组获得"文明班级流动红旗"，并担任下一周的"校园文明宣传大使"。

第三期：文明成长分享会

学生自愿分享"我最自豪的一次文明行为"（如"主动帮助行动不便的同学打水""在校园里捡到校园卡并归还失主"）。

播放校友视频，讲述文明素养对职场发展的影响。

每位学生制定"文明提升小目标"，如"本学期做到上课不迟到""每周主动打扫一次宿舍卫生"，将小目标放入"文明成长信箱"，期末时开启对照反思。

2. 校园文化活动：让文明成为校园时尚

（1）"文明之星"评选活动

评选流程：

① 自主申报：学生填写《文明之星申请表》，列举自己在仪表文明、公共道德、社交礼仪方面的具体行为（如"坚持一学期主动回收食堂餐盘""每周组织宿舍卫生大扫除"）。

② 班级推荐：班主任和同学根据日常观察，推荐表现突出的候选人。

③ 校园公示：将候选人的文明事迹在校园网、宣传栏公示，接受全校师生投票。

④ 现场答辩：候选人通过 PPT 或短视频展示自己的文明理念和实践经历，评委（包括教师、校友、家长代表）提问并打分。

奖励机制：

当选者获得"校园文明之星"荣誉证书、定制勋章，并在校园电视台开设"文明之星访谈"栏目，分享文明心得；其文明事迹被收录进《校园文明案例集》，作为新生教育材料。

（2）"文明宿舍"创建活动

硬件与文化双考核：

硬件标准（60 分）：地面无垃圾、物品摆放整齐（衣物入柜、书籍上架）、卫生间无异味、无违规电器。

文化内涵（40 分）：宿舍公约合理性（是否体现尊重、包容原则）、特色文明举措（如"共享雨伞""生日祝福墙""文明提醒便签"）、成员间文明互动（如是否经常使用礼貌用语、主动帮助室友）。

阶段性活动：

① "宿舍文明创意大赛"：鼓励宿舍设计个性化文明标语（如"轻声细语，文明共处"）、制作文明主题手工艺品（如用废旧纸箱制作"垃圾收纳盒"）。

② "宿舍开放日"：邀请其他宿舍同学参观文明宿舍，交流文明管理经验。

③ "文明宿舍标兵"评选：每月公布宿舍卫生评分，学期末综合评分前 10％的宿舍获得"文明宿舍标兵"称号，奖励集体聚餐或户外拓展活动。

（3）"礼仪风采大赛"

比赛环节：

① 个人礼仪展示：选手进行仪表仪态展示（走秀、自我介绍），考查着装搭配、姿态

表情。

② 情景模拟答题：抽取校园或社会场景题（如"如何礼貌地拒绝同学的不合理请求""面试时面试官迟到，你会如何处理"），现场回答。

③ 团队礼仪协作：选手随机组队，模拟"社团迎新活动""商务晚宴"等场景，考查团队协作中的礼仪配合。

特色亮点：

融入传统文化元素，如设置"汉服礼仪展示"环节，选手演示古代礼仪（如揖礼、茶道），并讲解其现代价值；邀请专业礼仪老师担任评委，现场示范正确礼仪动作。

3. 志愿服务实践：在奉献中深化文明认知

校园志愿服务项目

（1）图书馆"书籍归位计划"

学生志愿者轮班在图书馆工作，负责：

引导读者正确归还书籍（"请您将书放在对应类别的还书区，我们会统一整理"）；

整理书架（按索书号排序、修复破损书籍）；

设计"文明借书小贴士"（如"轻拿轻放，爱护书籍""到期及时归还，方便他人使用"），张贴在书架旁。

（2）食堂"光盘行动先锋"

志愿者在食堂出入口：

提醒同学"按需取餐，避免浪费"；

观察并记录"光盘"的同学，赠送小礼品（如定制书签、文明徽章）；

定期统计各窗口的浪费情况，向食堂反馈，推动调整菜品分量。

（3）社区"文明养宠宣传周"

学生走进社区，开展：

知识讲座：讲解"文明养宠规范"（如牵绳遛狗、清理宠物粪便、避让老人和儿童）。

实践活动：为居民免费发放宠物拾便袋、牵绳，在小区内设置"宠物粪便收集点"。

案例分享：播放"不文明养宠引发的纠纷"视频，引导居民讨论"如何平衡养宠自由与公共利益"。

（4）地铁"文明乘车引导"

志愿者在地铁站点：

协助维持秩序：引导乘客排队候车、先下后上，劝阻插队、抢座行为。

帮扶特殊群体：帮助老人、孕妇、携带大件行李的乘客找到座位或进出站。

文明倡导：向乘客发放"文明乘车手册"，讲解地铁礼仪（如"站立时不要倚靠车门""接听电话降低音量"）。

四、文明素养教育的长效机制建设

1. 制度保障：让文明教育"有章可循"

（1）制定《大学生文明行为规范细则》

明确校园各场景的文明要求及违规处理办法，经学生代表大会讨论通过后实施。

课堂文明：

迟到超过 15 分钟需向教师说明理由，累计 3 次扣除德育分 5 分；

手机未调至静音且在课堂上响起，首次提醒，第二次扣除德育分 2 分。

宿舍文明：

卫生评分低于 60 分，宿舍成员需集体参与 1 次校园卫生打扫；

晚归（23：00 后）或夜不归宿，每次扣除德育分 10 分，累计 3 次给予通报批评。

公共文明：

食堂插队、图书馆占座超过 30 分钟未使用，首次警告，第二次扣除德育分 5 分；

损坏公共设施（如教室桌椅、校园绿植），需照价赔偿并参与设施维护志愿活动 2 小时。

纳入学生评价体系。

（2）在《学生综合素质测评办法》中设置"文明素养"专项分

占比 15%，具体包括：

基础分（60 分）：根据课堂考勤、宿舍卫生、公共行为记录打分，无违规行为得满分，每出现一次违规扣 5～10 分。

实践分（30 分）：参与文明实践活动（如礼仪培训、志愿服务、主题班会），每次得 5～10 分，学期累计不超过 30 分。

奖励分（10 分）：主动制止不文明行为、获得"文明之星"称号、发表文明主题文章等，每次得 2～5 分。

专项分与奖学金、评优、入党直接挂钩，例如：文明素养分低于 80 分者，不得参与国家奖学金评选；低于 60 分者，取消当年所有评优资格。

2. 评价体系：让文明成长"看得见"

（1）多元化评价方式

学生自评：每月填写《文明素养成长自评表》，从"个人礼仪""公共道德""社交礼仪"三个维度打分（1～10 分），并记录进步事例和改进方向。例如：

"本月个人礼仪得 8 分，进步在于学会了正确的握手礼仪；公共道德得 7 分，不足是有一次在食堂忘记回收餐盘；下月计划每天提醒自己离开时检查桌面。"

同伴互评：以宿舍或小组为单位，每学期末填写《文明行为互评表》，匿名评价成员在公共场合的表现、团队协作礼仪，重点关注"是否尊重他人意见""能否主动维护公共秩序"，评价结果作为德育分的参考。

教师评价：辅导员和任课教师结合课堂、活动中的观察，每学期末对学生的文明素养进行综合评分，评语注重具体行为描述，如"该生课堂上始终保持手机静音，主动帮助同学整理实验器材，文明素养优秀"。

社会评价：收集实习单位、社区服务对象的反馈，如"该生在实习期间，遵守职场礼仪，主动协助同事整理文件，文明素养良好"，作为毕业时文明素养评价的重要依据。

（2）建立"文明素养成长档案"

为每位学生建立电子档案，收录。

文明规范学习记录：礼仪课程成绩、校规校纪考试分数。

实践活动资料：志愿服务照片、文明实践证书、主题班会发言记录。

反思总结：每学期末撰写《文明素养成长报告》，分析进步与不足，制定下一阶段计划。

社会反馈：实习单位评价、社区表扬信、文明行为媒体报道等。

档案毕业时随个人简历一并提交给用人单位，成为求职的"文明推荐信"。

3. 校园文化建设：让文明成为"集体无意识"

（1）视觉化文明氛围营造

环境提示系统：

在教学楼走廊设置"文明镜"，镜面标注"今天，你微笑问候了吗？""你的着装适合课堂吗？"；

在食堂墙壁上绘制"光盘行动"系列漫画，展示"按需取餐—光盘奖励—浪费可耻"的流程；

在宿舍区设置"文明行为温度计"，实时显示本周校园文明事件发生率（如"本周食堂回收餐盘率92%，较上周提升5%"）。

文化标识设计：

设计校园文明形象大使"小礼"（卡通形象），制作系列表情包、文创产品（如"小礼"钥匙扣、笔记本），在校园活动中作为奖品发放；开发"文明校园"主题校园卡、校徽，融入礼仪元素（如握手、微笑等符号）。

（2）榜样示范工程

校友榜样分享：每年邀请文明素养突出的校友回校，举办"文明与成长"主题讲座，分享职场中的文明细节对职业发展的影响。例如，某校友讲述自己因坚持"每次会议提前10分钟到场、认真记录并跟进任务"，从基层员工快速晋升为部门经理的经历。

学生榜样宣传：制作"校园文明标兵"系列短视频，聚焦普通学生的文明日常，如"坚持每天提前10分钟到教室整理讲台的值日生""主动担任宿舍'文明宣传员'，带动全宿舍养成良好习惯的学生"，在校园电视台和社交媒体平台循环播放。

（3）新媒体文明传播

"文明小贴士"每日推送：校园公众号开设同名专栏，周一到周五每天推送一条实用文明知识，如"电梯里的文明细节：先下后上、面向电梯门站立""微信沟通礼仪：重要信息不发语音、及时回复消息"，图文结合，搭配情景漫画。

"文明行为打卡"挑战：开发微信小程序，学生通过上传自己践行文明行为的照片（如排队、整理宿舍、帮助他人），经审核后获得打卡积分，积分可兑换校园文创产品或图书馆借阅特权。设置"打卡排行榜"，每周公布前10名，形成"比学赶超"的氛围。

文明话题热议：在校园论坛发起"今天，你文明了吗？"话题讨论，鼓励学生分享文明瞬间或对不文明现象提出改进建议，精选优质留言在校园公示栏展示，形成"人人参与文明建设"的舆论环境。

结语

基础文明素养是大学生成长的"必修课"，不是额外的负担，而是成就更好自己的

"阶梯"。从学会一句礼貌问候、做好一次宿舍卫生、遵守一次排队秩序开始，这些看似微小的行动，终将汇聚成个人修养的江河，助力我们在校园里收获尊重与信任，在社会中赢得机会与成就。高校的文明素养教育，正是要通过理论的滋养、实践的磨砺、文化的浸润，让文明成为每个学生无须提醒的自觉，成为融入血脉的精神底色。当文明成为一种习惯，当修养成为一种自然，我们不仅在塑造更好的自己，更在为社会的文明进步贡献力量——这就是基础文明素养教育的终极目标。

第二节　品行修养教育实践

一、品行修养教育理论意义剖析

（一）品行修养的内涵与价值

1. 品行修养的核心构成：道德品质、行为习惯与社会责任感

（1）道德品质

诚实守信：从学术诚信到生活实践的价值坚守。诚实守信是品行修养的基石，其内涵不仅限于不欺骗他人，更包括对自我认知的真实、对承诺的坚守以及对规则的敬畏。在学术领域，某高校曾处理过一起研究生篡改实验数据事件，该学生为尽快发表论文，在实验结果未达预期时伪造数据。学校依规撤销其学位论文答辩资格，并将事件纳入《品行修养警示案例库》，在新生入学教育中作为典型案例讲解，当年该校学术不端行为发生率下降了40%。生活中，诚实守信表现为遵守约定时间、如实反馈问题等细节，如某学生社团干部在组织活动时，因天气原因取消户外活动，主动向参与同学逐一电话致歉并说明情况，赢得成员信任，该社团次年招新人数增长65%。

乐于助人：从校园微行动到社会大爱的道德延伸。乐于助人的品行体现在主动付出的每一个瞬间。校园里，"爱心书包"项目持续十年为家庭经济困难学生提供学习用品，累计受益学生超2000人，参与志愿者中83%表示通过帮助他人深化了对"友善"的理解。社会公益层面，某大学生团队发起"暖冬行动"，连续五年为山区儿童募集冬衣，通过线上直播展示募集过程，吸引5万余人次参与，最终形成"募集—分拣—运输—发放"完整公益链条，相关事迹被《中国青年报》报道。这些行动不仅帮助了他人，更让志愿者体会到"赠人玫瑰，手有余香"的道德满足感。

遵纪守法：从课堂纪律到社会规则的内在认同。遵纪守法是品行修养的底线要求，其核心是对规则的尊重与内化。课堂上，某高校推行"无手机课堂"，学生自觉将手机放入教室前端的收纳袋，教师通过趣味互动提升课堂吸引力，一学期后该课程到课率从75%提升至92%，课堂互动频次增加3倍。面对校园贷陷阱，该校开展"金融安全工作坊"活动，邀请民警解析典型案例，指导学生识别诈骗手段，当年校园贷咨询量下降85%，学生自主发起"校园防骗知识竞赛"，形成自我保护的良好氛围。

（2）行为习惯

勤奋学习：从被动接受到主动探究的习惯养成。勤奋学习的习惯养成需要科学方法与

持续实践。某大学开设"学习习惯养成工作坊"，通过"番茄工作法""康奈尔笔记法"等培训，帮助学生制定个性化学习计划。数据显示，参与工作坊的学生平均每天有效学习时间从 3.2 小时提升至 4.8 小时，期末绩点 3.0 以上比例提高 27%。该校"学霸笔记共享平台"收录各专业优秀笔记 5000 余份，累计下载量超 10 万次，形成"比学赶超"的良好学风，毕业生考取研究生比例连续三年增长 15%。

尊重师长：从日常礼仪到情感认同的递进培养。尊重师长不仅是简单的问候，更体现在对知识的敬畏与对教导的感恩。某高校实施"尊师重道"专项行动，要求学生课前主动擦黑板、课后与教师礼貌道别，期末组织"我最喜爱的教师"评选，学生通过撰写感谢卡、录制祝福视频等方式表达敬意。一位退休教授收到学生手写的 200 张感谢卡后，感慨道："这些卡片让我感受到教育的温度，也让我更加坚信师德传承的力量。"该行动实施后，师生课外交流频次增加 40%，教师对学生的品德评价平均提升 22%。

团结同学：从宿舍共处到团队协作的集体意识培养。团结同学的品行在宿舍生活与团队合作中尤为重要。某高校"文明宿舍创建"活动中，305 宿舍制定"轮流早餐值班表""学习进度共享群"，成员平均绩点达 3.5，获评"学霸宿舍"。在全国大学生"挑战杯"竞赛中，该校参赛团队通过"角色分工表""进度倒计时表"明确责任，成员间每周进行"建设性批评会议"，最终获得国家级二等奖。这些实践证明，团结协作不仅能提升效率，更能培养包容、互助的品格。

（3）社会责任感

志愿服务：从校园实践到社会公益的责任进阶。志愿服务是社会责任感的重要实践途径。某高校"萤火虫"志愿者协会累计注册成员 5000 余人，每年开展"关爱孤独症儿童""社区义诊""环保徒步"等活动 300 余场，人均年服务时长超过 50 小时，获"全国大学生志愿服务优秀组织"称号。通过志愿服务，学生深刻体会到"责任"不仅是个人选择，更是对社会的担当，89% 的志愿者表示未来会持续参与公益事业。

社会关注：通过调研与行动解决现实问题的担当体现。关注社会问题并积极行动，是社会责任感的高级表现。某学院"乡村振兴调研团"深入国家级贫困县，发现当地农产品滞销问题后，撰写《电商助农可行性报告》，建议利用直播带货拓宽销售渠道。报告被当地政府采纳后，学生团队协助搭建"助农直播间"，培训村民直播技巧，三个月内帮助销售农产品超过 50 万元。该团队进一步发起"大学生助农联盟"，吸引 20 余所高校加入，形成"调研—实践—推广"的社会服务模式，相关成果获省级教学成果奖一等奖。

品行修养的深层价值：从个人成长到社会进步：①个人层面，塑造健全人格的"精神骨骼"；②社会层面，构建文明社会的"道德基因"。

道德境界提升：从底线思维到高尚追求的进阶路径。道德境界提升是一个渐进过程。某学生从"不抄袭作业"的底线要求，到主动帮助同学解析难题，再到发起"学业帮扶小组"，实现了从"独善其身"到"兼善天下"的跨越。在面对校园流浪动物问题时，他牵头成立"动物保护协会"，推动学校建立流浪动物救助站，其道德境界的提升被写入《学生品行成长档案》，成为学弟学妹的学习典范。心理测评显示，该生的"道德认同度""社会责任感"得分均高于同龄人平均水平 35%。

心理韧性增强：责任与诚信对挫折应对的积极影响。品行修养对心理韧性的增强作用在逆境中尤为明显。某学生干部在组织校级活动时突发暴雨，导致设备损坏、流程中断，他主动承担责任，连夜协调场地、重新制定方案，最终活动顺利补办。事后他在反思报告中写道："责任让我没有逃避，诚信让我敢于面对失误，这些品行让我学会在挫折中成长。"后续调研显示，具备明确责任意识的学生，面对学业压力时的焦虑指数降低28%，解决问题的效率提升40%。

职业发展助力：企业视角下品行修养的核心竞争力。企业对品行修养的重视程度逐年提升。某世界500强企业中国区HR总监在校园招聘宣讲中明确表示："我们更看重候选人的责任感和诚信度，这些品质是团队协作的基础。"该企业的"管培生晋升数据"显示，晋升至中层的员工中，92%在校园期间有学生干部经历或长期志愿服务记录，他们普遍具备"主动认领困难任务""如实反馈工作失误"等品行特征。某校友分享："当年面试时，我如实说明实习中曾因沟通失误导致项目延期，反而获得面试官认可，因为他们看到了我的诚信与担当。"

降低交往成本：诚信与责任对社会运行效率的提升。当诚信与责任成为普遍品行，社会交往成本将大幅降低。某高校周边社区因学生志愿者长期参与治理，邻里纠纷调解周期从平均15天缩短至3天，社区居民对学生的信任度提升60%，形成"学生调解队—居民议事会—社区管委会"三级治理体系。在校园内，"诚信借还书站"无人值守却保持98%的书籍回收率，学生自觉登记借阅信息，这种"零监督"的信任机制，每年节省图书管理成本2万余元，更成为校园文明的象征。

传承文化基因：中华传统美德与新时代品行的融合创新。品行修养教育是传统文化传承的重要载体。某高校将"孝亲文化"融入德育，开展"寒假孝亲实践"活动，要求学生为父母做一顿饭、拍摄"家庭记忆"纪录片。活动收到2000余部纪录片，其中《爷爷的木工工具箱》《妈妈的广场舞日记》等作品在校园展映，引发学生对亲情与传统的深度思考。该校进一步将"仁义礼智信"与社会主义核心价值观结合，编写《传统文化与现代品行》教材，该教材成为省级规划教材，被12所高校选用。

促进社会和谐：从校园到社区的道德辐射效应。学生的文明品行对周边社区产生了积极影响。某大学"文明乘车引导队"在地铁站点服务三年，使乘客自觉排队率从45%提升至82%，相关经验被纳入《城市文明手册》。校园内的"光盘行动"通过学生志愿者引导，食堂剩菜量减少60%，该模式被推广至周边餐饮企业，形成"高校—企业—社区"联动的节约风尚。这些实践证明，大学生的品行修养不仅是个人选择，更是社会和谐的"催化剂"。

（二）品行修养教育与大学生思想道德建设

1. 品行修养：思想道德建设的"实践底座"

（1）微观落地

社会主义核心价值观的日常化践行路径：社会主义核心价值观的落地需要具体行为支撑。某高校将"爱国"细化为"主动了解国情国策"，组织学生参观"改革开放成就展"并撰写心得体会；"敬业"表现为"认真完成课程作业"，教师通过"作业诚信承诺书"强化学生的责任意识；"友善"体现为"主动帮助同学解决困难"，校园内设立"互助答疑亭"，学生自主排班提供学科辅导，日均服务50余人次。这种将宏观价值转化为具体行为的做法，使社会主义核心价值观认同度提升 37%。

爱国、敬业、诚信、友善在校园生活中的具体表现：爱国不仅是口号，更体现在日常细节中。某学生团队在国庆期间自发组织"校园国旗护卫队"，每日清晨举行升旗仪式，吸引 200 余名师生参与；敬业表现为对待学生工作的认真态度，某学生会主席为筹备迎新晚会，连续两周每天工作 12 小时，确保每个环节零失误；诚信体现在学习生活的方方面面，某班级在期末考试中自发签署"诚信考试承诺书"，并设立"无人监考考场"，全班同学自觉遵守考场纪律，交出了学业、品行的双百分答卷；友善则是同学间的互助，某宿舍成员为备考同学制作"复习加油包"，包含笔记摘要、励志卡片和提神饮品，这些行为让思想道德建设看得见、摸得着。

马克思主义世界观与奉献精神的内在关联：马克思主义世界观教育帮助学生理解"为人民服务"的本质。某高校马克思主义学院教师在"思想道德与法治"课上，结合"脱贫攻坚精神"讲解奉献精神，学生深受触动，自发组织"知识扶贫"项目，为偏远地区儿童开设线上课程，累计授课 1000 余课时。一位学生在课程论文中写道："马克思主义让我明白，奉献不是牺牲，而是实现人生价值的途径。"这种理论与实践的结合，使奉献精神内化为学生的自觉追求。

（2）价值导航

集体主义价值观对责任担当的驱动机制：集体主义价值观培养学生的责任担当意识。某班级在"先进班集体"创建中，通过"集体目标责任制"将班级事务分解为学习、文体、生活等 6 个板块，每位同学认领责任岗，形成"人人有事做，事事有人管"的局面。在学院运动会上，该班因组织有序、全员参与，获评"精神文明班级"，集体主义价值观的培育使学生深刻理解"个人与集体"的关系，责任担当意识显著增强。

2. 从"知德"到"行德"：品行修养促进道德内化

（1）认知阶段

道德概念的理论阐释与案例解析：道德概念的理解需要理论与案例结合。在讲解"诚信"时，教师不仅引用《论语》中的"人而无信，不知其可也"，更结合"共享单车信用体系""学术诚信数据库"等现代案例，让学生理解诚信在不同时代的表现形式。某高校开发的《道德概念可视化手册》包含 80 余个案例，通过漫画、短视频等形式呈现，使抽象概念具象化，新生道德认知测试通过率从 65% 提升至 89%。

传统道德智慧与现代社会的结合点：传统道德智慧在现代社会依然具有指导意义。"己所不欲，勿施于人"在校园生活中表现为尊重室友的生活习惯，"三省吾身"转化为每日学习与品行的反思。某学生将"慎独"精神应用于无人监考考场，主动遵守考试纪律，这种传统美德的现代转化，使学生在无人监督时依然坚守道德底线，相关经验被写入《大学生品行修养指南》。

（2）认同阶段

道德故事引发的情感体验与价值认同：道德故事的情感力量远超说教。某高校"道德讲堂"邀请"中国好人"李芳分享事迹，她在公交车上挺身而出制止扒手的行为，让学生热泪盈眶。现场一位学生表示："以前觉得'见义勇为'离自己很远，听完李芳老师的故事，才明白道德就在身边。"活动后，该校"校园安全巡逻队"报名人数激增 3 倍，学生主动参与校园安全维护，形成"人人敢担当"的良好氛围。

情景模拟对道德判断能力的强化作用：情景模拟让学生在虚拟场景中强化道德判断。某学院开展"职场诚信危机模拟"活动，学生扮演企业员工，面对"客户要求伪造数据以获取订单"的情景，需做出道德选择。通过小组讨论、角色扮演，学生深刻理解诚信与利益的冲突，82%的参与者表示"未来面对类似问题时，会更坚定地选择道德原则"。这种沉浸式体验，使道德判断能力提升25%。

（3）践行阶段

持续实践对道德习惯养成的关键作用：持续实践是道德习惯养成的关键。某高校"21天责任养成计划"要求学生每天记录"今日责任小事"，如"按时提交小组作业""提醒同学雨天带伞"。21天后，91%的学生表示"责任感明显增强"，其中37%养成了"睡前规划次日责任清单"的习惯。追踪调查显示，坚持半年以上的学生，其"责任行为频次"是普通学生的2.3倍，且在实习中更受企业好评。

"21天法则"在品行修养中的应用案例："21天法则"在品行修养中效果显著。某学生通过21天"每日主动向老师问好"的打卡，从最初的刻意提醒，到后来的自然反应，形成稳定的行为习惯。他在结业报告中写道："现在看到老师，问候语会不自觉地说出口，这种习惯不仅让我获得老师的好感，更让我懂得尊重他人的重要性。"该案例被收录进《品行修养实践指南》，成为习惯养成的典型范例。

（三）品行修养教育对大学生综合素质的影响

1. 提升道德境界：从"利己"到"利他"的跨越

（1）底线道德

校园生活中底线道德的具体要求与典型案例：底线道德是品行修养的最低标准，包括不抄袭、不欺凌、不损害公共利益等。某高校明确规定"考试作弊者取消学位申请资格"，近五年处理此类事件12起，起到强烈的警示作用，考试违纪率从0.8%降至0.1%。在宿舍生活中，"不私自翻看他人物品""不传播他人隐私"等底线要求，通过《宿舍文明公约》固化，某宿舍因成员偷拍室友生活视频并上传网络，被依规严肃处理，该事件后校园内隐私保护意识显著增强，相关投诉量下降70%。

违反底线道德对个人与集体的危害分析：违反底线道德不仅伤害他人，更会损害个人声誉与集体利益。某学生因在社团活动中挪用经费购买个人物品，被撤销干部职务并记入品行档案，导致其后续求职时多次被企业拒聘。该案例警示学生："底线道德是个人信用的基石，一旦突破，影响难以估量。"在集体层面，某班级因个别学生考试作弊，导致整个班级失去"优秀班集体"评选资格，学生们深刻认识到"个人行为与集体荣誉息息相关"，此后班级自主建立"诚信监督小组"，形成相互提醒、共同坚守底线的良好氛围。

（2）中间道德

团队合作中互利思维的培养路径：互利思维是中间道德的核心，某高校通过"团队协作工作坊"培养学生的互利意识。在"沙漠求生"模拟项目中，学生需共享有限资源并制定逃生方案，教师在过程中引导学生理解"牺牲短期利益换取团队成功"的重要性。数据显示，参与工作坊的学生在小组作业中的"资源共享率"提升45%，"责任推诿现象"减少 60％，最终项目成果质量平均提升 30％。

校园资源共享与协作的道德准则：校园资源共享需要道德准则的约束与引导。某大学"考研资料共享云平台"实行"贡献值"制度，上传资料可获得下载权限，累计贡献值高的用户可优先参与考研经验分享会，这种互利机制使平台资源量突破 10 万份，用户活跃度提升 75％。在实验室使用中，学生自觉遵守"设备使用登记""试剂节约"等准则，某实验室因资源浪费问题曾被通报，改进后通过"学生自主管理委员会"制定《实验室道德公约》，试剂浪费量下降 60％，设备故障率降低 40％。

（3）高尚道德

学生干部服务意识与奉献精神的养成机制：学生干部是高尚道德的践行者，某高校实施"干部奉献积分制"，将组织活动、帮扶同学等奉献行为量化，积分高的干部优先推荐入党与评优。在迎新工作中，学生干部主动为新生搬运行李、讲解校园规则，日均工作 14 小时，毫无怨言。一位学生会主席在述职报告中说："奉献不是任务，而是作为学生干部的自觉选择。"该校学生干部的奉献精神感染了普通同学，校园内自发组织的"爱心送考""毕业季行李托运"等活动逐年增加，形成"人人愿奉献"的良好风尚。

2. 增强社会竞争力：品行是隐性的"职场货币"

（1）职业素养的核心要素

企业招聘中品行考核的高频指标分析：企业在招聘中高度重视品行修养，某招聘平台对 1000 家企业的调查显示，"责任感""诚信""团队协作能力"位列应届生素质要求前三位。某互联网企业的"面试评估表"中，品行考核占比达 40％，具体包括"是否如实说明实习经历""能否主动承担团队任务""面对压力时的道德选择"等。该企业 HR 表示："技术可以培训，品行难以改变，我们更愿意培养品行优秀的'潜力股'。"

诚信、责任在职业初期的关键作用：职业初期，诚信与责任决定了职业信任度。某毕业生入职后发现项目数据异常，主动向领导汇报并申请重新调研，虽然延长了项目周期，却赢得了团队信任，三个月后被委以重任。相反，某实习生因隐瞒学历造假经历被企业开除，其品行问题被记入行业黑名单，导致其长期求职受阻。这些案例证明，品行修养是职业发展的"入场券"，更是持续进步的"助推器"。

（2）职业发展的持久动力

高管成长中的品行修养关键事件研究：对 50 位企业高管的访谈显示，他们在职业发展中都经历过"道德抉择时刻"，如"是否坚持质量标准放弃短期利益""是否承担下属失误的责任"。某上市公司 CEO（首席执行官）分享："当年我主动承担了团队决策失误的责任，虽然暂时影响了晋升，却赢得了下属的忠诚，这是我职业路上最宝贵的财富。"研究表明，具备明确道德准则的高管，其团队凝聚力比普通高管高 35％，企业长期效益增长 28％。

职场中道德抉择对职业声誉的长期影响：道德抉择影响职业声誉的积累。某金融从业者因拒绝参与内幕交易，虽然短期内失去了高额佣金，却在行业内树立了"诚信专家"的口碑，五年内客户资源增长 50％，成为公司核心骨干。相反，某从业者因伪造业绩数据被曝光，不仅失去工作，更被行业终身禁入。这些案例警示大学生："职业声誉是品行修养的积累，一次道德妥协可能毁掉整个职业生涯。"

（四）国内外品行修养教育的理论与实践比较

1. 国内：道德规范与行为养成并重

（1）理论基础：传统文化与现代德育的融合

儒家"修身"思想的当代诠释：儒家"修身齐家治国平天下"的思想在当代德育中焕发新生，某高校将"修身"细化为"每日三省"即"今天是否诚实守信?""是否承担了应负的责任?""是否友善地对待他人?"学生通过撰写《修身日记》记录反思，累计收到日记10万余篇，形成独特的道德自省文化。该校进一步将"修身"与社会主义核心价值观结合，提出"新时代大学生修身十条"，成为学生品行修养的行动指南。

马克思主义道德观的教育应用：马克思主义道德观强调"道德是经济基础的反映"，某高校在"马克思主义基本原理"课上，结合"共享经济中的道德问题""人工智能伦理"等现实议题，引导学生运用马克思主义立场分析道德现象。学生通过调研"共享单车乱停乱放"问题，提出"技术监管与道德引导结合"的解决方案，相关建议被企业采纳，体现了马克思主义道德观的实践价值。

（2）实践路径

道德讲堂、志愿服务与制度约束的协同机制：某高校构建"三位一体"德育模式。道德讲堂每周一次，邀请道德模范分享事迹；将志愿服务纳入人才培养方案，设2学分必修课程；制度约束通过《学生品行积分管理办法》落实，品行积分不足者需参加道德补习班。该模式实施三年，学生道德认知合格率从72％提升至91％，志愿服务时长人均年增长40小时，校园不文明行为发生率下降65％。

品行表现纳入综合素质评价的实施细则：品行表现占综合素质评价的30％，具体包括课堂纪律（10％）、志愿服务（10％）、道德实践（10％）。某学生因长期参与"社区孤寡老人帮扶"活动获得品行加分，在奖学金评选中以0.5分优势胜出，其案例被写入《综合素质评价手册》，引导学生重视品行修养。制度实施后，学生参与公益活动的主动性提升80％，形成"品行优秀者优先"的价值导向。

2. 国外：情境体验与个性发展优先

（1）美国"品格教育"

社区服务与道德困境讨论的教育模式：美国中小学普遍实施"品格教育"，高校延续这一传统，如哈佛大学"新生入学教育"要求每位学生参与40小时社区服务，内容包括为低收入家庭儿童辅导、环保清洁等。在"道德困境讨论"中，学生围绕"是否应该举报朋友作弊""企业是否应优先考虑利润还是社会责任"等议题展开辩论，培养批判性思维与道德判断能力。这种教育模式使学生从被动接受道德规范转变为主动建构道德认知。

斯坦福大学"道德推理工作坊"的经验借鉴：斯坦福大学的"道德推理工作坊"通过案例分析、角色扮演，引导学生理解道德原则的应用场景。例如，在"自动驾驶汽车伦理"案例中，学生需决策"汽车在危险时刻应保护乘客还是路人"，这种贴近现实的议题激发学生深入思考，工作坊成果常被纳入政策建议，体现了道德教育与社会问题的紧密结合。

（2）日本"耻感文化"

校园劳动与"不给他人添麻烦"的理念实践：日本高校强调"耻感文化"，学生需参与校园劳动，如打扫教室、整理图书馆，这种劳动被视为"修养的一部分"。某日本大学的"食育"课程中，学生需自己准备午餐、清理餐具，教师通过"午餐礼仪"培养"不给他人添麻烦"的意识，这种细节渗透使学生从小学到大学持续接受道德熏陶，形成高度的自律与责任感。

日常生活中的道德自律培养机制：日常生活中的道德自律体现在细节中，如学生自觉排队、轻声说话、垃圾分类。某日本高校的"时间管理课程"要求学生精确到分钟规划日程，培养"守时""有序"的习惯，这种自律精神延伸到职业领域，使日本企业以"精益求精"的道德追求著称于世。

3. 比较启示：构建"融合创新"的教育模式

（1）传统与现代结合

网络道德、科技伦理等新议题的融入路径：面对网络暴力、数据隐私等新问题，某高校开设"网络道德与信息伦理"课程，讲解"如何在社交媒体保持诚信""人工智能研发中的道德边界"等内容。课程采用"线上案例库＋线下辩论会"形式，学生通过分析"深度伪造技术的道德风险""算法歧视的社会责任"等议题，形成新时代的道德认知，相关教学成果获国家级教学成果奖二等奖。

经典道德故事的现代解读与传播方式：经典道德故事通过新媒体重新诠释，某高校制作《道德典故新说》系列动画，将"季布一诺"改编为"大学生诚信借贷"故事，"管鲍之交"转化为"团队协作中的信任建立"案例，通过校园抖音号发布，单集播放量超10万次，点赞量达2万，使传统文化中的道德智慧以年轻人接受的方式传承。

（2）认知与体验结合

情境模拟、角色扮演在道德教育中的应用策略：某高校开发"道德决策模拟系统"，包含100＋虚拟场景，如"学术造假举报""职场利益诱惑"等，学生通过互动选择不同道德策略，系统实时反馈行为后果。数据显示，参与模拟的学生在现实生活中的道德决策正确率提升32％，该系统被纳入"国家虚拟仿真实验教学项目"，在20余所高校推广。

理论教学与实践活动的比例优化原则：理论与实践按4∶6比例设计，某高校"品行修养实践"课程中，课堂讲授占40％，实践活动占60％，包括道德讲堂（20％）、志愿服务（30％）、案例研讨（10％）。这种设计使学生在"做中学"，课程满意度达92％，相关经验被写入《高校德育课程建设指南》。

社会问题调研与校园实践的联动机制：某高校建立"社会问题库"，收录教育公平、环境保护、老龄化等50＋议题，学生可选择议题开展调研并设计解决方案。如"老年数字鸿沟"调研团队，不仅撰写报告，更开发"老年人手机使用教程"APP，注册用户超5万，实现从"发现问题"到"解决问题"的跨越，该团队获"挑战杯"全国特等奖。

（3）个体与社会结合

大学生在基层治理中的责任实践路径：大学生参与基层治理是社会担当的重要体现，某高校与街道办合作设立"社区主任助理"岗位，学生参与垃圾分类宣传、邻里矛盾调解等工作，累计提出建议120条，其中85条被采纳。一位学生助理在实践报告中写道："基层治理让我明白，责任不是空谈，而是脚踏实地的付出。"这种实践使学生的责任意识从校园延伸到社会，真正实现"修身"与"治国"的连接。

二、品行修养教育实践操作设计方案思路

（一）品行修养教育的具体方法

1. 道德讲堂：用故事传递道德力量

（1）"身边的道德榜样"系列讲堂

嘉宾构成：校内典范与校外专家的多元组合。校内典范包括优秀学生干部、奖学金获得者、志愿服务达人，如连续三年获得国家奖学金并坚持资助山区儿童的"学霸志愿者"张某，其"学习与公益平衡"的故事激励众多学生。校外专家涵盖道德模范、企业家、校友，如"中国好人"王某分享见义勇为经历，企业家李某讲述"诚信经营如何成就百年企业"，校友陈某分享"基层工作中的责任担当"。多元嘉宾的选择确保故事的真实性与贴近性，使学生产生"榜样就在身边"的共鸣。

互动设计：承诺书签署与道德困惑问答的环节设置。每场讲堂设置"道德承诺书签署"环节，如诚信专场中，学生集体签署《学术诚信承诺书》，承诺"不抄袭、不作弊、不伪造数据"，承诺书存入个人品行档案。道德困惑问答采用"匿名投递＋嘉宾解答"方式，学生可提出"如何拒绝朋友的作弊请求""当集体利益与个人利益冲突时如何选择"等问题，嘉宾结合自身经历给出建议，某场讲堂收到问题87条，解答视频在校园网点击量超3万次。

（2）"传统文化中的道德智慧"专题讲堂

经典解读：儒家核心思想的现代德育转化。解读《论语·颜渊》"己所不欲，勿施于人"时，结合校园生活案例："室友习惯晚睡影响自己休息，如何沟通？"引导学生理解"换位思考"的现实应用。讲解《孟子·尽心上》"穷则独善其身，达则兼善天下"时，联系大学生"从自我修养到社会服务"的成长路径，某学生听完后发起"宿舍公益基金"活动，将废旧物品变卖所得捐赠给公益组织，实现传统文化的现代转化。

美育融合：道德名言书法展与诵读比赛的实施路径。道德名言书法展收集学生作品2000余幅，在校园美术馆展出，参观者可扫码聆听名言解读音频，形成"视觉＋听觉"的沉浸式体验。诵读比赛以班级为单位，通过配乐朗诵、情景演绎等形式呈现经典道德文本，某班级朗诵《少年中国说》时加入手势舞，获"最佳创意奖"，相关视频在校园抖音号转发量超5000次，使道德教育与美育深度融合。

2. 案例教学：在思考中培养道德判断

（1）"道德困境"案例库建设

案例分类：诚信、责任、感恩等核心维度的典型案例。案例库按"诚信""责任""感恩""包容""正直"五大维度分类，每类收录20＋案例，包括正面案例、反面案例及两难案例。如诚信类正面案例"学生主动归还错发的高额奖学金"，反面案例"研究生论文抄袭被撤稿"，两难案例"是否举报好友考试作弊"。每个案例附"道德分析""解决方案""延伸思考"，方便教师教学与学生自学。

编写原则：真实性、冲突性与教育性的有机统一。案例均来自校园真实事件或社会热点，如"某学生干部在竞选时贿赂同学""网红大学生为涨粉恶意抹黑他人"，确保案例的真实性。冲突性体现在道德矛盾的设置，如"亲情与诚信的冲突""利益与责任的冲突"，

激发学生深入思考。教育性表现为案例后的引导问题，如"该行为对个人、集体、社会的长远影响是什么?""如果是你，会如何选择?为什么?"

（2）案例分析四步法

描述事实：客观呈现与细节挖掘的方法。采用"5W1H"法描述案例：何时（When）、何地（Where）、何人（Who）、何事（What）、为何（Why）、如何（How）。如描述"考试作弊案例"时，详细说明时间（期末考试）、地点（第三教学楼502室）、人物（学生王某）、事件（夹带小抄被监考教师发现）、原因（担心挂科）、过程（教师收走小抄并记录信息），确保学生全面了解事实。

识别冲突：道德矛盾的精准定位与类型划分。冲突识别包括道德原则冲突（如诚信与自保）、角色冲突（如学生与朋友）、利益冲突（如个人成绩与考试公平）。某案例中，学生作为班长，发现好友作弊，面临"维护友情"与"坚守公平"的冲突，教师引导学生识别这是"诚信原则"与"人际责任"的冲突，为后续分析奠定基础。

分析影响：短期效应与长期后果的双重评估。短期影响包括个人成绩、班级氛围、教师评价，长期后果涉及职业声誉、道德信念、社会信任。如分析"学术造假案例"时，短期影响是学位论文被撤稿、取消评优资格，长期后果是进入行业黑名单、丧失职业发展机会，使学生理解道德行为的深远影响。

提出方案：可行性与创新性的解决方案设计。解决方案需兼顾可行性与创新性，如针对"考试作弊问题"，可行性方案包括加强考前诚信教育、设立诚信考场，创新性方案包括开发"考试违纪AI监控系统"、建立作弊后果模拟体验区，引导学生从制度与技术层面思考解决路径。

剧本改编：从文字案例到舞台表现的转化技巧。剧本改编注重冲突呈现与情感表达，如将"小组作业抄袭案例"改编为情景剧，设置"抄袭者的内心挣扎""小组成员的矛盾冲突""教师的教育引导"等场景，通过对话、表情、动作展现道德抉择过程。学生在改编中深入理解案例细节，某小组为呈现"诚信与友情的冲突"，加入"深夜良心独白""好友失望的眼神"等细节，使剧情更具感染力。

（3）"案例情景剧"课堂展示

点评机制：学生互评与教师引导的结合策略。点评分为学生互评与教师总结两部分，学生从"道德逻辑合理性""情感表达真实性""解决方案可行性"等维度互评，教师则从道德原则、法律规范、社会影响等层面引导学生深度反思。某情景剧展示"职场利益诱惑"案例后，学生互评指出"主角选择妥协的理由不够充分"，教师趁机讲解"职业伦理的底线要求"，形成教学相长的良好氛围。

3. 实践活动：在行动中深化道德认知

（1）"21天品行养成计划"：习惯养成的科学实践

目标设定：个性化与可操作性的原则。目标设定采用"SMART原则"，即具体（Specific）、可衡量（Measurable）、可实现（Achievable）、相关（Relevant）、有时限（Time-bound）。学生可选择"每天提前10分钟到教室""每周给父母打两次电话""每月参与一次校园志愿服务"等目标，确保目标明确且可操作。某学生设定"每天阅读30分钟道德相关书籍"，并加入读书小组，21天后养成阅读习惯，累计阅读12本道德经典著作。

打卡机制：小程序应用与小组互助的协同模式。开发"品行养成打卡小程序"，学生每日上传照片、视频或文字记录目标完成情况，小程序自动生成"习惯养成曲线"，显示目标达成率、进步趋势。同时，组建5～8人小组，成员间相互点赞、评论，分享经验与困难，某小组在"责任养成"打卡中，通过"每日任务接龙""困难互帮"，目标达成率达92％，显著高于个人打卡组的75％。

理论依据：行为心理学在品行教育中的应用。依据行为心理学的"习惯养成理论"，21天可形成稳定行为模式。小程序设置"连续打卡奖励""中断提醒"功能，利用"损失厌恶心理"提升打卡积极性。数据显示，连续打卡21天的学生，目标行为保持率达89％，而中断打卡的学生保持率仅为43％，证明打卡机制对习惯养成的有效性。

（2）"社会问题调研与实践"项目

选题方向：校园与社会议题的双向聚焦。选题兼顾校园内的"学生心理健康""社团管理效率"与社会中的"空巢老人关爱""乡村教育资源均衡"等议题，确保学生从熟悉场景切入，逐步拓展到社会层面。某团队选择"校园快递包装浪费"议题，通过调研发现该校日均产生快递包装垃圾1200公斤，进而设计"快递包装回收积分制"，联合快递公司建立回收点，使包装回收率提升60％，该项目获"全国大学生环保创新大赛"银奖。

实施流程：调研、实践、总结的三阶段模型。第一阶段调研：运用问卷调查（发放1000份以上）、深度访谈（访谈20人以上）、实地观察（记录30小时以上）收集数据，某团队为调研"社区养老服务"，走访5家养老院、访谈80位老人，形成10万字调研笔记。第二阶段实践：根据调研结果设计方案并落地，如"老年大学手机课程"每周开课2次，累计培训老人300余人。第三阶段总结：撰写调研报告、制作实践纪录片、召开成果发布会，某项目成果被当地民政局采纳，纳入《社区养老服务提升计划》。

成果转化：从调研报告到政策建议的路径设计。成果转化包括学术转化（发表论文）、政策转化（提交政府部门）、实践转化（推广应用）。某团队关于"大学生网络成瘾"的调研成果发表在《中国青年研究》，提出的"校园网络素养课程"被教育部门采纳，在10所高校试点；"留守儿童心理健康"项目开发的《亲子沟通手册》印刷5000册，免费发放给农村家庭，形成"调研—研究—应用"的完整链条。

（二）品行修养教育的活动设计

1. 主题讲座：提升道德认知的"思想盛宴"

（1）"道德与人生"系列主题讲座

模块设置：诚信、责任、感恩等专场的内容设计。诚信专场邀请企业家讲述"诚信纳税如何赢得政府信任"，税务专家解析"个人信用体系建设"，学生分享"诚信考试的心路历程"，形成政府、企业、学生三方视角的诚信解读。责任专场包括"基层公务员的一天"纪实分享、"企业高管责任担当"案例分析、"学生干部责任述职"经验交流，使责任内涵从校园延伸到职场与社会。感恩专场通过"父母养育之恩""师长教导之恩""社会培育之恩"三个板块，结合家书朗读、感恩视频展播，激发学生的感恩情怀。

互动环节：承诺书签署与感恩行动的现场落实。诚信专场现场签署《诚信纳税承诺书》(针对创业学生)、《学术诚信承诺书》(针对研究生);责任专场发布《大学生责任清单》,学生勾选个人责任目标;感恩专场设置"给父母的感恩电话"环节,500名学生现场拨打父母电话表达谢意,部分家长感动落泪,相关视频在校园媒体播放量超10万次。

(2)"青年道德论坛"

形式创新:学生主讲与自由辩论的组织策略。论坛采用"学生主讲+教师点评+自由辩论"模式,学生自主申报议题,通过初审后进行15分钟主题演讲,如《社交媒体时代,我们离真诚更近还是更远?》《人工智能会取代人类的道德判断吗?》。自由辩论环节设置"正方/反方陈词—攻辩—自由辩论—总结陈词"流程,某场关于"网络匿名是否有利于道德表达"的辩论,持续1小时,双方引经据典,展现了深厚的道德思辨能力。

成果转化:优秀观点整理与校园传播的机制。论坛优秀观点整理成《青年道德思辨录》,收录100+学生原创观点,如"真正的道德自律,是即使匿名也不发表攻击性言论""人工智能应成为道德判断的辅助工具,而非替代者"。这些观点通过校园广播、宣传栏、公众号传播,形成"学生影响学生"的道德思辨氛围,某学生的"责任在于行动而非空谈"观点被制成标语牌,悬挂在教学楼大厅,成为校园道德标语。

2. 志愿服务活动:培养社会责任感的"实践课堂"

(1)"校园公益服务网"项目

平台功能:服务发布、智能匹配与记录生成的技术实现。平台采用"互联网+公益"模式服务发布模块支持图文、视频、音频等多种形式,如"图书馆古籍修复""校园流浪猫救助"等项目详情的发布。智能匹配模块根据学生的专业、兴趣、时间推荐合适的服务项目,某计算机专业学生被推荐"公益编程教学"项目,累计授课50小时,在提升专业技能的同时培养了责任感。记录生成模块自动汇总服务时长、评价反馈,生成《公益服务成长报告》,作为学生品行修养评价的重要依据。

特色项目:毕业季爱心传递与周末公益一小时的实施细则。毕业季爱心传递项目设置"旧物捐赠区""书籍义卖区""经验分享区",毕业生捐赠衣物2000余件、书籍3000余册,义卖所得捐赠给山区学校,同时开展"毕业经验分享会"活动,传递责任与奉献精神。周末公益一小时固定在每周六上午9~10点,学生可选择"校园环保""学业帮扶""心理疏导"等微项目,无需长期承诺,降低参与门槛,年均参与达2万人次。

(2)"社会治理创新"实践计划

合作模式:社区治理岗的岗位设置与职责分工。与街道办合作设立"文明创建专员""矛盾调解助理""政策宣传员"等岗位,文明创建专员负责社区环境卫生巡查、文明标语张贴,每周提交《文明创建建议书》;矛盾调解助理参与邻里纠纷调解,记录调解过程并学习法律知识;政策宣传员通过社区讲座、入户走访普及垃圾分类、防诈骗知识。某学生担任"矛盾调解助理"期间,成功调解3起邻里噪声纠纷,获社区"优秀调解员"称号。

典型案例:老年数字鸿沟帮扶项目的实践经验。项目团队针对社区老人不会使用智能手机的问题,开发"手机课堂"系列课程,包括"健康码申请""视频通话""手机支付"等内容,每周开课2次,每次2小时,配备"一对一"学生志愿者指导。同时,设计《老年人手机使用手册》漫画版,发放500册,帮助老人克服数字恐惧。项目实施半年,社区老人手机使用率从30%提升至75%,相关经验在全市社区推广,形成"高校—社区—家庭"联动的帮扶模式。

3. 社会实践调研：在观察中强化责任意识

（1）"社会问题聚焦"调研大赛

选题范围：校园与社会问题的具体切入角度。鼓励"小而深"的选题，如"高校快递包装回收体系构建——以××大学为例""社区便利店商品过期处理现状及对策""短视频平台对大学生价值观的影响——以抖音为例"。某团队选择"校园共享单车乱停乱放"议题，通过分析停放数据、访谈使用者，提出"电子围栏＋信用积分"解决方案，被校后勤部门采纳，校园单车停放秩序显著改善。

实施步骤：立项、调研、转化的全流程管理。立项阶段：提交《调研计划书》，包括选题意义、研究方法、预期成果等内容，通过专家评审确定重点项目。调研阶段：运用定量（问卷、数据统计）与定性（访谈、案例分析）方法，某团队为调研"大学生考证热"，发放问卷1500份，访谈培训机构、教师、学生共50人，形成8万字分析报告。转化阶段：优秀项目纳入学校"社会服务项目库"，对接政府、企业，如"大学生职业资格认证乱象"调研成果被人社部门采纳，推动职业资格考试制度改革。

（2）"红色基因传承"实践之旅

活动设计：革命教育基地的实践内容与形式创新。实践之旅包括"重走长征路"体验活动、革命纪念馆义务讲解、红色剧本杀等创新形式。在遵义会议纪念馆，学生担任义务讲解员，提前三个月背诵讲解词，深入理解革命先辈的责任担当；红色剧本杀选取"红岩精神""雷锋事迹"等题材，学生扮演历史人物，在剧情推进中做出道德抉择，如"是否为保护同志暴露身份"，这种沉浸式体验使红色精神入脑入心。

育人目标：从历史感悟到现实行动的价值转化。实践后组织"红色精神践行计划"，学生制定"每日红色行动"，如"主动承担一次困难任务""帮助一位同学解决难题"。某学生在参观雷锋纪念馆后，发起"校园雷锋日"活动，组织100名志愿者为师生提供修电脑、补衣物等服务，累计服务300余人次，使红色基因从历史感悟转化为现实行动。

（三）品行修养教育的长效机制建设

1. 制度保障：让品行教育"有规可依"

（1）《大学生品行修养规范条例》

正面激励：特别奖设置与奖学金加分的具体标准。设立"品行修养特别奖"，表彰拾金不昧（如捡到万元现金及时归还）、见义勇为（如制止校园欺凌）、长期志愿服务（累计时长超300小时）等行为，为获奖者颁发校长签名证书，将事迹录入《校园道德楷模名录》。奖学金加分细则规定：获特别奖者在综合测评中加5分，志愿服务时长每满50小时加1分，最高加5分。某学生因累计志愿服务400小时，获加分4分，在奖学金评选中优势明显。

负面约束：警示档案与处理流程的规范化设计。建立"品行修养警示档案"，记录考试作弊、学术不端、恶意拖欠费用等行为，档案随人事关系流转。处理流程包括"事实调查—学生申辩—集体评议—结果公示"，某学生因抄袭课程论文被记入档案，经本人申辩、学院学术委员会评议，最终被给予严重警告处分并公示，该事件后校园内论文查重率提升至 95%，抄袭行为减少 70%。

（2）"品行导师"制度

导师构成：多元主体参与的指导团队组建。导师团队包括辅导员（占比 40%）、专业教师（30%）、校友（20%）、社区道德模范（10%），辅导员侧重日常行为习惯指导，专业教师结合学科渗透职业伦理，校友分享职场道德经验，社区模范传递基层责任意识。某专业教师在指导学生时，结合"会计造假案例"讲解诚信对职业发展的影响，帮助学生建立"数据真实"的职业信仰。

指导形式：面对面访谈与线上沟通的频率设定。面对面访谈每学期至少 2 次，线上沟通每周 1 次，导师需填写《指导记录表》，记录学生的道德困惑、进步表现、改进建议。某校友导师通过微信语音为学生解答"如何处理职场中的利益诱惑"，累计沟通 30 余次，学生在实习中成功拒绝企业伪造数据的要求，体现了导师指导的实效性。

2. 评价体系：让品行成长"有迹可循"

（1）"三维度"品行修养评价体系

指标设计：各维度权重分配与具体考核内容。认知维度（30%）包括品行课程成绩（20%）、道德案例分析报告（10%）；情感维度（30%）包括同伴互评中的同理心指数（15%）、道德故事分享参与度（15%）；行为维度（40%）包括志愿服务时长（20%）、日常行为规范遵守情况（20%）。某学生品行课程成绩 90 分（认知 30%）、同理心指数 85 分（情感 30%）、志愿服务时长 60 小时（行为 40%），综合得分 87 分，获评"品行优秀学生"。

数据收集：课程成绩、实践记录与反馈意见的整合方法。数据收集通过"校园管理系统""志愿服务平台""教学管理系统"对接，自动抓取课程成绩、实践时长、违规记录等数据。同伴互评采用匿名问卷，通过"问卷星"收集，情感维度数据由辅导员、班主任通过日常观察记录，确保数据全面准确。

（2）"品行修养成长档案"

内容构成：基础信息、实践记录与反思总结的模块设计。基础信息包括姓名、学号、品行课程成绩、品行规范考试分数；实践记录收录志愿服务证书、社会实践调研报告、道德实践活动照片；反思总结要求每学期末撰写，包括"最满意的道德选择""最遗憾的道德缺失""下阶段改进计划"。某学生档案中记录"在社区义诊中主动承担翻译工作，帮助外国居民就医"，该记录成为其申请医学专业研究生的重要加分项。

（3）多元化评价主体

社会反馈：实习鉴定与公益组织评价的收集渠道。实习鉴定由企业 HR 填写，重点评价"诚信度""责任感""团队协作"，某企业在鉴定中写道："该生在实习中主动承认工作失误并积极补救，展现出强烈的责任感。"公益组织评价通过感谢函、推荐信体现，某环保组织为学生出具的《公益服务推荐信》成为其申请国际组织实习的重要依据。

权重分配：自评、互评、师评、社会评价的比例设定。采用"学生自评（30%）＋同伴互评（20%）＋教师评价（30%）＋社会评价（20%）"的权重，自评侧重自我认知，互评体现同伴观察，师评关注整体表现，社会评价反映实践效果。某学生自评"责任感较强"（90 分）、同伴互评"能主动承担团队任务"（85 分），教师评价"在学生工作中表现突出"（92 分），社会评价"实习中深受企业好评"（88 分），综合得分 89.5 分，客观反映其品行水平。

实施细则：匿名问卷与实习鉴定的操作规范。同伴互评采用匿名问卷，设置"非常符合、符合、一般、不符合、非常不符合"五级量表，避免主观偏见。实习鉴定由企业 HR 在线填写，系统自动屏蔽学生信息，确保评价客观。某高校通过该机制，发现学生自评与师评的吻合度达 82%，说明该评价体系具有较高的信度。

3. 校园文化建设：让道德氛围"润物无声"

（1）"道德文化景观"营造

静态载体：名言灯箱、榜样长廊与点赞墙的空间设计。名言灯箱设置在校园主干道，每 20 米一个，内容包括"责任重于泰山——周恩来""诚信者，天下之结也——《管子》"，夜间亮灯形成"道德星光大道"。榜样长廊展示 50 位古今中外道德典范，如张桂梅、南丁格尔、苏格拉底，每个展板附二维码，扫码可观看人物纪录片。点赞墙设置在食堂大厅，学生可粘贴便签表扬好人好事，日均新增便签 50 条，形成"人人发现道德、人人弘扬道德"的视觉文化。

动态活动：道德文化节与快闪活动的组织策划。道德文化节为期一个月，包括道德辩论赛、品行主题征文、好人好事摄影展、道德情景剧大赛，某届文化节收到征文 1200 篇、摄影作品 800 幅，参与学生达 8000 余人次。快闪活动如"诚信承诺快闪""责任担当快闪"，学生在图书馆、操场等场所突然聚集，通过朗诵、合唱、手势舞传递道德理念，某次"感恩快闪"吸引 300 名师生参与，相关视频登上同城热搜，形成强大的道德传播效应。

（2）新媒体道德传播矩阵

课堂设三个栏目："道德小故事"每周三发布，讲述身边人的道德事迹，如《她连续四年为环卫工送早餐》；"品行小贴士"每周五发布，提供实用道德建议，如《如何在小组合作中体现担当？这 3 个细节很重要》；"校园道德新闻"每周一发布，报道校园道德动态，如《我校志愿团队荣获"××市优秀公益组织"称号》。公众号关注量达 2 万，原创内容平均阅读量超 3000 次。

互动平台：匿名树洞与道德话题的运营策略。"道德树洞"平台允许学生匿名分享道德困惑与成就，设置"诚信树洞""责任树洞""感恩树洞"等分区，日均留言 100 条，管理员精选优质留言回复，形成互助式道德成长社区。道德话题讨论每周一个，如"当你看到同学抄袭作业，会如何处理？"，吸引 2000 余人次参与，成为学生道德交流的"心灵家园"。

（3）"道德榜样培育"工程

评选体系：道德之星的类别划分与标准制定。道德之星分为"诚信之星""责任之星""奉献之星""友善之星""正直之星"五类，每类评选标准具体可操作，如"诚信之星"要求考试无违纪、学术无抄袭、承诺必践行；"奉献之星"要求志愿服务时长超 200 小时且服务对象评价优秀。评选通过"自主申报—班级推荐—校级评审—公示投票"流程，确保公平公正，某届评选收到申报材料 300 份，最终 50 人当选，成为校园道德标杆。

校友计划：线上直播与线下分享的传承模式。校友计划包括"线上道德直播间"与"线下分享会"，线上直播邀请优秀校友分享职场道德经验，如《如何在压力下坚守诚信》

《创业中的责任担当》，单场直播观看量超 5000 人次。线下分享会组织校友与在校生面对面交流，某校友分享"基层工作中如何平衡理想与现实"，引发学生热烈讨论，会后建立"校友—学生"结对帮扶机制，累计结对 200 对，形成道德传承的长效链条。

结语

　　品行修养是大学生成长的"精神底色"，是比知识和技能更持久的竞争力。从坚守一次诚信考试、完成一次责任担当的任务、践行一次感恩的行动开始，这些看似微小的选择，正在塑造我们的道德人格，定义我们的人生高度。高校的品行修养教育，就是要搭建理论与实践的桥梁，让学生在认知中明确方向，在体验中深化理解，在行动中养成习惯，最终实现从"知道"到"做到"的跨越。

　　当诚信成为内心的坚守，当责任成为自觉的担当，当感恩成为自然的情感，我们不仅在成就更好的自己，更在为社会培育道德的种子。这些种子终将在校园里生根发芽，在社会中开花结果，成为支撑文明进步的精神力量——这就是品行修养教育的终极追求。

课后思考

　　1. 文明素养的内涵包括哪些方面？请结合个人礼仪、公共道德、社交礼仪的具体例子进行说明。

　　2. 品行修养教育对大学生个人成长和社会发展有哪些重要作用？

　　3. 请结合实例说明实践活动在提升大学生文明素养和品行修养中的作用。

第五章

安全教育与素养提升

 学习目标 ··

一、认知发展目标

1. 系统掌握多元安全知识体系。掌握总体国家安全观的内涵与基本原则，明确危害国家安全行为的法律界定及公民义务。构建网络安全"四观"（整体、动态、开放、相对），理解其与国家安全、经济稳定的关联，掌握数据安全与风险防范基础理论。认知公共卫生安全体系，包括突发公共卫生事件的特征、传染病防控知识及其社会影响。夯实法治素养理论基础，融合马克思主义发展观、习近平法治思想与传统法治文化，理解法治与社会秩序的内在联系。

2. 构建跨领域安全认知框架。识别国家安全、网络安全、公共卫生安全、法治素养等领域的交叉关联，例如网络安全对国家安全的影响、公共卫生事件中的法治应对原则，形成多维度安全认知网络。

二、能力培养目标

1. 安全风险识别与应对能力。识别国家安全风险、网络安全威胁、公共卫生隐患，掌握基础防范技能，制定校园安全场景应急预案，提升危机处置与应急反应能力。

2. 法治实践与社会参与能力。运用法律工具分析校园问题，掌握依法维权路径，养成法治思维习惯。参与校园安全治理，策划法治教育活动，提升组织协调能力与社会责任感。

3. 信息筛选与终身学习能力。建立权威信息筛选机制，动态更新安全知识，保持安全敏感性与学习主动性。

三、情感态度目标

1. 强化国家安全与社会责任感。树立"国家利益至上"价值观，理解个人安全与国家安全的统一性，自觉抵制危害国家安全行为，增强制度自信与民族认同。培养公共卫生责任意识，通过个人防护行为贡献社会安全，形成遵守公序良俗的道德准则。

2. 培育法治信仰与网络伦理。内化法治权威性与公平正义价值，养成遵纪守法习惯，反对特权思维。恪守网络伦理规范，抵制虚假信息与网络暴力，构建"网络安全人人有责"的共同体意识。

3. 塑造积极心理与协作精神。面对安全风险保持理性判断，培养抗压与心理调适能力。理解安全问题的系统性，建立师生-社会协作机制，形成"共建共治共享"的安全治理理念。

四、实践应用目标

1. 个人安全行为规范化。落实安全行为准则：保护个人信息、遵守防疫要求、识别网络陷阱、维护校园秩序。履行公民安全义务，及时报告危害国家安全行为，参与公共卫生应急响应。

2. 校园安全建设参与化。参与校园安全文化建设，推动安全环境优化。在集体中发挥示范作用，传播安全知识，协助隐患排查，构建互助安全共同体。

3. 社会安全责任具体化。在社会实践（如"三下乡"、社区服务）中开展安全知识科普（如反诈宣传、公共卫生科普），服务社会公众。关注社会安全热点，结合专业能力提出创新解决方案，成长为具有安全素养与实践能力的责任公民。

大学生的安全教育问题事关社会的和谐稳定，从微观层面来看，加强新时期大学生安全教育可以提升学生的自我保护意识和自我保护能力、增强个人隐私和信息安全的保护力度、有效预防、应对各种安全风险，减少大学生安全事件的发生，为学校和社会的稳定发展做出贡献。从宏观层面来看，加强大学生的安全教育可以提升国家安全意识、预防极端主义和恐怖主义、保障国家经济安全、提升学生的综合素养和能力，从而培养出更多具有国家安全意识和责任感的公民，助推现代化、和谐稳定的国家发展和社会构建。自进入二十一世纪以来，大学生的安全教育问题在全球范围内越来越受到重视，其重要性逐渐提升。政策引导、高校重视、学生需求以及社会压力等多方面因素使得大学生安全教育成为一项重要的工作和社会关注的焦点。然而，当前我国的大学生安全教育面临着很多问题，如：教育内容局限于如何自我保护，缺乏对社会、网络、国家以及经济市场层面等全方位的综合指导；教育形式过于单一，大多情况下依然采用传统的讲座和宣传形式，缺乏互动性和实践性，不足以提升学生面临真实场景的应对能力；教师的专业性不够，无法为学生提供全面、准确的安全信息和有效的指导；学生的参与度不高，即使按照要求到场听讲，但由于缺乏对安全教育重要性和紧迫性的认知，学生依然不能提高警惕性和敏感度。为此，高度重视并切实加强新时期大学生安全教育工作，及时厘清当代大学生安全教育的时代价值、主要内容和面临的威胁与挑战，构建出一个安全教育渠道多元化和教育形式现代化的高效体系，保障大学生的安全教育权益，具有极其重要的社会意义和紧迫性。

第一节　新时期大学生安全教育的主要内容

一、国家安全

国家安全是指国家政权、主权、统一和领土完整、人民福祉、经济社会可持续发展和国家其他重大利益相对处于没有危险和不受内外威胁的状态，以及保障持续安全状态的能力。

其核心要素涵盖国家主权独立、领土完整不可侵犯、政权体系稳固运行、基本制度安全延续及国家机构职能有效履行等关键维度。作为现代民主国家存在的根本前提，国家安全直接攸关国家命运走向与民族发展存续，既是国家核心利益的集中体现，也是全体公民根本福祉所系的重大命题。

维护国家安全作为最高政治原则，构成现代公民法定义务体系的重要组成部分。依据宪法及相关法律规范，全体公民应切实履行捍卫国家利益的崇高职责，依法抵制和制止任何危害国家安全的行为，共同承担维护政治安全与社会稳定的时代使命。特别是高等教育阶段青年群体，更需深刻认知维护国家主权与领土完整在国家安全体系中的基础性地位，准确理解《反分裂国家法》等法律规范的政治意涵，自觉强化以主权安全、政权安全、制度安全为核心，辐射经济安全、文化安全、科技安全、资源安全、金融安全及网络安全等复合型安全框架的整体性认知。

当代大学生群体应当着力培育系统化的国家安全意识：在价值层面确立总体国家安全观的思维范式，在实践层面提升对新型安全威胁的辨识能力，在政治层面坚定维护国家的统一。具体而言，需重点强化三个维度的认知建构：其一，深化对国土空间不可分割性的法理认知，坚决反对任何形式的分裂主义行径；其二，系统掌握多领域安全风险的防控机制，构建跨学科的安全素养知识体系；其三，主动参与国家安全教育实践，将维护国家安全的抽象理念转化为服务国家战略的具体行动，切实成为国家安全体系的建设性力量。

（一）国家安全的基本原则

坚持中国共产党的领导，坚持社会主义制度，确保国家政治安全；维护国家主权、统一和领土完整；保障人民的安全和利益；坚持总体国家安全观，统筹传统安全和非传统安全。

（二）危害国家安全的行为界定

《中华人民共和国国家安全法》规定：本法所称危害国家安全的行为，是指境外机构、组织、个人实施或者指使、资助他人实施的，或者境内组织、个人与境外机构、组织、个人相勾结实施的危害国家安全的行为。具体有：

① 阴谋颠覆政府，分裂国家，推翻社会主义制度的；
② 参加间谍组织或者接受间谍组织及其代理人的任务的；
③ 窃取、刺探、收买、非法提供国家秘密的；
④ 策动、勾引、收买国家工作人员叛变的；
⑤ 进行危害国家安全的其他破坏活动的。

（三）履行维护国家安全的义务

《中华人民共和国国家安全法》第七十七条规定：公民和组织应当履行下列维护国家安全的义务：

① 遵守宪法、法律法规关于国家安全的有关规定；
② 及时报告危害国家安全活动的线索；
③ 如实提供所知悉的涉及危害国家安全活动的证据；
④ 为国家安全工作提供便利条件或者其他协助；
⑤ 向国家安全机关、公安机关和有关军事机关提供必要的支持和协助；
⑥ 保守所知悉的国家秘密；
⑦ 法律、行政法规规定的其他义务。

任何个人和组织不得有危害国家安全的行为，不得向危害国家安全的个人或者组织提供任何资助或者协助。

（四）在维护国家安全和校园安全稳定方面个人如何发挥作用

1. 牢固树立国家利益至上的根本理念

国际交往中不存在永恒不变的友好关系，唯有国家利益是永恒的核心。国家安全作为涵盖政治、经济、军事、文化等领域的综合性战略体系，既是国家民族生存发展的根本保障，也是实现个人安全的必要前提。坚持将国家安全置于核心地位，既是国际社会的普遍共识，也是全体国民的根本利益所在。

2. 系统掌握国家安全相关法律法规

我国现行涉及国家安全与保密工作的法律规范体系包含宪法及百余部专门法律、行政法规、部门规章等规范性文件，具体包括《中华人民共和国宪法》《中华人民共和国国家安全法》《中华人民共和国保守国家秘密法》《中华人民共和国刑法》《中华人民共和国刑事诉讼法》《科学技术保密条例》《涉外人员守则》等重要法律文本。全体公民应当准确理解法律边界，对存疑事项应当秉持审慎态度，通过专业研习、权威咨询等途径明确行为准则。

3. 提升国家安全风险识别能力

在涉外交往中须遵循以下原则：既要秉持热情友好的态度，又须恪守内外有别的原则，保持不卑不亢的立场；既要重视国际人文交流，更要坚守国家利益底线；既要争取国际合作支持，又要维护国家尊严。特别要警惕以学术资助、文化交流等名义实施的渗透行为，对可疑人员及异常情况应及时向国家安全机关报告。

4. 树立正确的国家安全观

世界各国均拥有独特的国家安全利益与核心机密，涵盖政治制度、文化遗产、战略资源、科技创新等关键领域。我国作为发展中国家，在国际体系中具有不可忽视的战略地位，既存在需要持续提升的领域，更拥有诸多世界领先的科技成果与传统文化精粹。全体国民应当增强制度自信，既反对历史虚无主义，也要防止盲目崇外思想，切实维护国家核心利益。

5. 依法配合国家安全机关履职

根据《中华人民共和国国家安全法》《中华人民共和国反间谍法》《中华人民共和国刑事诉讼法》规定，国家安全机关依法承担反间谍侦查、刑事强制措施执行等法定职责。当国家安全机关依法开展工作时，任何单位与个人应当履行以下义务：依法提供必要的工作便利；如实提供所知悉的情况；严格保守知悉的国家秘密；不得推诿、拖延或消极应付。对于阻碍依法执行职务的行为，将依据《中华人民共和国反间谍法》《中华人民共和国刑法》等法律追究相应责任。

二、网络安全

党的二十大报告指出："必须坚定不移贯彻总体国家安全观，把维护国家安全贯穿党和国家工作各方面全过程，确保国家安全和社会稳定""没有网络安全就没有国家安全，就没有经济社会稳定运行，广大人民群众利益也难以得到保障"。网络安全方面在总体国家安全观之中，也进行了重大突破和创新。随着信息技术的飞速发展和互联网的普及应用，网络空间已经成为国家安全的重要领域之一。总体国家安全观明确将网络安全纳入国家安全的总体框架，并强调网络安全与传统安全、经济安全等各个领域的安全之间的紧密关联。

（一）大学生应具备网络安全整体安全观

大学生应该认识到网络安全是整体的而不是割裂的，而且互联网的广泛使用对个人、企业、公共行政和社会关系等各个方面都带来了巨大的变化。在这个网络信息时代，几乎每个人都成为"网络"的一部分。然而，互联网风险难控，影响巨大。政治、经济、文化等受互联网影响易变，故需重视网络基础设施、数据安全及意识形态安全。

这表明了网络安全的重要性，并强调了各国应共同努力，共同应对网络安全挑战。大学生成为未来的栋梁之材，对于构建网络安全体系具有重要责任。通过加强对网络安全的认识和意识，大学生可以为保护个人安全、维护国家安全和推动网络安全事业的发展做出自己的贡献。

（二）大学生应具备网络安全动态安全观

大学生应了解网络安全是动态的。随着信息技术的发展和互联网的集中化，单纯依靠防护软件很难保证安全。大学生需要更新观念，与时俱进，掌握最新动态，制定防范措施。一是持续学习和更新。大学生应该保持对网络安全最新发展动态的关注，了解当前的网络威胁和攻击方式。通过参与网络安全培训、课程和行业会议，不断学习和更新自己的知识和技能，以应对不断变化的网络安全环境。二是意识到网络安全的复杂性。大学生应该认识到网络安全问题的复杂性，并意识到仅仅依靠一种方法或工具是不够的，这需要综合运用技术、政策、法律等多种手段和方法来保护网络安全。三是追求全面的安全防范。大学生应该明确网络安全是一个全面的问题，不仅仅是个人行为的安全，还包括数据安全、网络基础设施安全、系统安全等多个方面。这需要制定相应的安全防范措施，并积极与相关实体合作，共同构建一个更安全的网络环境。

（三）大学生应具备网络安全开放安全观

大学生应该意识到，网络安全是开放的，互联网是跨地域的、充满生机的，互联网的发展必须是开放的。互联网管理任务艰巨，需要与世界广泛交流，需要各方共同应对网络带来的安全挑战。在回答这个问题时，习近平总书记曾多次提醒，中国敞开大门，我们的网络安全才会好，二者并不存在矛盾和冲突，在这种互联网带来的环境和背景中，我国不断与国际、与各方加强交流互动，交流互鉴，共同进步，在已有的基础上继续跟进，我们继续学习先进技术。大学生应该明白，网络安全问题的解决需要全球范围的合作，而不是封闭地处理。他们应该积极参与到网络安全的国际合作和交流中，与不同国家、组织和利益相关方共同推动网络安全的发展。同时，他们也应该积极推动技术发展和创新，提出和推广更有效的网络安全理念和机制，以建立一个更加安全和开放的互联网环境。通过这样的开放和合作，大学生可以为建设一个更加安全、稳定和繁荣的网络空间贡献自己的力量。同时，他们也能享受到互联网带来的更多机遇和福利。

（四）大学生应具备网络安全相对安全观

大学生应该认识到，网络安全是相对的，而不是绝对的。尽管互联网已经取得了长足的进步，但技术缺陷仍不可避免。即使技术日趋成熟，预防网络攻击和入侵也变得越来越困难。以牺牲他人安全为代价来提高自己的安全是没有意义的。网络安全不是绝对的，需要同时兼顾其他领域的发展。不能因过度关注网络安全而导致其他领域缺乏制度支持和发展能力。

因此，大学生在关注网络安全的同时，也应该积极关注其他领域的发展，确保各个领域之间的平衡和协调。只有在全面考虑的基础上加强网络安全维护，网络安全才能与其他领域的发展同步。这意味着我们需要建立一个全面发展的制度体系，既能保护网络安全，又能支持和促进其他领域的发展。大学生应该把握好网络安全与其他领域发展的平衡，既要关注网络安全的重要性，也要关注其他领域的发展需求。只有这样，我们才能实现全面发展，确保网络安全与其他领域协调发展，实现社会的持续进步。

网络安全对于大学生而言是一个重要且现实的问题。通过深化对网络安全地位的认知，大学生可以更好地保护自己的网络安全，积极参与构建安全的网络环境的行动。

三、公共卫生安全

从目前高校的学生构成来讲，"00后"已经成为高校学生的主体。他们大多来自独生子女家庭，从家庭教育和早期的高校教育来看，过分地偏重对学生个人成长体验的保护，而忽视了锻炼他们应对危机和突发事件的能力，同时社会和高校对高校公共卫生危机管理的忽视，容易造成他们缺乏公共卫生防范意识，不了解最基本的传染病疫情防治措施，部分学生对自己身边的食品安全漠不关心，认为与己无关，部分学生的心智发育还不成熟，没有基本的抗挫能力和自我心理调节的能力。在进入高校的校园之后，失去了父母和亲人生活上的关怀，部分高校学生对公共卫生安全的重视程度不足，这在一定程度上造成了他们公共卫生安全意识淡薄。高校公共卫生危机管理工作千头万绪，高校和社会限于种种客观因素不可能做到尽善尽美，在缺憾和不足面前，大学生自身应当提高抗挫能力，重视个人心理健康问题，有效地提高自身综合素质，对可能发生的高校公共卫生危机做好思想上和行动上的准备。

（一）突发公共卫生事件的特点

① 成因的多样性。许多公共卫生事件与自然灾害，比如地震、水灾、火灾等有关，最重要的是保证自然灾害发生以后不会引起新的、大的疫情。而要做到大灾之后无大疫是很难的，所以我们应高度重视自然灾害有没有引起新的疫情，各级政府部门应密切关注，避免大灾之后必然有大疫的情况出现。公共卫生事件与事故灾害（比如环境污染、生态破坏、交通事故等）也密切相关。社会安全事件（如生物恐怖袭击等）也是引起公共卫生事件的一个重要原因。另外，还有动物疫情、致病性微生物、药品危害、食物中毒、职业危害等也会引起公共卫生事件。

② 分布的差异性。在时间分布上，不同的季节，传染病的发病率也会不同，在空间

分布上，传染病的分布区域不一样，像我国南方和北方常见的传染病就不一样。此外，还有人群的分布差异等。

③ 传播的广泛性。尤其是当前我们正处在全球化的时代，某一种疾病可以通过现代交通工具跨国传播，一旦造成传播，就有可能成为全球性的传染病。另外，传染病一旦具备了三个基本流通环节，即传染源、传播途径以及易感人群，它就可能在毫无国界的情况下广泛传播。

④ 危害的复杂性。也就是说，重大的公共卫生事件不但对人的健康有影响，而且对环境、经济乃至政治都有很大的影响。

⑤ 治理的综合性。治理需要四个方面的结合，第一是技术层面和价值层面相结合，我们不但要有一定的先进技术，还要有一定的经济投入；第二是直接任务和间接任务相结合；第三是责任部门和其他相关部门相结合；第四是国际和国内相结合。另外，在解决公共卫生事件时，还要注意解决一些深层次的问题，比如社会体制、机制问题，工作效能问题以及人群素质问题，所以，只有通过综合治理，才能使公共卫生事件得到很好的解决。

⑥ 新发的事件不断产生。

⑦ 种类的多样性。引起公共卫生事件的因素多种多样，所以公共卫生事件也有不同的种类，比如生物类、自然灾害类、食品药品安全类、事故及灾难事件等。

⑧ 食源性疾病和食物中毒问题比较严重。

⑨ 公共卫生事件频繁发生。这与公共卫生的建设及公共卫生的投入都有关系，公共卫生事业经费投入不足，忽视生态环境的保护以及有毒有害物质滥用和管理不善，都会导致公共卫生事件频繁发生。

⑩ 公共卫生事件的危害严重。公共卫生事件不但影响我们的健康，还影响社会稳定，影响国民经济发展。

（二）传染性疾病及防护

对学校师生危害较大而又常见的多发的传染病主要有：肺结核、肝炎、水痘、带状疱疹、细菌性痢疾、流行性腹泻、流行性腮腺炎、疥疮、手足癣等。下面介绍肺结核、水痘、带状疱疹以及流行性腮腺炎的临床表现及防治措施。

1. 肺结核

① 肺结核的传播途径：结核病是由结核分枝杆菌引起的慢性消耗性传染病。它可以侵入人体全身各个器官而发病，但主要侵犯肺脏所以称为肺结核。结核分枝杆菌飘浮在空气中，既耐高温又耐低温，还耐酸，不容易被彻底清除。根据 2000 年全国结核病流行病学抽样调查，我国现有结核病人 450 万，其中传染性最强的痰涂片阳性的肺结核病人有 150 万。排菌的肺结核患者（即痰涂片检查结核分枝杆菌呈阳性）是结核病的主要传染源。当患者咳嗽、打喷嚏或高声谈笑时，含结核菌的飞沫从呼吸道直接排出，或吐出的带菌痰液干燥后随尘埃飞扬在空中，被健康人吸入后即形成结核感染，这就是肺结核病传播的主要途径。

② 肺结核的主要临床表现：咳嗽、咳痰或胸闷是肺结核最为常见的早期症状，也最易使患者或医务人员误认为是"感冒""气管炎"等而误诊漏诊。发热：常为低热，午后

较重，这时患者常有乏力、消瘦，部分患者夜间盗汗，女性患者可能有月经不调症状。咳痰带血：咳痰带血丝或小血块，常被患者或医务人员误诊为"咽炎"。

③ 肺结核的群体性防治：早期发现，早期治疗，减少传染源。活动型肺结核一般都有咳嗽，凡咳嗽两周以上用药效果不显或不明原因的胸闷、乏力、低热的病人应该听从医师劝告，常规进行胸透、拍片或痰液检测，以便早期发现、早期确诊、早期隔离治疗，这将大大减少肺结核的传播。咳嗽患者在咳嗽或打喷嚏时，要用手帕或口罩掩护，以免播散细菌，传染他人。规范化治疗：肺结核患者在确诊隔离后应进行规范化治疗，必须有 6～8 个月的时间，且多种药物联合使用。很多患者因轻视病情或治疗后症状减轻又害怕药物不良反应就私自停药，导致耐药菌株的产生，既增加了治疗难度又增加了播散的机会。其实肺结核患者在接受正规治疗 4 周以后，一般就不具有传染性了，正常的社会活动是可以参加的，但前提是不能停药。开窗通风：一个痰液涂片阳性的结核排菌病人，1 次咳嗽可喷出含有结核分枝杆菌的微粒约 3500 个；大声说话 1 分钟约喷出的微粒高达 600～700 个；打 1 次喷嚏播散到空气中的微粒高达 100 万个。可见排菌阳性的肺结核病人咳嗽、打喷嚏的传染危险性是相当严重的。对每个结核病患者都要进行登记。登记内容包括姓名、班级、住址、发病日期、确诊日期、联系电话等，及时上报有关管理部门，并跟踪监测直到痊愈为止。

2. 水痘、带状疱疹

① 传播途径：水痘是由水痘-带状疱疹病毒引起的急性出疹性传染病。主要侵犯幼儿和青少年。初次感染发病即为水痘。该病毒可长期潜伏在被感染者体内的神经细胞中，痊愈后或初次感染未发病者，成人后免疫功能低下时，患上其他慢性病或外伤等，均可导致病毒再度活动诱发带状疱疹。一年四季均可发病，以冬春季为多见。主要通过空气飞沫经呼吸道传播，也可因直接接触患者皮肤黏膜或接触患者的衣服、用具、书本、玩具等而间接传染，传染性较强。潜伏期一般为 2～3 周。该病特别容易在学校、幼儿园等集体居住的地方引起流行。因带状疱疹是在个体的免疫功能下降时才发病，故不会引起流行而呈散在型发病。但从未感染过水痘-带状疱疹病毒者与带状疱疹患者接触后可引起水痘流行。

② 水痘、带状疱疹的主要临床表现：水痘初发病时，皮肤黏膜上出现散发性的红色小丘疹，1～2 天后变成椭圆形绿豆大小的小水疱，3～4 天后疱疹干燥结痂，痂盖表浅，不留瘢痕。有的患者可出现发热、咽痛、全身不适等症状。皮疹呈向心性分布，头面、躯干为多，四肢较少。因皮疹是在发病后分批出现的，所以患者皮肤上丘疹、疱疹、痂皮同时存在，这就是水痘病特有的皮损现象。病程 1 周左右。带状疱疹的皮损特点是簇集在一起的针尖、粟粒大小的丘疱疹，迅速变为小水疱，皮疹沿某一周围神经分布，排列成斜带状，出现于头面部或胸背、腋下、腰际等身体一侧，局部成簇团状，有的融合成片，刺痛，有的奇痒难忍。病程较长，一般为半个月左右。

③ 水痘-带状疱疹的群体性防治：正规的抗病毒治疗，皮疹感染者要加用抗生素。不要用手抓皮疹，以免溃破后感染。衣服、毛巾、被褥要勤洗、勤晒，利用阳光中的紫外线消毒。患病时衣服要穿得清洁宽大，防止穿过小过紧的衣服造成散热不畅引起皮疹瘙痒而加重感染。室内每天都要开窗通风，保证空气流通。

3. 流行性腮腺炎

① 传播途径：流行性腮腺炎是由腮腺病毒所致的急性传染病，好发于青少年。全

年均可发生，以冬春季为多。患者多为青少年。该病毒不但对腮腺有特殊的亲和力，而且还易在脑膜、睾丸、胰腺等处寄生繁殖，在患病期间或患病前后引起脑膜脑炎、睾丸炎、胰腺炎，其中以睾丸炎最为多见。而青春期以后患腮腺炎易并发睾丸炎，这种病毒会破坏睾丸组织，严重时会使睾丸萎缩从而影响生育能力。主要通过呼吸道飞沫传播，少数通过病毒污染的尘埃、接触患者用具等间接传染。潜伏期为8～35天，平均为2～3周。

② 流行性腮腺炎的主要临床表现：一般先发于一侧，腮腺呈弥漫性肿大，以耳垂为肿胀区的中心，界限不清，可上达颞部，下至颈部和胸锁乳突肌处，肿胀处皮肤紧张但不发红，局部疼痛，腮腺管口红肿，于1～3天到达极点，持续2～4天后可逐渐消退，而另一侧腮腺又相继肿大。部分患者可有高热、头痛、呕吐、乏力、唾液分泌减少，极少数患者还会有口腔炎、咽炎、结膜炎，或暂时性听力障碍。

③ 流行性腮腺炎的群体性防治：流行期间尽量远离病人，无条件隔离者可服用板蓝根冲剂预防。患病后尽快就医，注意休息，多喝开水。

第二节　积极共建和谐校园

一、和谐校园建设的时代背景与重要意义

构建社会主义和谐社会是新时代中国特色社会主义的重要战略目标，其核心在于实现社会公平正义、促进人的全面发展。在这一进程中，高校作为知识创新、人才培养和文化传承的核心阵地，承担着不可替代的使命。从战略定位看，高校既是社会和谐的"思想库"，也是实践和谐的"示范区"。一方面，高校通过培养具有社会责任感、创新精神和实践能力的高素质人才，为社会输送和谐发展的建设者；另一方面，高校凭借科研优势推动科技进步与社会治理创新，为解决城乡差距、生态保护等社会问题提供智力支持。此外，高校还具有文化传承与创新的功能，通过弘扬社会主义核心价值观、倡导文明新风、引领社会思潮、促进文化认同。可以说，高校的和谐发展既是社会和谐的重要组成部分，也是推动社会进步的关键动力。

（一）和谐校园建设对高校发展的价值

和谐校园建设对高校自身发展具有多维度的积极影响。首先，它通过优化校园治理结构，营造民主、平等的学术氛围，激发师生的创造力与归属感，从而提升教育教学质量。例如，在和谐环境中，教师能够心无旁骛地开展教学与科研，学生则更易形成自主学习与合作探究的习惯。其次，和谐校园建设有助于推动学科交叉融合与科技创新。通过打破院系壁垒、促进资源共享，高校可以整合优势力量攻克重大课题，如人工智能、新能源等领域的突破往往依赖多学科协同。此外，和谐校园的文化凝聚力还能增强高校的社会影响力，吸引优秀生源与师资，形成良性循环。值得注意的是，高校的和谐发展模式对社会具有示范效应，其倡导的公平竞争、包容互助理念，可为企业、社区等组织提供治理参考，间接推动社会整体和谐。

（二）和谐校园建设对大学生成长的意义

和谐校园是大学生成长的沃土，对其知识学习、人格塑造与能力培养具有深远影响。在知识学习层面，和谐的学术环境能激发学生的求知欲，通过师生互动、同伴协作，学生不仅能掌握专业技能，还能培养批判性思维与解决问题的能力。例如，清华大学"学堂班"通过小班研讨与科研实践，使学生在前沿领域快速成长。在人格塑造方面，校园文化中的人文关怀与价值引导帮助学生树立正确的世界观、人生观。如北京大学"元培计划"注重通识教育与个性化发展，培养出兼具家国情怀与国际视野的人才。能力培养则体现在丰富的社会实践与社团活动中，学生通过组织活动、参与志愿服务，提升沟通协调能力与社会适应能力。以浙江大学"挑战杯"为例，学生在团队合作中锻炼创新思维与执行力，许多项目成果成功转化为社会服务方案。这些成长经历为大学生未来职业发展奠定坚实基础，使其在竞争激烈的社会中更具竞争力。和谐校园的浸润，还能帮助学生形成健康的心理状态与抗压能力，从容应对人生挑战。

二、和谐校园的基本特征

（一）优美的校园环境

优美的校园环境是和谐校园的外在体现，其核心在于自然景观与人文景观的有机融合。例如，许多高校通过保留古树名木、开凿人工湖泊、建设生态湿地等方式，营造出四季有景、移步换景的园林式校园。建筑风格上，既有承载历史记忆的红砖校舍，也有充满现代感的智能教学楼。这种环境不仅为师生提供了宜人的工作学习空间，更潜移默化地培养了审美情趣与生态意识。研究表明，绿色植被覆盖率高的校园能显著降低师生压力指数，提升专注力；而标志性建筑则成为校园文化的符号，增强师生的归属感。

（二）优质的学习环境

优质的学习环境以"学生为中心"，通过资源整合与技术创新赋能教育。教学设施方面，高校配备智能教室、虚拟仿真实验室、智慧图书馆等。学习氛围上，小班研讨、师生双选制、学术沙龙等模式打破传统课堂边界。此外，线上学习平台（如MOOC、雨课堂）的普及实现了优质教育资源共享，如"学堂在线"向全球开放课程即为典型案例。这些环境要素共同促进深度学习，使学生在实践中掌握知识，在协作中提升能力。

（三）浓郁的文化氛围和良好的校园风气

文化氛围与校园风气是和谐校园的精神内核。师资队伍方面，高校通过引进学术领军人才、实施师德师风建设工程，形成"严谨治学、关爱学生"的校风。例如，复旦大学"光华人文杰出学者"计划吸引了一批国内外知名学者，其课堂成为思想碰撞的前沿阵地。校园文化活动则以多样性著称，既有学术讲座、辩论赛等智育活动，也有音乐节、戏剧节等美育实践。中国人民大学"千人百村"社会调查项目，让学生在田野中深化对国情的理解。这些活动通过浸润式教育，帮助学生树立正确的价值取向。例如，武汉大学"弘毅讲堂"邀请各领域专家，引导学生思考科技伦理、社会公平等议题，培养责任感与人文情怀。

（四）完善的管理体系

完善的管理体系是校园有序运行的制度保障。其核心在于构建"法治化、民主化、智能化"的治理模式。规章制度方面，高校制定《学生手册》《学术规范》等文件，明确行为边界。例如，浙江大学建立学术诚信档案制度，对学术不端行为零容忍。民主管理机制则通过教职工代表大会、学生委员会等渠道实现，如厦门大学"校长接待日"常态化收集师生意见。智能化管理体现在校园一卡通、安防监控系统、智慧后勤等方面，北京航空航天大学的"数字校园"平台可实时监测能耗并优化资源配置。这些体系既保障了校园安全，又提升了管理效率，使师生能够专注于教学科研。

（五）良好的师生关系

良好的师生关系以平等、尊重、互助为特征，是和谐校园的重要纽带。其核心在于打破传统等级观念，建立双向互动机制。例如，在南开大学"师生下午茶"活动中，教授与学生围坐，交流学术与人生，营造轻松氛围。导师制的深化使师生关系更具持续性，如哈尔滨工业大学"院士班主任"制度，让顶尖学者直接参与本科生培养工作。心理支持体系则为师生沟通提供专业保障，复旦大学心理健康教育中心通过团体辅导、个体咨询等方式，帮助学生解决成长困惑。这种关系不仅促进学业进步，更影响学生人格发展。例如，在中国农业大学"科技小院"项目中，师生同吃同住开展乡村振兴研究，培养了学生的吃苦精神与社会责任感。

三、大学生人文素质教育与构建和谐校园的辩证关系

大学生人文素质教育与和谐校园的构建相辅相成、相互促进。一方面，大学生人文素质教育工作开展得全面、细致、周到、扎实，大学生人文素质就会提高，就会促进和谐校园的建设，也有利于落实以人为本的科学发展观，构建社会主义和谐社会。另一方面，和谐校园的构建为大学生人文素质教育的开展提供了良好的环境，有利于大学生人文素质的提高，有利于民族、国家的进步。校园人文环境是实施大学生人文素质教育的硬件之一。

（一）大学生人文素质教育促进和谐校园的建设

大学生是民族的希望和祖国的未来，要建设体现社会主义特点、时代特征和学校特色的和谐校园，形成优良的校风、教风和学风，就必须发挥大学生的主体作用。要通过开展丰富多彩、积极健康向上的学术、科技、体育、艺术和娱乐活动，把德育与智育、体育、美育、爱育等有机结合起来，弘扬"八荣八耻"的社会主义荣辱观，寓教育于文化娱乐活动之中，大力提高大学生的人文素质。

目前，加强大学生人文素质教育仍然要发挥课程教学的优势和主渠道作用。要优化课程体系，建立人文素质教育模块。应从改革课程结构入手，改变以往选修课随意、零星的状态，将人文社会科学和自然科学等选修课有计划地纳入高校的日常教学中。应根据高等院校学生培养目标和培养规格，建立人文素质教育课程模块。具体地讲，应将人文素质教育选修课程的模块确定为：①中国传统文化教育模块。开设中国传统美德概论、中国古代

史专题研究、中国古代思想史、中国古代文学作品赏析等。②中外艺术模块。开设中外美术简史、中外影视赏析与评论、中外音乐简史与欣赏等。③世界优秀文化遗产模块。开设西方思想史、西方文明史和世界优秀文学作品赏析等。④形势与政策模块。开设当代世界政治经济与国际关系、国内政治经济动态专题等。⑤现代市场经济管理模块。开设市场经济导论、行政法律及民事法律专题、当代管理理论等。人文素质教育系列选修课程，一般每门课程开设30~40学时，面向全校由学生自由选课。在教学管理上，可采取考查、撰写小论文等灵活的方式进行考核，以促进学生积极选课。在保证课程门类的基础上，提高课堂教学质量，使文化素质教育真正落到实处。

（二）和谐校园的构建为大学生人文素质教育的开展提供优越的环境

大学校园环境，尤其是校园的人文环境是实施人文素质教育的硬件之一。一所优秀的大学，常常使人一进校门就感受到强烈的文化气息。环境优美、秩序井然、行为文明、精神高尚的校园，对于大学生情操的陶冶、人文素质的提高会起到积极的作用。

大学校园文化，是高校师生共同创造的一种特定的精神环境和文化氛围，是在大学社区生活的每个成员所共同拥有的校园价值观及其在精神上具体化的文化形态，是培养人才的教育资源。它通过文化活动所营造出来的环境和氛围对人的心理的辐射作用，在较高层次上软性规范着大学生的思想行为。

大学校园文化是社会文化的一部分，是社会主义先进文化的重要组成部分，在社会主义和谐社会建设中具有举足轻重的地位。创建大学和谐校园文化是构建和谐校园的精神基础，对构建和谐校园具有十分重要的意义：有利于促进高校和谐制度建立，有利于协调师生身心和谐发展，有利于加快高校有序发展，有利于化解矛盾、凝聚人心，有利于物质文化、制度文化、精神文化的和谐发展。

要正确把握文化、校园文化、大学和谐校园文化的内涵，正确理解大学和谐校园文化的特点和功能。要丰富和繁荣校园文化，增强大学生对校园文化环境的认同感。培养有较高文化素质的学生，需要有充满自由、平等、博爱，充满开放、宽容、尊重，充满求真、竞争、批判的校园风气；也正是从这个意义上，强化校园文化活动，成为对大学生进行人文素质教育不可替代的渠道之一。

要在教学和管理的各个环节中优化和谐的育人环境，在潜移默化的氛围里，提高全体学生的审美情趣、文化品位和人文素质，从而陶冶其情操，培养其优良的道德品质，使其身心得到全面、健康、和谐发展，为中华民族伟大复兴造就出大批合格的、全面发展的高素质的创新型人才。

第三节 法治素养培养

一、大学生法治素养相关理论

（一）马克思关于人的全面发展学说

马克思、恩格斯在其著作《德意志意识形态》中，第一次提出"人的全面发展"观点，并明确指出"'人的全面发展'是指'全面发展个人的能力，包括思维的能力'"。后来，马克思在《资本论》中对"人的全面发展"做了进一步的阐述，即"把不同社会职能当作互相交替的活动方式的全面发展的个人"。马克思认为，人的全面发展包括人全面发展的本质、人全面发展的现实条件以及人全面发展的内容规定。

马克思的这一理论成果为大学生法治素养研究提供了理论指南。人的本质是社会人，通过实践活动不断提升自身的法治素养，并在这个过程中不断实现个体自身的发展。第一，人全面发展的现实条件是指社会经济基础和社会制度对个体发展的影响。马克思认为，在资本主义社会中，私有制和剥削关系限制了人的全面发展，因此要实现人的全面发展，需要建立起有利于个体发展的社会主义制度。也就是说，大学生必须置于社会共同体中，其法治素养的提高必须依赖平等的社会关系，在实践中不断丰富社会关系，实现全面发展。第二，人全面发展的内容规定指的是人在社会实践中的各个方面的发展需求。这包括文化知识、道德品质、身心健康等多个方面，人的全面发展要求这些方面的均衡发展，而不仅仅是物质层面的追求。第三，人全面发展的本质是指人作为社会历史发展的主体，具有独特的能动性和创造性，可以在丰富的社会关系中从事社会劳动来创造自我生活的个体。全面发展理论应用在法治素养领域，表现为尊重法律权威、具备法律常识、养成守法习惯、构建法治思维四个方面。大学生要实现综合素质的提高来满足日益增长的美好生活的需要，法治素养占据主导地位，因此必须提高法治素养来促进自身的全面发展。

（二）习近平法治思想

习近平法治思想明确了新时代大学生法治素养培育的价值导向和实践要求。强调法治是社会主义的本质要求和中国特色社会主义制度的重要基石，是实现国家富强、民族复兴、人民幸福的必然选择。在新时代，大学生作为社会主义事业的建设者和中坚力量，应当积极提高法治素养。习近平总书记的重要论述为大学生法治素养的培育提供了指导力量。

在教育对象方面，习近平总书记指出领导干部具有双重身份，既是法治建设者，也是法治践行者。领导干部既应该做全面依法治国的重要组织者、推动者，也应该做道德建设的积极倡导者、示范者。此外，习近平总书记强调，青少年作为国家建设与社会发展的主力军，必须加强青少年法治的教育。"要坚持法治教育从娃娃抓起，把法治教育纳入国民教育体系和精神文明创建内容，由易到难、循序渐进不断增强青少年的规则意识。"（习近平总书记 2014 年 10 月 23 日在十八届四中全会第二次全体会议上的讲话）因此，大学生群体中的党员同志和学生干部应当发挥其带头作用，深入推进法治融入学生心中，每一个大学生都应增强自身的法治意识和法治素养，推动全体公民形成积极践行法治价值观，促进社会的和谐稳定发展。

在教育目标方面，习近平总书记 2013 年 2 月 23 日在十八届中央政治局第四次集体学习时讲道："法治精神是法治的灵魂。人民没有法治精神、社会没有法治风尚，法治只能是无本之木、无根之花、无源之水。"因此，全社会应该牢固树立宪法和法律权威，让人民相信法律、自觉遵守法律，从而提高全社会的法治素养。

在教育方法方面，坚持理论与实践相结合，积极发挥法治宣传的作用。全体公民都应该成为法治的参与者、维护者和受益者。提升公民的法治意识和法治素养，要注重加强法律宣传教育，普及法律知识，包括开展法治教育活动、提供法律咨询服务等，让全体公民了解法律、尊重法律、遵守法律，在日常生活和工作中自觉维护社会公平正义，履行法定义务，维护国家法律权威。

（三）中华优秀传统法治文化

法治的变化是为了适应社会发展和时代变迁的需要，体现其所处时代的特色和价值。随着社会的不断进步和变化，法律需要不断地进行修订和完善，以适应新的社会情况和问题的出现。党的十八届六中全会上，习近平总书记指出："'法与时转则治，治与世宜则有功。'新形势下加强和规范党内政治生活，既要坚持过去行之有效的制度和规定，也要结合新的时代特点与时俱进，拿出新的办法和规定。"同样，大学生法治素养的培育也应该与时俱进，与所处时代的主题相适应。通过学习和传承中华优秀传统法治文化，可以加深对法治精神的理解，培养大学生的法治意识，提高法治素养。

法家学派在中国历史上起到了重要的作用，提出了依法治国的思想。法家学派主张以法律为基础，通过严明的法律制度来管理国家，实现国家的富强和长治久安。他们认为，法律应该是国家统治的核心，是维护社会秩序和公平正义的基石。管仲是法家先驱，他强调"威不两错，政不二门，以法治国，则举错（通措）而已"，这体现了他对以法治国的坚定信念。法家的思想对中国古代的政治制度和社会发展产生了深远的影响，尤其在战国时期，法家的思想为秦国的统一和中央集权奠定了重要基础。韩非子曾说："奉法者强则国强，奉法者弱则国弱。"强调了法治对国家和民族兴盛的重要性。这些传统法治文化中的观念和思想，不仅是社会主义法治建设的渊源，也为培养新时代大学生的法治素养提供了重要的启示和借鉴。

二、大学生具备较高法治素养的意义

中国跻身于世界民族之林必须发挥中国智慧，建设法治社会，大学生与民族的兴旺息息相关，因此大学生具备较高法治素养至关重要。

（一）有利于培养知法守法的合格公民

大学生要想具备更高的法治素养，重要的不仅是法治认知问题，更是大学生群体在具备一定法理知识的基础上如何实现知行统一的问题。也就是说，大学生不仅要知法，更要守法。大学生要想形成完备的法治素养，需要同时解决内化和外化两个方面的矛盾。内化矛盾指个体在法治认知层面的矛盾，即是否将法律知识和原则真正融入自己的思维和价值观中的矛盾。这需要大学生深入学习法律知识，理解法律的精神和目标，形成正确的法治观念。同时，也需要反思和审视自己的行为，对照法律标准，意识到自己的行为是否符合法律要求。通过自我反省和修正，个体能够逐渐形成内心深处的法治自觉。外化矛盾指个体在实践行动层面的矛盾，即在具体行为中能否真正做到知行统一。这需要大学生在日常生活、学习和工作中遵守法律法规，规范自己的行为，将法治的要求内化于心、外化于行，争做知法守法的合格公民。

（二）有利于完成高校立德树人的任务

习近平总书记在党的十九大报告中强调，"要全面贯彻党的教育方针，落实立德树人根本任务，发展素质教育，推进教育公平，培养德智体美全面发展的社会主义建设者和接班人"。立德树人中"立德"是最基本的要求。大学应当注重培养学生树立正确的思想观念和行为准则，培养良好的品德和思想境界，通过开展德育活动，引导学生树立正确的三观。同时，也需要根据新时代的特点，培养与之相适应的法治观念，大学生作为"德"的继承者、发展者和传播者，他们的德行表现会对社会的整体价值取向起到促进作用。"树人"则是指将新时代的大学生培养成为社会主义事业的接班人。通过培养良好的法治素养和法治精神，大学生可以更加深刻地认识社会现实和法治建设的重要性，践行社会主义核心价值观，积极维护社会公正和稳定，成为有担当、有责任、有爱心、有智慧的新时代接班人，其中包括培养良好的法治素养，让大学生群体自觉尊重法律、遵守法律、维护法律，在面临问题时展现法治精神，为社会主义建设和发展做出积极贡献。

（三）有利于促进社会的文明与稳定

个体的法治素养是法治社会建设的根基，只有在个体的思想认识和具体行为上表现出对法治的积极认可，法治社会才能得以建立和发展。因此，培育公民的法治意识、提升公民的法治能力、强化公民的法律意识成为推进法治国家、法治政府、法治社会文化建设的基础环节。现代中国的法治体系不是简单的法律条文和司法体系，而是与亿万中国人的价值观、思想观念、心态和行为紧密相连。作为亿万中国人的重要组成部分，大学生不仅是法治中国进程的受益者，更是重要的参与者和推进者，他们是否认同法治所蕴含的价值，并以法律规范自己的行为，这在一定程度上反映了社会公众对法治的看法。因此，培养大学生的法律意识和法治意识具有十分重要的现实意义。若大学生具备较高的法治素养，树立正确的法治理念，自觉遵守行为准则并将其运用于日常生活中，将有助于提升全社会运用法律解决问题的能力，从而推动法治社会建设。因此，我们必须把培养大学生的法治素养摆在突出位置。唯有每个人都从自身出发，尊重自身的权利，尊重他人的权利，恪守法律法规，方能在全社会树立起一种崇尚法律、遵守法律的优良风尚。同时，我们也要看到，当前我国正处于社会主义市场经济快速发展阶段，各种利益关系错综复杂，人们对法治和法律意识的认识还存在着一定误区。唯有普及法律知识、提升法治素养方能更有效地维护社会秩序，促进社会和谐稳定。

三、大学生加强法治素养的自我培育

大学生法治素养培育是一项系统性、复杂性的工程，需要多方力量的全力配合和协同努力才能够达到最好的效果。因此，培育主体应根据大学生成长成才的特点，依托自身的资源和环境条件来提升大学生的法治素养。同时，还应打破多方主体之间的培育壁垒，加强各方与大学生之间的互动交流，实现育人内容与育人过程的相互联结，从而提高大学生法治素养培育的整体效果。

自我教育法是指受教育者根据思想政治教育的目标和要求，在自我意识的基础上，通过自我认识、自我体验、自我控制，产生积极进取之心，主动接受先进思想和正确行为的方法。个体自我教育是受教育者主动以社会规范为指引，通过自我反思、自制、自律等方式完善自身品德的过程。马克思指出："人以一种全面的方式，就是说，作为一个完整的人，占有自己的全面的本质。"（《马克思恩格斯文集》第 1 卷，人民出版社，2009 年：189 页）大学生在提升法治素养方面应该由内而发，逐步实现自身的全面发展，通过多个角度加深对法治素养的认知，从而提高主观能动性，达到提高自身法治素养的目的。

（一）充分认识法治素养提高的重要性

法治素养是现代社会公民的基本素养之一。在法治社会中，法律作为一种规范行为的工具，对个人和社会起着重要的引导和保障作用。只有具备一定的法治素养，才能更好地适应社会生活、维护自身权益、履行社会责任。大学生充分认识法治素养提高的重要性对于个人权益保护和社会进步具有重要意义。

法律是保障公民权益的基础，法治素养的提高与大学生日常行为息息相关。大学生充分认识到提高自身法治素养的重要性，可以帮助他们了解自身权利和义务，知晓法律的适用范围和程序，更好地了解自身的权益，从而增强权益保护的意识。同时，法治素养的提高能够帮助他们树立正确的行为道德观念，建立良好的社会形象。主动学习法律知识、了解法律程序，更加敏锐地察觉潜在的法律风险，避免陷入法律纠纷或违法行为，当自身权益受到侵害时，能够有针对性地采取合法的维权措施。

大学生是国家和社会的未来建设者和接班人。通过提高他们的法治素养，可以培养更多具备法律专业知识和技能的人才。这将有利于推进法治建设，完善法律制度，提高社会治理水平。法治社会追求公平正义，大学生通过提高法治素养可以成为公平正义的捍卫者。他们能够关注社会不公平现象，积极维护弱势群体的合法权益，推动社会公平和正义的实现，这有助于维护社会秩序，促进社会稳定和发展。

（二）强化自身法治思想的学习与认知

"在认识—理论—政策—执行这一逻辑链条中，认识是起点。"只有掌握完备的法治知识，对法治知识进行积累，才能强化自身对法治思想的学习与认知。因此，大学生必须认真学习法治思想，发挥主观能动性，自觉学习法治素养相关课程、阅读相关法治教育书籍和法律条文来实现大学生法治素养的内化提升。

1. 认真学习法治素养相关课程

大学生的主要任务就是学习知识，要自主学习和研修法治素养相关课程。这些课程的教学主要以思想政治理论基础课展开，思想政治理论课在大学生的学习中起着重要的引领和指导作用，它可以帮助大学生正确理解和把握法治的本质、原则和目标，培养正确的法治观念和法治思维。在对待学校开展的法治素养相关课程时，大学生应当高度重视，认真学习。不能因为"思想道德与法治"课是一门公共课就忽视其中的意义，而应牢牢掌握思想政治理论课作为提高法治素养的主渠道。另外，无论是思想政治理论课还是"习近平法治思想概论""中华法治文明""人权法学"等与法治相关的选修课程，都应该积极参与，主动思考，课后及时巩固，善于总结和思考。总之，思想政治理论课对于提高大学生的法治素养具有重要意义，学生应当认真对待学校开展的法治素养相关课程，将其作为必修课来学习，努力提升自身的法治素养水平。这样才能更好地适应社会的发展需求，为社会发展和进步做出积极的贡献。

2. 阅读相关法治教育书籍和法律条文

阅读相关法治教育书籍和法律条文对于大学生提升法治素养非常重要。通过阅读相关书籍和法律条文，可以加深对法律知识的理解和记忆，拓宽法律知识面，提高分析和解决问题的能力。一方面，在阅读法治教育书籍上，大学生可以选择一些通俗易懂、内容丰富的法治类书籍，如《刑法罗盘》《圆圈正义》《法治的细节》等。这些书籍可以帮助大学生了解法律制度的基本框架、法律规定的适用范围、相关的法律实践案例等，从而更好地理解并掌握法律知识。另一方面，大学生可以选择一些与自身专业相关的法律条文进行学习，如《中华人民共和国著作权法》《中华人民共和国商标法》《中华人民共和国专利法》等。通过阅读这些法律条文，可以更深入地了解与自身专业相关的法律条款和具体操作规范，加深对法律实践的认识和理解。

除了阅读书籍和法律条文，大学生还可以通过微博、微信、抖音等网络平台浏览日常生活中的法律案例，深化自己对法律知识和法律实践的理解。同时还可以加强交流和互动，从而开阔视野，提高法治素养。通过多种方式学习法律知识，大学生可以更好地适应社会的发展需求，为未来的职业发展和社会实践奠定坚实的基础。

3. 积极参加法治实践活动

"只有在共同体中，个人才能获得全面发展其才能的手段。"提升法治素养应落实到社会实践中，大学生在学习理论知识的同时，还要积极参与与法治相关的实践活动，做到知行合一，将理论与实践相结合。

一方面，大学生在校园学习生活中应遵守学校的各项规章制度，增强自身的规则意识。同时，大学生应积极参加学生会、团总支、社团等学生组织团体举办的各类活动。访谈中，部分同学表示积极参加团委组织的"返家乡""一起云支教""三下乡"等活动，利用线上线下相结合的方式去开展法治宣讲活动、法治知识竞赛活动、法治辩论赛活动等。另外，大学生可以自发建立一个法治研究小组，开展深入研究并讨论相关的法治问题，有效提升自身对于法治学习的兴趣。大学生通过参加这些活动，深入地理解和运用法律知识，积极参加法治实践活动，提高自身运用法治思维解决问题的能力，从而提升自身法治素养。

另一方面，在校外大学生可以通过走访、发放问卷、访谈等形式开展法治调研，明确法律的红线和底线，学会依照法律办事，懂得法治程序以及明确法律规范，从而提高对法治的践行能力，增强自身对法治的认同感。大学生还可以利用业余时间参与社区组织的法治志愿宣传活动和社会法治公益活动，成为普法宣讲小助手，向社会传播法治知识，提高公众的法律意识。此外，大学生还可以申请参加公检法司等国家部门或律师事务所的实习活动，通过学习先进的法治做法和总结成功的法治经验，进一步强化自己的法治知识，并锻炼自身的法律运用能力。通过参与各种法治实践活动，大学生不仅可以提高自己的法治素养，还能培养社会责任感和公民意识，为构建法治社会贡献自己的力量。

实践项目一 筑牢安全防护之盾：多元协同赋能大学生安全素养提升

实践目标

1. 构建多维安全认知体系

通过"国家安全知识图谱构建""网络安全风险沙盘推演"等团体活动，帮助大学生系统理解总体国家安全观的核心内涵，建立国家安全、网络安全、公共卫生安全与法治素养的跨领域关联认知。设计"安全场景解构工作坊"，解析典型案例（如网络诈骗、传染病防控中的法律问题），使参与者掌握不同安全领域的风险要素与应对原则，破除"安全问题孤立化"认知，形成立体化安全思维框架。

2. 培育主动防护责任意识

运用"安全决策模拟法庭""公共卫生应急辩论会"等互动形式，引导成员在压力情境中体验安全决策的法治逻辑与伦理考量。通过"安全守护承诺书"签署、"校园安全观察员"角色实践，让参与者感受个人行为对整体安全的影响，强化"国家安全无小事"的责任自觉，培养遵守法律法规、主动防范风险的行为习惯，形成"我的安全我负责，他人安全我尽责"的价值共识。

3. 夯实安全互助支持网络

建立"安全伙伴联盟"与"风险预警互助小组"，通过结构化培训（如信息安全保密协议签订、传染病防护技能互学）促进成员间信任与协作。设计"安全应急演练共同体"项目，模拟校园火灾、网络舆情危机等场景，开展跨班级、跨专业的协同应对训练，使大学生在互助实践中认识到安全问题的系统性，提升主动分享安全信息、协同处理风险的意识与能力。

4. 提升安全实践应用能力

采用"阶梯式风险应对训练"，从识别宿舍用电隐患等基础任务过渡到策划校园安全科普活动。通过"安全方案设计大赛""法治案例情景剧创作"等实践环节，结合专业教师与实务工作者的指导反馈，帮助参与者掌握安全风险识别、应急方案制定、法律程序运用等技能，在真实场景中形成"知识—判断—行动"的高效转化能力，储备应对复杂安全问题的实践经验。

实践项目形式

1. 安全素养融合工作坊（涵盖国家安全政策解读、网络安全攻防模拟、公共卫生应急流程推演）

2. 法治实践剧场（通过模拟法庭、安全事件情景再现开展角色扮演与决策训练）

实践项目二 构建网络与公共卫生安全之网：实践导向赋能大学生风险应对能力

实践目标

1. 建立动态安全认知框架

通过"网络安全威胁可视化分析""公共卫生事件时间轴建模"等团体活动，帮助大学生理解网络安全的动态性（如新型网络攻击手段）与公共卫生安全的复杂性（如传染病跨区域传播机制）。设计"安全要素关联图谱绘制"任务，解析网络舆情对公共卫生事件的影响、数据安全与国家安全的交叉风险，破除"安全问题静态化"认知，形成"风险联动、动态防控"的系统思维。

2. 塑造理性安全应对心态

运用"网络谣言破解工作坊""公共卫生危机压力应对训练"等方法，引导成员在模拟舆情漩涡中体验信息筛选与理性判断过程。通过"安全应对成功案例分享会""挫折应对复盘会"，让参与者从同伴经验中学习情绪调节技巧（如面对网络暴力的心理疏导、突发公共卫生事件的心理建设），培养"风险可防、危机可控"的自我效能感，形成处变不惊、科学应对的安全心态。

3. 构建跨领域协作支持系统

组建"网络安全卫士联盟"与"公共卫生健康共同体"，通过跨学科小组合作（如计算机专业学生与医学专业学生协同设计校园疫情防控小程序），促进不同领域知识的交叉应用。设计"安全资源共享平台"建设任务，推动成员在信息收集、技能互补、应急支援等方面形成常态化协作机制，使大学生认识到跨领域合作在安全治理中的关键作用，提升主动链接资源、协同解决问题的责任意识。

4. 提升安全问题解决能力

采用"项目制学习法"，从策划"校园网络安全宣传周"到设计"宿舍公共卫生管理方案"，开展渐进式实践训练。通过"安全创新挑战赛"（如开发反诈APP、设计传染病传播模拟模型），结合企业安全专家与公共卫生医师的指导，帮助参与者掌握信息检索、数据分析、方案落地等技能，在真实项目中提升从发现风险到解决问题的全流程实践能力，形成"精准识别、科学应对、高效处置"的安全问题解决方式。

实践项目形式

1. 网络安全实战训练营（包含钓鱼邮件识别、数据加密实操、舆情监控系统模拟）

2. 公共卫生应急演练工作坊（涵盖传染病防控推演、食品安全检测实践、校园卫生事件应急响应模拟）

✏ 课后思考

1. 结合国家安全的复合型安全框架，谈谈大学生应如何在涉外交往中践行总体国家安全观。

2. 网络安全的"动态安全观"对大学生的信息素养提出了哪些新要求？如何通过"技术＋意识＋协作"三位一体策略提升应对能力？

3. 结合"法治素养与和谐校园建设"的辩证关系，论述大学生如何通过提升法治意识推动校园治理现代化。

第六章

能力提升实践

 学习目标 ··

一、认知发展目标

1. 理解学习力、励志成才、学术科技创新、职业素养能力的内涵与价值。

2. 掌握提升学习力、励志成才、学术科技创新、职业素养能力的理论基础与实践方法。

二、能力培养目标

1. 提升学习动力、强化知识获取。激发内在学习兴趣，形成持续学习的动力机制，使学生主动探索知识，追求学术卓越；通过课堂学习、课外阅读、网络学习等多渠道，有效获取并整合信息，提升知识储备与应用能力。

2. 提高解决问题及团队协作能力。通过实践项目、案例分析，培养分析问题、提出创新解决方案的能力，强化批判性思维；在团队项目中学会分工合作、有效沟通，共同完成任务，培养领导力与团队协作精神。

三、情感态度目标

1. 培养积极学习态度。培养学生乐观、坚韧的学习态度，面对挑战时保持积极心态，持续追求自我提升。

2. 增强责任感，激发奋斗精神。对学习任务、团队合作、社会实践等负责，认真履行职责，培养社会责任感，勇于追求卓越，不断挑战自我，将个人价值与社会价值相结合，实现全面发展。

四、实践应用目标

1. 提升知识实践转化能力。鼓励学生在实际项目中应用所学知识，通过实践活动加深对理论知识的理解和掌握，提升实践操作能力，培养创新思维和创业精神，实现学术科技创新（例如组织学生参与学术竞赛、科技创新项目等）。

2. 提升社会实践能力。推动学生参与社会调研、志愿服务等，增强社会适应能力和实践能力。

3. 培养职业素养。将职业素养融入日常学习和生活中，通过实习、见习等方式，提前适应职场环境，为未来职业发展奠定坚实基础。

第一节 学习力提升教育实践

一、学习力提升教育理论价值阐释

（一）学习力的内涵与构成要素

学习动力作为学习力的核心驱动力，其内在驱动力深深扎根于学生的内心世界。对知识纯粹的热爱，是学生在浩渺的知识海洋中不断探索的原动力。这种热爱并非凭空产生，往往源于学生在早期学习经历中对某一学科领域的独特发现或深刻感悟。例如，当学生初次接触到奇妙的物理世界，看到简单的电路连接能让灯泡发光，这种新奇的体验可能会点燃他们对物理知识探索的热情。对自我成长的追求，体现了学生对自身发展的积极态度。他们渴望通过学习不断突破自我，实现知识与能力的进阶。以大学生为例，许多学生希望在大学期间不仅能掌握专业知识，还能培养自己的沟通能力、团队协作能力等综合素质，这种对自我成长的多元追求成为他们努力学习的强大动力。对未来职业发展的期望，更是让学生将学习与实际生活紧密相连。他们明白，扎实的知识储备和优秀的学习能力是未来在职场上立足和发展的关键。比如，一个立志成为医生的学生，会因为对未来救死扶伤职业的向往，而在医学专业的学习中全力以赴。

外在激励在激发学生学习积极性方面也发挥着不可忽视的作用。学校设立的奖学金制度，为学生提供了物质与精神的双重激励。高额的奖学金不仅是对学生学习成果的经济认可，更代表着一种荣誉，激励着学生为了获得这份殊荣而努力提升学习成绩。荣誉称号评选同样具有强大的激励效应，如"学习标兵""优秀学生干部"等称号，能够极大地满足学生的荣誉感和成就感，促使他们在学习和校园活动中积极表现。

学习能力涵盖了多个关键方面。知识获取能力是学生学习的基础能力之一。在信息爆炸的时代，学生获取知识的渠道日益丰富多样。课堂学习依然是获取知识的重要阵地，教师系统的讲解和引导能够帮助学生构建起完整的知识体系。例如，在历史课堂上，教师通过讲述各个历史时期的重大事件、人物故事，让学生对历史发展脉络有清晰的认识。课外阅读则能拓宽学生的知识面，丰富其知识内涵。一本优秀的文学作品可以让学生领略不同的文化风貌和思想情感，如阅读《百年孤独》，学生能够感受到魔幻现实主义文学的独特魅力，了解拉丁美洲的历史与文化。网络学习更是打破了时间和空间的限制，学生可以通过在线课程平台，学习到国内外顶尖高校的优质课程，接触到最前沿的学术知识。

信息处理能力是学生在海量信息中筛选、分类、整合有价值内容的关键能力。在互联网时代，每天都有大量的信息扑面而来，学生需要学会辨别信息的真伪和重要性。例如，在进行课题研究时，学生可能会在网络上搜索到大量相关资料，但其中不乏虚假信息或与研究主题不相关的内容。此时，学生需要运用信息处理能力，通过对信息来源的可靠性分析、关键词筛选等方法，提取出对研究有价值的信息，并将其分类整理，形成系统的资料体系。问题解决能力是检验学生学习效果的重要指标。学生在学习过程中，需要将所学知识运用到实际问题的解决中。比如，在数学学习中，学生通过掌握的数学公式和解题方法，解决各种数学应用题；在工程实践中，学生运用所学的专业知识，设计并搭建出满足特定需求的工程模型，解决实际的工程问题。

学习毅力是学生在面对学习困难时坚持不懈的精神品质。在学习过程中，困难如影随形。学习内容的难度过大是常见的问题之一，例如高等数学中的复杂公式推导、哲学中的抽象理论理解，都可能让学生感到困惑和吃力。学习时间的紧张安排也给学生带来巨大压力，尤其是在考试周或面临多个课程作业同时截止的情况下，学生需要合理分配时间，应对繁重的学习任务。学习毅力强的学生能够通过合理的自我管理克服这些困难。他们会制订详细的学习计划，将学习任务分解为一个个小目标，逐步完成。同时，他们善于根据实际情况调整学习方法，如当发现某种学习方法效果不佳时，及时尝试新的方法，以确保学习进程的持续推进。

（二）学习力对大学生个人成长与社会发展的意义

对于大学生的个人成长而言，提升学习力具有全方位的促进作用。在适应大学学习节奏方面，具备强大学习力的学生能够迅速调整自己的学习方式。大学的学习与中学相比，更加注重学生的自主学习能力。课程设置更加多样化，学生需要在众多课程中合理安排学习时间。强大的学习力让学生能够快速掌握大学课程的学习特点，积极主动地进行学习。在获取知识和技能方面，他们能够充分利用大学丰富的学习资源，不仅在课堂上认真听讲，还会积极参加各种学术讲座、实践活动，拓宽自己的知识面，掌握更多实用技能。良好的思维习惯和学习方法的培养更是终身受益的。例如，通过学习批判性思维，学生能够对所学知识进行深入思考，不盲目接受，从而提高分析问题和解决问题的能力。这些都为大学生未来的职业发展和个人生活奠定了坚实的基础。在职业发展方面，强大的学习力使学生在求职过程中更具竞争力，能够快速适应职场的变化和新的工作要求。在个人生活中，学习力强的学生能够不断学习新的生活技能，提升生活品质，更好地应对生活中的各种挑战。

从社会发展的角度来看，在知识经济时代，创新型人才成为推动社会进步的核心力量。大学生作为未来社会的主力军，其学习力的提升具有深远意义。学习力的提升有助于培养学生的创新精神。具备强大学习力的学生，在学习过程中善于思考、敢于质疑，能够突破传统思维的束缚，提出新的观点和想法。例如，在科技创新领域，许多大学生凭借其强大的学习力，在科研项目中取得创新性成果，为科技进步做出贡献。实践能力的提升也是学习力提升的重要成果。大学生将所学知识应用到实际项目中，能够解决实际问题，推动行业发展。在文化繁荣方面，学习力强的大学生能够更好地传承和创新文化，创作出优秀的文化作品，丰富社会文化内涵。在经济发展中，创新型人才能够推动产业升级，创造新的经济增长点，为社会经济发展注入强大动力。

（三）学习力提升与德育目标的内在联系

学习力是德育的重要组成部分，二者相互依存、相互促进。德育为学习力提供方向和动力，良好的道德品质在学生学习过程中发挥着关键作用。诚实守信是学生在学习中应秉持的基本道德准则。在学术研究中，学生只有诚实守信，才能保证研究数据的真实性和研究成果的可靠性。勤奋努力是学生取得优异学习成绩的必备品质。一个勤奋努力的学生，会主动投入大量时间和精力进行学习，克服学习中的困难。责任感促使学生认真对待学习任务，无论是课堂作业还是考试，都能以高度负责的态度完成。这些道德品质能够激发学生的学习动力，让他们明确学习的意义和价值，从而树立正确的学习目标。

德育在培养学生自律意识和团队合作精神方面也与学习力提升密切相关。自律意识使学生能够自觉遵守学习纪律，合理安排学习时间，抵制外界诱惑，保持良好的学习状态。例如，一个自律的学生能够按时起床参加早读，在课余时间自觉完成作业，不受网络游戏、社交媒体等干扰。团队合作精神在学习中的重要性日益凸显。在大学的课程学习中，许多作业和项目需要学生以团队形式完成。具备团队合作精神的学生能够与团队成员密切配合，发挥各自优势，共同解决学习中的问题，提升学习效果。

学习力提升有助于实现德育目标，促进学生全面发展。当学生学习力得到提升，他们在知识学习过程中能够更好地理解和接受德育内容。例如，在学习历史文化知识时，学生能够深刻体会到爱国主义、民族精神等德育内涵。学生将道德观念内化为自身的行为准则，在学习和生活中践行良好的道德行为。在与同学的交往中，能够做到友善互助、诚实守信；在面对困难和挑战时，能够勇敢担当、坚持不懈。通过学习力的提升，实现了知识学习与品德修养的同步提升，促进了学生的全面发展。

（四）国内外学习力研究的理论基础与实践启示

国内学习力研究始终围绕"以学生为中心"这一核心理念展开。在学习方法和学习策略传授方面，进行了大量积极且富有成效的探索。例如，许多高校开设了专门的学习方法指导课程，在这些课程中，教师会系统地向学生介绍各种学习方法。如在记忆方法的教学中，教师详细讲解联想记忆法，通过引导学生将需要记忆的知识点与生动有趣的事物建立联系，帮助学生提高记忆效率。比如记忆历史事件的时间，可将其与重要节日或个人生活中的特殊事件相联系。在学习策略培训方面，学校会组织专题讲座，邀请学习方法专家为学生传授有效的学习策略。如在应对考试时，教授学生如何制定复习计划，先梳理知识框架，再进行重点内容复习，最后通过模拟考试进行自我检测和查缺补漏。

关注学生个体差异是国内学习力研究的一大特色。教师会通过课堂观察、作业分析、与学生交流等方式，深入了解每个学生的学习水平和学习特点。对于学习基础薄弱的学生，教师会在课后进行一对一辅导，帮助他们夯实基础知识，制定个性化的学习计划，从最基础的知识点开始逐步提升。对于学习能力较强、学有余力的学生，则为他们提供拓展性学习资源，如推荐高难度的学术书籍、引导他们参与科研项目等，满足他们更高层次的学习需求。国外学习力研究高度重视学习力的系统性和可持续性。在学习环境营造方面，国外高校致力于打造舒适、便捷且充满学术氛围的学习空间。校园图书馆不仅拥有丰富的藏书，还配备了先进的电子阅读设备和舒适的阅读区域，为学生提供良好的阅读和学习环境。学校的教学楼设计注重开放性和互动性，设有多个讨论区，方便学生随时进行学术交流。在学习资源整合方面，国外高校充分利用互联网技术，建立了庞大的在线学习资源库，学生可以随时随地获取各类课程资料、学术文献等资源。同时，学校还积极与企业、科研机构合作，为学生提供实践机会，将实际工作中的案例引入教学，丰富学习资源。

学习评价体系构建是国外学习力研究的重要内容。国外高校采用多元化的评价方式，不仅关注学生的考试成绩，还注重学生的学习过程、课堂参与度、团队合作能力等。例如，在课程评价中，学生的平时作业成绩、小组项目表现、课堂发言情况等都占一定比例。在培养学生自主学习能力和终身学习意识方面，国外高校开展了丰富多样的教学活动。项目式学习让学生在完成实际项目的过程中自主探索知识，培养解决实际问题的能力。探究式学习鼓励学生提出问题、自主研究，培养学生的创新思维和独立思考能力。

综合国内外研究成果，高校应构建科学全面的学习力提升体系。在教学过程中，教师要通过多样化的教学方法激发学生的学习动力。如在课堂教学中引入案例教学法，通过讲述生动有趣的实际案例，引发学生的学习兴趣，让他们主动参与到学习中来。在培养学生学习能力方面，要加强实践教学环节，让学生在实际操作中提高知识获取、信息处理和问题解决能力。关注学生个体差异，为不同学生提供个性化的学习支持，如设立学习辅导中心，为学习困难的学生提供专门辅导，为优秀学生提供个性化的学习拓展计划。加强学习环境建设，打造智能化、人性化的学习空间，整合各类学习资源，构建多元化的学习评价体系，全面提升大学生的学习力。

二、学习力提升教育实践操作设计方案思路

（一）学习力诊断与评估体系构建

问卷调查：是学习力诊断的重要手段之一。设计科学合理的学习力诊断问卷至关重要，问卷内容需全面涵盖学习动力、学习能力、学习毅力等多个维度。在学习动力维度，设置问题如"你对所学专业的兴趣程度如何？""你是否有明确的未来职业规划？"等，通过学生对这些问题的回答，了解其内在学习动力。在学习能力维度，询问"你通常通过哪些渠道获取知识？""你在处理复杂信息时会采用什么方法？"等，以此评估学生的知识获取和信息处理能力。在学习毅力维度，设置"当你在学习中遇到困难时，你会坚持多久不放弃？"等问题，了解学生的学习毅力情况。通过广泛发放问卷，运用线上问卷平台和线下纸质问卷相结合的方式，确保覆盖全体学生，全面收集学生的学习现状信息，精准了解学生在学习过程中遇到的问题和困难。

课堂观察：由专业教师承担，教师需具备敏锐的观察力和专业的评估能力。在课堂上，教师重点观察学生的参与度，包括是否积极回答问题、主动参与小组讨论等。注意力集中程度也是观察的重点，通过观察学生的眼神、肢体动作等判断其是否专注于课堂学习。思维活跃度可通过学生提出问题的质量、对知识的理解和拓展能力等方面进行评估。例如，在一节物理实验课上，教师观察学生在实验操作过程中的表现，是否能主动思考实验原理、提出改进实验的建议等。通过课堂观察，深入了解学生的学习能力和学习态度，精准发现学生在学习过程中的优势和不足，为后续的个性化指导提供依据。

学业分析：对学生的学习情况进行深入剖析。不仅要关注各科成绩的分布情况，了解学生在不同学科上的表现，还要分析成绩变化趋势。通过绘制成绩折线图等方式，观察学生成绩是稳步上升、波动较大还是持续下降。例如，如果发现一名学生某一学科成绩在连续几个学期中持续下降，就需要深入分析原因，可能是学习方法不当、对该学科兴趣缺

失，或者受到其他因素干扰。通过学业分析，精准识别学生学习力提升的关键点，为制定个性化学习计划提供科学依据。

（二）个性化学习力提升计划制订

目标设定：依据学生的学习力诊断结果和个人实际情况，采用与学生协商的方式。对于学习动力不足的学生，如果经过与学生沟通了解到其对学科竞赛有一定兴趣，可设定通过参加学科竞赛激发学习兴趣的目标。具体来说，目标可细化为在本学期内参加至少一项与专业相关的学科竞赛，并在竞赛中取得一定成绩。对于学习能力有待提高的学生，若发现其在时间管理方面存在问题，可设定在本学期内掌握番茄工作法或四象限法则等时间管理方法的目标，帮助其提高学习效率。

策略选择：为学生提供丰富多样的学习策略。时间管理策略方面，详细介绍番茄工作法，即把学习时间分为若干个25分钟的工作时段和5分钟的休息时段，每完成4个番茄时段，进行一次较长时间的休息。同时，讲解四象限法则，将学习任务按照重要和紧急程度分为四个象限，引导学生优先处理重要且紧急的任务，合理安排其他任务时间。记忆策略上，向学生介绍联想记忆法，如记忆英语单词"ambulance"（救护车），可通过联想"俺不能死"的谐音来加深记忆。问题解决策略方面，教导学生采用"发现问题—分析问题—提出假设—验证假设—得出结论"的步骤来解决学习中的问题。帮助学生根据自身学习特点和学习目标，通过实际尝试和教师指导，选择最适合自己的学习策略。

资源匹配：整合学校丰富的图书馆资源、网络学习资源、教师资源等。对于需要提升英语能力的学生，图书馆方面推荐相关的英语原著书籍、英语学习期刊等。网络学习资源方面，介绍知名的英语学习网站，如沪江英语、扇贝英语等，以及实用的英语学习APP，如百词斩、英语流利说等。教师资源方面，推荐擅长英语教学的教师的辅导课程，包括线上的英语学习讲座和线下的一对一辅导课程，为学生提供全方位、针对性的学习支持。

（三）学习力训练工作坊设计与实施

时间管理工作坊：首先举办专题讲座，向学生详细介绍时间管理的重要性。通过实际案例展示，如讲述成功人士如何合理安排时间取得事业成功，让学生深刻认识到时间管理对学习和生活的积极影响。在介绍方法环节，深入讲解制定学习计划的具体步骤，包括如何将学习任务分解为每日、每周的小任务，如何合理分配学习时间给不同学科和任务。通过小组讨论，让学生分享自己在时间管理方面遇到的问题和经验，共同探讨解决方案。在实践练习环节，让学生现场制定自己的一周学习计划，并在后续的学习中进行实践和调整，帮助学生切实掌握时间管理技巧，避免拖延。

记忆技巧工作坊：邀请记忆专家作为主讲嘉宾，专家凭借丰富的经验和专业知识，向学生介绍多种记忆方法。在讲解联想记忆法时，通过大量实例演示，如将历史事件与生活中的场景相联系，帮助学生理解和掌握。思维导图记忆法方面，指导学生如何根据知识点的逻辑关系绘制思维导图，以记忆复杂的知识体系，如在学习生物学的细胞结构时，通过绘制思维导图清晰呈现细胞各部分结构及其功能关系。谐音记忆法通过有趣的谐音案例，让学生轻松记忆知识点，如记忆圆周率"3.14159"，可谐音为"山巅一寺一壶酒"。通过实际操作和练习，让学生在课堂上就开始运用这些记忆方法记忆单词、公式、知识点等，并在课后持续练习，提高记忆效率。

批判性思维工作坊：设计系统的训练课程。案例分析环节，选取具有争议性的社会热点问题或学术案例，如人工智能发展对就业市场的影响、文学作品中人物形象的多元解读等，引导学生从不同角度分析案例，培养批判性思维能力。讨论热点问题时，组织学生进行小组讨论，鼓励学生发表不同观点，在思想碰撞中提升思维能力。辩论活动是训练批判性思维的重要方式，设置辩论主题，让学生分成正反两方进行辩论，在辩论过程中学会质疑、分析、评价信息，从不同视角思考问题，提出创新性的解决方案，从而全面提升批判性思维能力。

学习互助共同体建设：致力于打造一个积极向上、相互促进的学习生态环境。在学习小组的组建过程中，充分考虑学生的专业、学习成绩、学习风格等因素，确保小组的多元化和互补性。例如，在一个计算机专业的学习小组中，既有成绩优异、编程能力强的学生，也有思维活跃、善于创新的学生，还有沟通能力出色、能够组织协调小组活动的学生。每个小组定期组织学习讨论活动，频率可设定为每周一次。在活动中，成员们共同解决学习中遇到的问题，比如在课程作业中遇到的编程难题，小组成员可以一起分析问题，分享各自的思路和解决方案。同时，成员之间还会分享学习经验和学习资源，如推荐优质的学习网站、学习资料、实用的软件工具等，实现资源共享，共同进步。在课程学习中，小组可以针对作业难题展开深入讨论，每个成员从自己的理解角度出发，提出不同的解题思路，通过思想的碰撞，往往能找到更优的解决方案。在复习考试重点时，小组成员可以一起梳理知识点，制作思维导图，互相提问、答疑，加深对重点知识的理解和记忆。

朋辈辅导是学习互助共同体建设的重要组成部分。选拔学习成绩优秀、学习能力强的学生担任朋辈辅导员，这些学生不仅在学业上表现出色，还具备良好的沟通能力和乐于助人的品质。朋辈辅导员为学习困难的学生提供一对一或小组辅导，辅导形式可以多样化，包括面对面辅导、线上视频辅导等。在辅导过程中，朋辈辅导员通过分享自己的学习方法和学习经验，让学习困难的学生了解到适合不同学科的学习技巧。比如，对于数学学习困难的学生，朋辈辅导员可以分享自己总结的解题技巧、如何建立错题本进行复习等经验。同时，朋辈辅导员还能给予学习困难学生心理上的支持和鼓励，帮助他们树立学习信心，克服学习障碍，逐步提高学习成绩。

学术沙龙作为一个高层次的学术交流平台，定期举办活动，频率可根据学校实际情况设定为每月一次或每两个月一次。邀请专业教师、优秀学生代表等作为嘉宾，围绕专业前沿问题、学术研究方法等主题进行交流分享。在专业前沿问题的交流中，专业教师可以介绍本学科领域最新的研究成果和发展趋势，如在生物学领域，分享基因编辑技术的最新突破和应用前景。优秀学生代表则可以分享自己在参与科研项目或学科竞赛中的经验和心得体会，如在参加"挑战杯"竞赛过程中如何选题、组建团队、开展研究等。学术沙龙为学生提供一个开放、自由的学术交流环境，学生们可以在沙龙中自由提问、发表观点，激发学术兴趣，营造浓厚的学习氛围，促进学生之间、学生与教师之间的学术思想交流与碰撞。

学习力提升效果的跟踪与反馈机制是确保学习力提升计划有效实施的关键环节。定期评估通过再次发放学习力诊断问卷、持续进行课堂观察、深入分析学业成绩等多种方式来实现。再次发放学习力诊断问卷的时间间隔可设定为一学期一次，通过对比学生在学习力提升计划实施前后的问卷回答情况，了解学生在学习动力、学习能力、学习毅力等方面的变化。课堂观察则贯穿整个学习过程，教师持续关注学生在课堂上的表现变化，如参与度是否提高、思维活跃度是否增强等。学业成绩分析不仅关注学期末的考试成绩，还要分析平时作业成绩、阶段性测试成绩等，全面了解学生学习成绩的提升情况。通过对比学生在学习力提升计划实施前后的各项指标变化，精准掌握学生在各个方面的提升情况，为后续的反馈改进提供数据支持。

反馈改进环节：根据评估结果，及时向学生反馈学习力提升的效果。在反馈过程中，注重方式方法，既要肯定学生取得的进步，给予学生充分的鼓励和认可，增强学生的自信心和学习动力，如对在学习动力方面有明显提升的学生，表扬其积极参与课堂讨论、主动探索知识的行为；又要指出学生存在的问题和不足，与学生共同深入分析原因。如果发现学生在学习能力方面提升不明显，可能是学习策略选择不当，或者是缺乏实践锻炼，针对这些原因，教师与学生一起调整学习力提升方案，优化学习策略和资源配置。比如，为学生推荐更适合的学习策略，重新匹配更具针对性的学习资源，确保学习力提升计划始终具有针对性和有效性，不断促进学生学习力的提升。

第二节　励志成才教育实践

一、励志成才教育理论意义剖析

励志教育蕴含丰富的内涵与多元价值，其中目标激励宛如明亮的灯塔，为学生照亮前行的道路。协助学生确立人生目标与职业规划时，并非一蹴而就，而是一个深度挖掘与逐步明晰的过程。通过一系列职业探索活动，如职业体验日、行业专家讲座等，学生能对不同职业的工作内容、发展前景、所需技能有直观认知。在此基础上，引导学生依据自身兴趣、能力及社会需求，将宏大的人生目标拆解为阶段性的小目标。以一名立志成为软件工程师的学生为例，大一时的小目标可以是熟练掌握一门编程语言，大二则争取参与小型软件项目开发，大三进一步提升算法设计与项目管理能力等。这种阶段性目标的设定，让学生清晰地知晓每一步努力的方向，激发内在动力，促使其主动投身学习与实践，不断积累知识与经验，向着最终职业理想稳步迈进。

挫折教育在学生成长历程中起着磨砺心智的关键作用。在学生遭遇困难与失败时，教育者引导学生以正确视角看待挫折至关重要。组织挫折应对专题研讨会，邀请经历过挫折并成功逆袭的人士分享经验，从实际案例中让学生明白挫折是成长的常态，并非终点。深入剖析挫折产生的原因，涵盖外部环境因素，如市场竞争激烈导致创业项目受阻；内部个人因素，如自身知识储备不足、决策失误等。通过此类分析，帮助学生掌握从挫折中汲取教训的方法，培养心理韧性。开展挫折模拟训练，设置如模拟创业失败、学术研究碰壁等情境，让学生在实践中锻炼应对挫折的能力，提升抗挫折的"免疫力"，即便未来面对真正的挫折，也能保持乐观积极的心态，勇敢应对。

奋斗精神是励志教育的核心价值体现，它激励学生勇于追求卓越，不断突破自我设限。在校园文化建设中融入大量展现奋斗精神的元素，如在教学楼走廊展示杰出校友通过不懈奋斗取得成就的事迹。定期举办奋斗者故事分享会，邀请校内努力学习、积极实践并取得优异成绩的学生分享经历，让学生深刻领悟唯有凭借持之以恒的努力与拼搏，才能实现人生价值与理想目标。在日常学习与实践活动中，布置具有挑战性的任务，如组织高难度的学科竞赛、复杂的社会实践项目等，促使学生在攻克难题的过程中，培养吃苦耐劳、坚韧不拔的精神品质，塑造积极向上、勇于进取的人生态度。

励志成才教育与大学生思想政治教育紧密融合、相辅相成。思想政治教育为励志成才教育提供根本方向与丰富内容，其引导学生树立正确的世界观、人生观、价值观，使学生深刻认识到个人命运与国家命运、社会发展紧密相连，明确自身肩负的社会责任与历史使命。在思想政治理论课上，通过对国家发展战略、社会热点问题的深入探讨，激发学生的爱国情怀与社会责任感，为励志成才注入强大的精神动力与正确的价值引领。

励志成才教育则是思想政治教育的生动实践形式。借助丰富多彩的励志成才教育活动，如举办励志主题班会，围绕"我的梦想与责任"展开讨论，让学生在交流中深化对思想政治教育理论的理解，并将其转化为实际行动。组织励志实践活动，如乡村振兴志愿服务，学生在为农村发展贡献力量的过程中，不仅提升了自身能力，更践行了社会责任，增强了思想政治教育的实效性与感染力，让思想政治教育不再停留在理论层面，而是真正落地生根，融入学生的成长过程。

励志成才教育对大学生心理健康与人格完善具有不可忽视的积极作用。在心理健康方面，面对学习、生活、就业等多方面的沉重压力，励志成才教育如同一剂"良方"。通过挫折教育，学生学会了应对挫折与困难的方法，避免因挫折产生焦虑、抑郁等心理问题。开展积极心态培养课程，教授学生运用积极心理学方法调整心态，如写感恩日记、正面思维训练等，帮助学生树立积极乐观的心态，增强心理适应能力。在面对学习成绩不理想的情况时，能从失败中汲取经验，调整学习方法，而非陷入自我否定；在就业竞争中遇到挫折，能保持信心，继续努力提升自己。

在人格完善方面，励志成才教育着力培养学生的责任感、毅力、自信心等良好人格品质。在追求目标的征程中，学生不断克服困难，每一次挑战的成功跨越都锻炼了他们的意志品质。参与团队项目时，学生明确自身在团队中的责任，努力履行职责，培养了责任感。通过完成具有挑战性的任务，学生的自信心逐步建立，逐渐形成独立、坚强、自信的人格。例如，学生在负责组织一场校园活动时，从策划、筹备到执行，全程克服各种困难，活动成功举办后，其责任感、自信心与组织能力都得到极大提升，促进了人格的全面完善与发展。

国内外励志教育在理论与实践方面各具特色，存在一定差异。国内励志教育聚焦目标激励与挫折教育，通过多种形式激发学生内在动力。举办励志讲座，邀请知名企业家、成功学者讲述自身奋斗历程，以真实故事触动学生心灵，激发他们的进取精神。开展励志主题班会，营造班级积极向上的氛围，让学生在相互鼓励中明确目标、坚定信念。树立榜样也是国内励志教育的重要手段，评选"励志之星"等优秀学生典型，通过校园媒体宣传他们的事迹，为其他学生提供学习的标杆，引导学生树立正确的价值观与人生观。

国外励志教育侧重于个性化发展与实践体验。开展项目式学习，学生围绕实际问题自主组建团队，制定方案并实施，在这一过程中充分发挥个人优势，挖掘兴趣点，制定个性化发展计划。组织丰富多样的社会实践活动，如社区服务、国际交流项目等，让学生在实践中拓宽视野，了解不同文化与社会现象，培养创新精神与实践能力。在项目式学习中，学生可能针对环境保护问题，通过实地调研、数据分析、方案设计等环节，提出创新性的解决方案，在解决问题的过程中实现个人成长与能力提升。

结合国内外励志教育经验，高校应构建多元化的励志教育体系。在重视目标激励与挫折教育的同时，高度关注学生的个性化发展需求。通过开展职业兴趣测评、能力倾向测试等，为学生提供个性化发展建议。整合各类教育资源，包括校内的教师资源、实验室资源，校外的企业资源、社会公益组织资源等，形成全方位、多层次的励志教育格局。开展校企合作项目，让学生参与企业实际项目研发，在实践中明确职业目标，提升能力；组织学生参与社会公益实践，培养社会责任感与奉献精神，促进学生全面发展，为学生的未来人生奠定坚实基础。

二、励志成才教育实践操作设计方案思路

励志主题班会与专题讲座设计：旨在为学生提供丰富的精神滋养与前行动力。成功人士案例分享活动精心策划，邀请各行各业的成功人士走进校园。在邀请时，充分考虑学生专业分布与兴趣倾向，确保涵盖不同领域，如科技行业的创新企业家、文化艺术领域的知名创作者、医疗行业的专家等。成功人士举办励志讲座，以亲身经历为蓝本，生动讲述成长历程中的挫折与突破、创业故事中的艰辛与坚持、成功经验中的智慧与感悟。例如，一位科技创业者分享创业初期面临资金短缺、技术难题、市场竞争等多重困境，但凭借对技术的执着追求与对市场的敏锐洞察，不断调整策略，最终获得成功的经历。这些真实生动的案例，能深深触动学生心灵，激发他们的学习热情与奋斗精神，让学生从成功人士身上汲取源源不断的正能量，树立远大理想与坚定信念。

励志影片赏析活动：精心挑选具有深刻励志内涵的影片，如《当幸福来敲门》展现主角在极度困难的生活条件下，凭借顽强毅力与坚定信念追求幸福的故事；《中国合伙人》讲述三位年轻人从学生时代起，历经创业的风风雨雨，最终实现梦想的历程。组织学生观看影片后，开展小组讨论活动，每组由5~8名学生组成，围绕影片中的励志情节、人物品质、对自身的启示等话题展开深入交流。之后，举办主题演讲活动，鼓励学生走上讲台，结合自身实际，分享观影感悟以及如何将影片传达的励志精神融入学习与生活的体会，在表达中深化对励志理念的理解，激励自己积极进取。

校园励志文化建设：致力于营造浓厚的励志氛围，让学生在潜移默化中受到熏陶。励志标语的设置经过精心考量，在校园内的教学楼、图书馆、食堂、宿舍等学生日常频繁活动的场所合理布局。教学楼的走廊悬挂"知识改变命运，奋斗成就未来"等标语，时刻提醒学生学习的重要性与奋斗的价值；图书馆内张贴"书籍是人类进步的阶梯，阅读是开启智慧之门的钥匙"的标语，营造浓厚的学习氛围；食堂墙壁上的"一粥一饭当思来处不

易，半丝半缕恒念物力维艰"的标语，培养学生珍惜粮食、勤俭节约的品德；宿舍门口的"团结友爱，共同进步"的标语，促进学生之间的和谐相处与相互激励。这些励志标语以简洁有力的语言，时刻激励学生。

文化长廊的建设：成为校园励志文化的一道亮丽风景线。展示优秀学生的事迹，包括他们的学习方法、科研成果、社会实践经历、所获荣誉等，为其他学生树立身边的榜样。设置励志名言警句展板，选取古今中外名人的经典励志语句，如"天行健，君子以自强不息""生活就像海洋，只有意志坚强的人，才能到达彼岸"等，让学生在漫步文化长廊时，受到名言的激励与启发。同时，展示励志故事，如匡衡凿壁偷光、爱迪生发明电灯等，以生动的故事传递坚持、创新等励志精神，激励学生向优秀榜样学习，树立远大理想，不断追求进步。

主题宣传：借助校园广播、校报、校园网站、微信公众号等多元化媒体平台展开。校园广播开设"励志之声"栏目，定期播放励志文章朗读、成功人士访谈等内容；校报设置"励志专版"，深度报道优秀学生事迹、励志活动开展情况等；校园网站建立"励志专栏"，发布各类励志资讯、学习资源等；微信公众号定期推送励志文章、励志视频，通过图文并茂、生动有趣的形式，吸引学生关注。利用这些媒体平台的传播优势，营造积极向上的校园舆论氛围，让励志文化在校园内无处不在，时刻激励学生奋勇前行。

励志实践活动组织：为学生提供将励志理念转化为实际行动的平台。社会调研活动精心策划选题，紧密结合社会热点与学生专业，如针对"老龄化社会背景下社区养老服务需求""新兴科技对传统产业的影响"等问题展开调研。组织学生深入社区、企业、科研机构等地，通过问卷调查、访谈、实地观察等方法收集数据。在调研过程中，学生深入了解社会现实问题，深刻感受到社会发展需求，从而引发对自身社会责任与使命的思考。例如，在调研社区养老服务需求时，学生目睹老年人生活中的困难与需求，激发了为改善老年人生活状况贡献力量的决心与动力，将个人成长与社会发展紧密相连。

志愿服务活动：积极鼓励学生参与，活动形式丰富多样，涵盖社区服务、环保公益活动、关爱弱势群体等多个领域。在社区服务中，学生参与社区文化建设、环境卫生整治等项目，为社区发展贡献力量；环保公益活动，组织学生参与植树造林、垃圾分类宣传等活动，增强学生的环保意识，培养学生的社会责任感；关爱弱势群体，如定期探访敬老院、孤儿院，为老人和儿童送去温暖与关爱。在志愿服务中，学生通过实际行动帮助他人，培养社会责任感与奉献精神，在付出中收获成长与快乐，实现自我价值，增强自信心与成就感，深刻体会到励志不仅是个人的奋斗，更是对社会的担当。

创业实践活动：大力支持学生开展，构建完善的创业服务体系。举办创业大赛，为学生提供展示创业项目的平台，邀请企业界人士、投资专家、创业导师等担任评委，对学生项目进行专业评审与指导。开设创业培训课程，涵盖创业基础知识、市场分析、商业模式设计、财务管理等内容，提升学生创业能力。设立创业孵化基地，为学生提供办公场地、设备设施、资金支持、政策咨询等一站式服务，帮助学生将创业想法转化为实际行动。在创业实践中，学生面临各种挑战与困难，通过不断解决问题，培养创新精神与创业能力，为未来的职业发展开辟新路径，实现励志成才的梦想。

个性化励志成长档案建立：为学生的励志成长历程提供全面记录与跟踪指导。目标设定环节，教师与学生深入沟通，帮助学生制定全面且具体的个人成长目标。学习目标，明确各学期的成绩提升计划、专业技能掌握目标，如本学期将某门专业课程成绩提高 10 分，掌握某种专业软件的操作技能；职业目标，结合学生兴趣与职业规划，确定毕业后的职业方向与短期职业发展目标，如毕业后进入一家知名企业从事相关工作，一年内熟悉工作流程，获得一定业绩；人生目标，则从更长远的角度，思考个人对社会的贡献、人生价值的实现方式等，如希望在某个领域做出创新性成果，推动行业发展。将大目标分解为具体的阶段性目标，并制定详细的行动计划，确保目标具有可操作性与可衡量性。

过程记录：采用多样化方式，全面记录学生在励志实践活动中的表现、进步与成绩。通过照片、视频记录学生参与社会调研、志愿服务、创业实践等活动的精彩瞬间，如学生在社区服务中为老人表演节目、在创业大赛中进行项目展示等场景；文字记录详细描述学生在活动中遇到的困难、解决问题的思路与方法以及获得的感悟，例如在社会调研中遇到调查对象不配合的情况，学生如何通过沟通技巧与真诚态度获得理解与支持。这些记录真实地反映学生的成长轨迹，为后续的指导与评估提供丰富素材。

成果展示：定期举办励志成果展示会，为学生搭建展示自我的舞台。学生在展示会上展示自己在学习、实践活动中取得的成果，如社会调研形成的详细调研报告，包括调研背景、方法、数据分析、结论与建议等内容；志愿服务获得的证书、感谢信，体现学生在服务中的付出与贡献；创业项目成果展示包括项目介绍、商业模式、市场前景分析、实际运营数据等。通过成果展示，学生获得他人的认可与赞赏，增强自信心与成就感，同时为其他同学树立榜样，激发更多学生积极参与励志实践活动，形成良好的校园励志氛围。

励志教育效果的评估与改进策略：是不断优化励志教育的关键。定期评估设计科学合理的励志教育效果评估问卷，从多个维度全面调查学生的发展情况。目标认知维度，了解学生对自身设定目标的清晰程度、目标调整的合理性等；挫折应对能力维度，考查学生在面对挫折时的态度、应对方法的有效性等；奋斗精神体现维度，观察学生在日常学习与实践活动中的努力程度、坚持性等；职业规划清晰度维度，评估学生职业规划的明确性、可行性等。同时，结合学生在励志实践活动中的实际表现，如参与活动的积极性、完成任务的质量等，以及学习成绩的变化趋势，还有教师和同学的评价，进行综合评估，全面、客观地了解励志教育的实施效果。

反馈与改进：将评估结果及时、准确地反馈给学生和相关教育工作者。对于表现优秀的学生，通过校园表彰大会、荣誉证书颁发、奖学金奖励等方式，给予充分的表彰与奖励，激励他们继续保持积极进取的状态；对于存在不足的学生，与他们进行一对一深入交流，共同分析原因，可能是目标设定过高或过低、学习方法不当、参与实践活动不够积极等。针对不同原因，提供针对性的指导与帮助，如调整目标、优化学习方法、推荐更多适合的实践活动等。根据评估结果，教育工作者总结经验教训，对励志教育的内容、形式与方法进行调整与完善。若发现学生在挫折应对能力方面普遍较弱，可增加挫折教育课程的比重，设计更多挫折模拟训练活动，如模拟求职失败、项目方案被否决等场景，让学生在实践中提升挫折应对能力，不断优化励志教育体系，提高教育效果，助力学生更好地实现励志成才。

第三节　学术科技创新实践

一、学术科技创新教育理论价值解读

学术科技创新以其独特的内涵与鲜明的特征，在高等教育体系中占据着举足轻重的地位。其学术性要求学生必须扎根于扎实的专业知识土壤。以物理学领域为例，学生若要在量子物理方向开展创新性研究，就必须熟练掌握量子力学、高等数学等相关专业知识。他们需通过大量阅读前沿学术文献，参与高端学术研讨会，深入理解学科的核心理论与研究方法体系。在研读量子力学相关文献时，学生要剖析不同学者对量子态叠加原理的论证过程，掌握复杂的数学推导，从而为自身的创新研究筑牢理论根基。只有如此，才能在面对具体研究问题时，运用所学理论进行严谨分析，提出具有学术价值的观点与假设。

创新性是学术科技创新的灵魂所在。在计算机科学领域，算法创新是推动行业发展的关键动力。学生敢于突破传统算法的思维定式，提出全新的算法思路，便是创新性的生动体现。比如，针对大数据处理中的高维度数据降维难题，有学生通过融合深度学习与图论的方法，设计出一种全新的数据降维算法，大大提高了数据处理效率，在国际学术会议上引起了广泛关注。在人文社科领域，创新性则体现在研究视角的独特性。例如，在研究中国古代文学作品时，有学生从跨文化交流的新视角出发，探讨古代文学作品在东亚地区的传播与影响，挖掘出以往研究中被忽视的文化交流脉络，提出了具有开创性的学术观点。

实践性为学术科技创新赋予了现实意义。在工程技术领域，学生研发新型材料的过程充分体现了这一特征。从材料的理论设计、实验室合成到实际应用测试，每一个环节都紧密围绕解决实际问题展开。研发用于航空航天领域的轻质高强度合金材料时，学生不仅要在实验室通过精确控制化学配比与制备工艺获得理想的材料性能，还要将材料应用于模拟航空发动机高温高压的工作环境中进行测试。根据测试结果，不断优化材料的成分与制备工艺，以满足航空航天的实际需求。在教育领域，新教学方法的实践同样如此。教师提出一种基于项目式学习与小组合作的创新教学方法后，要在实际课堂中进行多轮教学实践，观察学生的学习效果、参与度以及团队协作能力的提升情况，根据实践反馈对教学方法进行调整与完善，最终实现新教学方法的有效推广与应用。

学术科技创新教育对大学生综合素质的培养具有深远意义。在提升科研能力方面，学生参与学术科技创新活动的过程，就是一个全方位科研能力塑造的过程。选题环节，学生需要敏锐洞察学科前沿问题与社会实际需求，这锻炼了他们的问题发现能力。查阅文献时，学生要从海量信息中筛选出有价值的资料，学会批判性阅读与分析，提升信息获取与评估能力。设计研究方案要求学生综合运用所学知识，考虑实验条件、数据收集方法、研究可行性等多方面因素，培养了系统思维与方案设计能力。在收集和分析数据的过程中，学生掌握各种数据采集技术与数据分析工具，提高了数据处理能力。撰写研究报告则锻炼了学生的学术表达与逻辑论证能力。通过不断参与此类活动，学生逐步成长为具备独立科研能力的创新型人才，为未来从事科研工作或继续深造奠定坚实基础。

增强实践能力是学术科技创新教育的重要成果。在学术科技创新实践中，理论知识与实际操作紧密结合。在电子信息工程专业的实践项目中，学生要根据电路设计原理，动手搭建电路实验平台，进行硬件电路的焊接、调试，同时编写软件程序实现电路功能控制。这一过程不仅锻炼了学生的动手操作能力，还培养了他们解决实际问题的能力。当电路出现故障时，学生需要运用所学知识，通过电路检测工具排查故障原因，提出解决方案。这种实践经验的积累使学生能够更好地适应社会对应用型人才的需求。

学术科技创新活动对校园学术氛围的营造具有强大的推动作用。学生在参与学术科技创新项目时，会自发形成学术交流群体。在实验室中，学生们围绕研究问题展开热烈讨论，分享各自的研究思路与实验结果；在学术社团组织的学术沙龙上，不同专业背景的学生汇聚一堂，交流跨学科的学术观点与创新想法。这种浓厚的学术氛围能够吸引更多学生投身学术活动，激发他们的学术兴趣。例如，在某高校的科技创新社团中，通过定期举办学术讲座、项目成果展示等活动，越来越多的学生从最初对学术科研的陌生与好奇，逐渐转变为积极主动参与学术科技创新项目，形成了良好的校园学术文化生态，促进了校园学术文化的繁荣发展。

学术科技创新与国家创新驱动发展战略高度契合，二者相互促进、协同发展。从国家需求层面来看，在当前全球科技竞争日益激烈的背景下，国家迫切需要大量具有创新精神与实践能力的高素质人才来推动科技创新，提升国家竞争力。大学生作为国家未来发展的核心力量，其学术科技创新能力的培养显得尤为关键。通过开展学术科技创新教育，高校能够源源不断地为国家输送适应时代发展需求的创新型人才。这些人才在毕业后，进入科研机构、企业研发部门等，将在学校所学的创新理念与技术应用于实际工作，推动国家在人工智能、生物医药、新能源等关键领域取得技术突破，为实现国家创新驱动发展战略提供坚实的人才支撑。

从教育使命角度而言，高校作为人才培养的主阵地，肩负着培养创新型人才的神圣使命。学术科技创新教育是高校实现这一使命的重要途径。通过加强学术科技创新教育，高校能够优化人才培养模式，提高人才培养质量。在课程设置上，增加跨学科的学术创新课程，培养学生的综合学科素养；在教学方法上，采用项目式、探究式教学，激发学生的创新思维与实践能力。高校通过积极开展学术科技创新教育，为国家和社会的发展培养出更多具有创新能力与社会责任感的优秀人才，为国家的繁荣富强贡献教育力量，更好地履行自身的教育使命。

国内外学术科技创新教育在理论与实践方面各具特色，为我国高校学术科技创新教育提供了丰富的借鉴。国内高校在学术科技创新教育方面，注重通过项目驱动的方式激发学生的创新活力。国家级大学生创新创业训练计划为广大学生提供了广阔的创新实践平台。每年，众多高校学生积极申报项目，涵盖自然科学、人文社科等多个领域。在项目实施过程中，学生在指导教师的引导下自主开展研究工作，从项目选题、方案设计到实验操作、数据处理，全程锻炼了科研能力。省级大学生科研项目同样为地方高校学生提供了参与科研的机会，促进了区域高校学术科技创新水平的提升。此外，组织学生参加各类学科竞赛，如全国大学生数学建模竞赛，学生在竞赛中面对复杂的实际问题，运用数学知识与计算机技术建立模型并求解，极大地提高了创新思维与问题解决能力，以赛促学的模式成效显著。

国外高校在学术科技创新教育方面强调跨学科合作与国际化视野的培养。在跨学科合作方面，鼓励学生打破学科壁垒，组建跨学科团队开展研究项目。例如，在研究环境科学与公共健康的交叉领域问题时，团队成员涵盖环境科学、医学、社会学等多个专业背景的学生。他们从不同学科视角出发，综合运用各学科知识与方法，提出全面且创新的解决方案。通过这种方式，培养了学生综合运用多学科知识解决复杂问题的能力。在国际化视野拓展方面，国外高校积极开展国际交流项目，与全球顶尖高校建立合作关系，为学生提供海外学习、交流的机会。学生在国外高校参与学术研究项目，接触国际前沿学术成果，与国际知名学者交流合作，拓宽了国际视野，了解了不同国家的学术研究风格与方法，为未来在国际学术舞台上的发展奠定了基础。

借鉴国内外学术科技创新教育的经验，高校应构建多层次的学术科技创新教育体系。一方面，持续加强项目驱动的科研训练，加大对本科生科研项目的支持力度，增加项目数量与资助额度，为更多学生提供参与科研项目的机会。另一方面，积极推动跨学科合作，在学校层面设立跨学科研究中心，整合不同学科的师资与资源，鼓励教师开设跨学科课程，引导学生参与跨学科研究项目。同时，大力拓展国际交流渠道，与更多国外高校建立联合培养计划、学生交换项目等，选派优秀学生赴海外学习交流，邀请国际知名学者来校讲学，拓宽学生的国际化视野。此外，完善学术科技创新教育的评价体系，改变传统单一的以论文发表数量为主要评价指标的模式，注重对学生创新过程与创新成果的综合评价。评价指标涵盖学生在项目中的参与度、创新思维的体现、实践动手能力的提升、团队协作能力以及研究成果的质量与影响力等多个方面，通过科学合理的评价体系，全面、客观地评估学生的学术科技创新能力，为学术科技创新教育的持续改进提供依据。

二、学术科技创新实践操作设计方案思路

学术科技创新平台建设是开展学术科技创新活动的基础保障。科研实验室作为学术创新的核心场所，高校应加大资金投入力度，购置先进的实验设备。在生物医学领域，引入高精度的基因测序仪、高分辨率的显微镜等设备，为学生开展前沿生物学研究提供硬件支持。同时，开放实验室资源，制定合理的实验室开放管理制度，允许学生在课余时间预约自主使用实验室进行实验研究。学校配备专业的实验指导教师，他们不仅具备扎实的专业知识，还拥有丰富的实验操作经验。实验指导教师在学生实验过程中提供全方位的技术指导，从实验仪器的正确使用方法、实验步骤的优化建议，到实验数据的分析处理，确保学生实验操作的准确性与科学性。同时，严格落实实验室安全管理制度，定期开展实验室安全培训，为学生的实验研究提供安全保障。

创新工坊为学生的创意实现提供了专属空间与设备支持。工坊内配备 3D 打印机，学生可以将自己设计的创意产品模型通过 3D 打印技术转化为实物，快速验证设计思路。激光切割机可用于加工各种材料，满足学生在机械设计、艺术创作等方面的需求。电子制作设备则为电子信息类专业学生提供了电路设计与制作的工具。定期举办创新工作坊活动，邀请行业专家、创业导师等作为嘉宾。行业专家凭借丰富的实践经验，为学生讲解行业最新技术动态与应用案例，拓宽学生的技术视野。创业导师则从商业运营角度，指导学生如

何将创意转化为具有市场价值的产品或服务，帮助学生将创意逐步转化为实际产品，实现从创意到实践的跨越。

学术社团在学术科技创新实践中发挥着凝聚学生、营造学术氛围的重要作用。学校积极鼓励学生成立各类学术社团，如科技创新协会、学科竞赛俱乐部等。为学术社团提供固定的活动场地，配备必要的办公设备与学习资源。在经费支持方面，设立社团专项基金，根据社团活动计划与成果进行资金资助。安排专业教师作为社团指导教师，为社团活动提供专业指导。学术社团通过组织丰富多彩的活动，如学术讲座，邀请知名学者分享前沿学术研究成果；学术交流活动，促进社团成员之间的思想碰撞与经验分享；科研项目申报培训，帮助学生掌握科研项目申报流程与技巧，吸引一批对学术科技创新充满热情的学生，营造浓厚的校园学术氛围。

学术科技创新项目设计与实施为学生提供了实践创新的舞台。科研训练计划作为本科生参与科研的重要途径，高校每年精心发布项目指南。项目指南涵盖各个学科领域，充分结合学科前沿热点与社会实际需求。例如，在人工智能领域，设置"基于深度学习的医疗影像诊断技术研究""智能交通系统中的大数据分析与优化"等项目选题。学生根据自己的兴趣与专业方向，自主组建团队，团队成员一般由3~5人组成，涵盖不同专业背景与技能特长的学生，以实现优势互补。申报科研项目时，学生需要撰写详细的项目申请书，包括项目背景、研究目标、研究方案和预期成果等内容。学校组织专家评审委员会对申报项目进行评审，为获批项目提供经费支持，经费额度根据项目的研究难度与需求合理确定。同时，安排专业教师作为指导教师，全程跟踪指导学生开展研究工作。在项目实施过程中，定期组织项目中期检查，了解项目进展情况，及时发现并解决问题。项目结束后，进行结题验收，对项目成果进行评估，确保项目顺利完成，达到预期研究目标。

学科竞赛是激发学生创新活力、提升创新能力的重要平台。高校积极组织学生参加各类学科竞赛，如全国大学生数学建模竞赛、全国大学生电子设计竞赛、全国大学生机械创新设计大赛等。赛前，制定系统的培训计划，组织专业教师对学生进行培训。培训内容包括竞赛规则解读、相关知识技能讲解、历年竞赛真题分析等。在数学建模竞赛培训中，教师详细讲解数学模型的建立方法、常用的数学软件应用技巧，通过对历年真题的分析，引导学生掌握解题思路与方法。赛中，为学生提供必要的支持与保障，包括竞赛场地的安排、设备的配备、后勤服务等，确保学生能够全身心投入竞赛。鼓励学生发挥创新精神，在竞赛中勇于尝试新方法、新思路，争取取得优异成绩。赛后，组织经验分享会，邀请参赛学生分享竞赛经验与心得体会，包括在竞赛过程中遇到的困难、解决问题的方法、团队协作的经验等，带动更多学生参与学科竞赛，形成良好的竞赛氛围与创新文化。

创新创业大赛旨在鼓励学生将创新成果转化为创业项目，实现创新价值的最大化。高校举办校内创新创业大赛，吸引学生积极参与。大赛设置初赛、复赛、决赛等多个环节，初赛阶段学生提交创业项目计划书，包括项目概述、市场分析、产品或服务介绍、商业模式、营销策略、财务预算等内容。通过初赛筛选，进入复赛的团队进行项目展示与答辩，由企业界人士、投资专家、创业导师等组成的评委团对项目进行评审，提出意见与建议。决赛阶段，各团队进一步完善项目，进行最终的展示与角逐。对优秀的创业项目，提供创业孵化支持，包括免费提供创业场地，配备办公设备与网络设施；给予一定的资金资助，帮助项目启动与初期运营；提供政策咨询服务，协助学生了解政府相关创业扶持政策，办理相关手续，帮助学生实现创业梦想，推动校园创新创业发展。

学术科技创新导师团队的组建是保障学生创新实践质量的关键。专业教师作为导师团队的核心力量，由具有丰富科研经验与较高学术水平的教师担任。这些教师在各自学科领域具有深入的研究，熟悉科研流程与方法。在指导学生时，从科研项目选题开始，引导学生关注学科前沿问题与社会需求，帮助学生确定具有研究价值与可行性的选题。在研究方案设计阶段，运用专业知识为学生提供科学合理的建议，指导学生选择合适的研究方法、实验手段与技术路线。在数据分析与论文撰写过程中，教授学生数据分析方法，培养学生的学术规范意识，指导学生撰写高质量的学术论文，帮助学生掌握科研方法与学术规范，提升科研能力。

行业专家作为兼职导师，为学生带来丰富的实践经验与实际应用视角。高校邀请企业界、科研机构等行业专家加入导师团队。在电子信息领域，邀请企业的技术研发主管作为兼职导师，他们在实际产品研发过程中积累了大量经验。在指导学生时，能够将企业实际项目案例引入教学，帮助学生了解行业最新技术应用与市场需求。在学生开展科研项目时，从实际应用角度提出建议，使学生的研究成果更贴合市场需求，提高研究成果的实用性，促进学术研究与产业需求的对接。

校友资源是高校宝贵的财富，可充分利用校友资源，邀请优秀校友担任导师。校友以自身的成长经历与创业经验，为学生提供职业发展规划与创新创业指导。优秀校友在分享自己的创业历程时，能够让学生了解创业过程中的挑战与机遇，以及如何在困难中坚持与突破。在职业发展规划方面，校友根据自己在不同行业的工作经验，为学生提供针对性的建议，帮助学生明确职业方向，增强学生的信心与动力，为学生的未来发展提供有益借鉴。

学术科技创新成果的转化与推广是实现学术创新价值的重要环节。学术论文作为学术成果的重要呈现形式，高校积极鼓励学生将研究成果撰写成学术论文。为学生提供论文写作指导服务，开设论文写作课程，邀请资深学者、期刊编辑为学生讲解论文写作规范、结构安排、语言表达等方面的知识。在论文投稿咨询方面，建立专门的服务团队，为学生提供国内外学术期刊信息，指导学生选择合适的期刊投稿，提高论文投稿的命中率。对于在高水平学术期刊上发表论文的学生，给予表彰与奖励，如颁发荣誉证书、提供科研奖励金等，激励更多学生积极开展学术研究，撰写高质量学术论文，提升学校的学术声誉。

专利申请是保护学术创新成果知识产权的重要手段。高校加强专利申请的宣传与培训工作，举办专利申请专题讲座，向学生普及专利知识，包括专利类型、申请流程、专利撰写要点等。为学生提供专利申请的指导与服务，安排专业的专利代理人一对一指导，帮助学生将创新成果转化为专利申请文件。在专利申请过程中，协助学生处理与专利局的沟通事宜，提高专利申请的成功率。对于成功申请专利的学生，给予一定的经费支持，用于后续专利维护与技术转化，同时给予奖励，如在综合测评加分、奖学金评选中予以倾斜，提高学生的专利意识，保护学生的创新成果。

成果转化是实现学术科技创新价值的最终目标。高校建立学术科技创新成果转化服务平台，加强与企业的合作。平台收集、整理学生的创新成果信息，建立成果数据库，并通过多种渠道向企业发布。组织成果推介会，邀请企业代表参加，向企业展示学生的优秀创新成果。在推介会上，学生对创新成果进行详细介绍，包括成果的技术原理、应用场景、市场前景等内容。企业代表与学生、教师进行深入交流，探讨成果转化的可行性与合作方式。对于转化成功的项目，给予学生和指导教师相应的奖励，奖励形式包括现金奖励、荣誉表彰、科研项目优先资助等，激发学生和教师开展学术科技创新的积极性，推动更多创新成果走向市场，实现其经济和社会价值。

学术科技创新教育的保障机制是确保各项工作顺利开展的基石。政策支持方面，高校需制定一系列完善且具有针对性的学术科技创新教育政策。在科研项目管理办法中，明确项目申报、立项、实施、验收等各个环节的规范与要求，简化项目审批流程，提高项目管理效率，为学生和教师开展科研项目提供便利。学科竞赛奖励办法详细规定对在各类学科竞赛中获奖学生和指导教师的奖励标准，如对于在国家级学科竞赛中获得一等奖的团队，给予高额奖金奖励，并在学生保研、奖学金评定，教师职称晋升、绩效考核等方面给予优先考虑。创新创业扶持政策为学生创业项目提供全方位支持，包括创业场地租赁补贴、创业贷款贴息、税收优惠政策等，降低学生创业门槛与成本，鼓励更多学生投身创新创业实践。通过这些政策的制定与实施，明确学生和教师在学术科技创新活动中的权益与责任，为学术科技创新活动的开展提供坚实的政策保障。

经费投入是学术科技创新教育得以有效推进的重要物质基础。高校应加大对学术科技创新教育的经费投入力度，设立专项经费用于多个关键方面。在科研项目资助上，根据项目的研究难度、创新性、预期成果等因素，合理分配经费，确保有潜力的科研项目能够获得充足资金支持。学科竞赛组织方面，经费用于竞赛宣传、场地租赁、设备购置、专家评审等环节，以提升学科竞赛的组织水平与影响力。创新平台建设经费用于科研实验室设备更新、创新工坊器材扩充、学术社团活动开展等，为学生提供更好的创新实践环境。导师培训经费则用于组织专业教师、行业专家、校友导师参加各类培训活动，提升导师团队的指导能力与专业素养。同时，积极拓展经费来源渠道，除学校财政拨款外，通过与企业合作设立奖学金、科研基金等方式，争取社会捐赠和企业资助，拓宽经费来源，确保学术科技创新教育活动能够持续、稳定地开展。

评价体系是衡量学术科技创新教育成效、引导教育方向的重要工具。高校需建立科学合理的学术科技创新教育评价体系，注重对学生创新过程和创新成果的综合评价。评价指标涵盖多个维度，学生的参与度体现在学生参与科研项目、学科竞赛、学术社团活动的积极性与持续性，通过记录学生参与活动的次数、在活动中的角色与贡献等进行评估。创新思维能力考查学生在项目研究、竞赛作品设计中提出新颖观点、创新方法的能力，通过对学生提交的研究报告、项目方案等进行分析评价。实践动手能力关注学生在实验操作、产品制作、技术应用等方面的表现，通过实际操作考核、作品展示等方式进行评价。团队协作能力评估学生在团队项目中的沟通协作、任务分配、解决冲突等能力，参考团队成员互评、指导教师评价等多方面意见。研究成果质量则从学术论文发表级别、专利申请数量与质量、成果转化效益等方面进行考量。通过构建这样全面、科学的评价体系，能够及时发现学术科技创新教育工作中存在的问题，总结经验教训，为后续教育教学工作的改进提供有力依据，不断优化学术科技创新教育工作，提高教育质量，培养出更多具有创新精神和实践能力的高素质人才。

第四节　职业素养能力提升实践

一、职业素养能力教育理论价值剖析

职业素养是一个综合性的概念，其内涵丰富且涵盖多个关键构成要素。职业意识作为职业素养的先导，深刻影响着学生对职业的认知与抉择。职业规划意识的培养是一个循序渐进的过程，高校可开设专门的职业规划课程，通过系统的理论讲解与实践指导，引导学生运用科学的职业测评工具，如霍兰德职业兴趣测评、MBTI 性格测试等，深入了解自身的兴趣爱好、性格特点以及能力优势。以霍兰德职业兴趣测评为例，该测评将人的职业兴趣分为六种类型，即现实型（R）、研究型（I）、艺术型（A）、社会型（S）、企业型（E）和常规型（C）。学生通过测评结果，能清晰地认识到自己更倾向于哪种职业类型，从而初步确定职业方向。例如，一个在测评中显示为研究型（I）的学生，可能更适合从事科研、学术研究等相关职业。在此基础上，学生进一步明确职业目标，制定详细的职业发展路径，包括短期、中期和长期目标，以及为实现这些目标所需要采取的具体行动步骤。

职业目标意识要求学生能够精准定位自己在职业生涯中的具体目标。这需要学生充分了解自身专业与不同职业的适配性，以及社会对各类职业人才的需求趋势。以计算机科学与技术专业的学生为例，随着互联网行业的迅猛发展，软件开发、人工智能、大数据分析等相关职业人才需求旺盛。学生在了解这些行业动态后，结合自身兴趣和专业技能，确定具体的职业目标，如成为一名资深的软件工程师或数据分析师。在确定目标过程中，学生不仅要考虑职业的发展前景和薪资待遇，还要思考自身价值观与职业的契合度，确保所选择的职业目标既具有现实可行性，又能满足个人内在的价值追求。

职业伦理意识是职业素养的重要道德基石。在当今多元化的社会环境中，各行各业都面临着诸多道德抉择。在商业领域，企业面临着市场竞争中的诚信问题，如是否如实宣传产品信息、是否公平参与市场竞争等；在医疗行业，医生面临着医疗资源分配、医患关系处理等伦理挑战。高校通过开设职业伦理课程，结合实际案例进行深入剖析，帮助学生树立正确的职业伦理观念。例如，在讲解商业伦理时，引入一些知名企业因违背诚信原则而遭受重大损失的案例，让学生深刻认识到遵守职业伦理、道德规范的重要性。学生只有具备良好的职业伦理意识，才能在未来的职业生涯中始终坚守道德底线，维护职业形象和社会声誉。

职业技能是学生在未来职业岗位上立足的核心能力。专业技能与学生所学专业紧密相连，是学生在专业领域深入发展的必备能力。对于计算机专业学生而言，编程技能是其核心竞争力之一。从基础的编程语言如 Python、Java 开始学习，逐步掌握面向对象编程、数据结构与算法等高级编程知识，能够独立完成复杂的软件项目开发。在学习过程中，学

生通过大量的实践项目，如开发小型管理系统、移动应用程序等，不断提升编程能力和解决实际问题的能力。随着技术的不断更新换代，计算机专业学生还需要持续学习新的编程框架和技术，如近年来流行的人工智能框架 TensorFlow 和 PyTorch，以适应行业发展的需求。

通用技能是学生在任何职业岗位上都不可或缺的基本能力。沟通能力在职业发展中起着至关重要的作用。良好的沟通能力不仅包括清晰准确的口头表达，还包括有效的书面沟通和非语言沟通。在团队协作中，成员之间需要通过沟通明确任务分工、协调工作进度、解决意见分歧。例如，在项目会议中，能够清晰地阐述自己的观点和想法，同时认真倾听他人意见，进行有效的互动交流，是确保项目顺利推进的关键。团队协作能力也是现代职场所必需的。在企业中，许多项目都需要跨部门团队合作完成。团队成员需要明确各自的角色和职责，发挥自身优势，相互支持、协同工作。在团队项目中，学会尊重他人的意见和建议，充分发挥团队成员的长处，共同攻克难题，实现团队目标。问题解决能力要求学生能够运用所学知识和经验，对工作中出现的各种问题进行分析、判断，并提出有效的解决方案。在面对复杂的工作问题时，能够迅速理清思路，运用科学的方法进行调查研究、制定方案并付诸实践，不断提升解决问题的能力。时间管理能力帮助学生合理安排工作时间，提高工作效率。通过制定详细的工作计划，合理分配时间给不同的任务，确保各项工作按时完成。例如，使用时间管理工具如番茄工作法、四象限法则等，将工作时间划分为高效的工作时段和适当的休息时段，优先处理重要且紧急的任务，避免拖延，提高工作质量和效率。

职业态度体现了学生对待工作的价值观和行为倾向。责任心是职业态度的核心要素之一。一个有责任心的员工会对工作任务高度负责，认真对待每一个工作细节，确保工作的准确性和完整性。在项目执行过程中，即使遇到困难和挑战，也会积极主动地寻找解决办法，而不是推诿责任。例如，在负责一份重要的市场调研报告撰写任务时，有责任心的员工会深入调研市场数据，反复核对信息的准确性，精心组织报告内容，确保报告能够为企业决策提供可靠依据。敬业精神表现为对工作充满热情，全身心地投入工作中。具有敬业精神的员工会主动追求卓越，不断提升自己的工作能力和业务水平，对工作中的每一个环节都力求做到最好。他们不仅仅将工作视为一种获取报酬的手段，更是一种实现自我价值的途径。创新意识在当今快速发展的职场环境中愈发重要。企业为了在激烈的市场竞争中脱颖而出，需要员工不断提出新的想法和解决方案，改进工作流程，提高产品或服务的质量和效率。具有创新意识的员工能够敏锐地捕捉到市场变化和行业发展趋势，敢于突破传统思维的束缚，尝试新的方法和技术，为企业创造更大的价值。

职业素养能力培养与大学生就业竞争力提升紧密相连，二者相互促进。在当今竞争激烈的就业市场中，用人单位的招聘标准日益多元化，不仅关注学生的专业知识和技能，更将职业素养视为衡量学生是否适合岗位的重要指标。具备良好职业素养的学生在求职过程中具有明显优势。他们能够在简历制作和面试环节中，充分展示自己的职业意识、职业技能和职业态度。在简历中，通过列举相关的实习经历、项目经验以及所获得的职业技能证书，突出自己的专业能力和实践经验；在面试中，通过清晰的表达、积极的态度和良好的沟通技巧，展现自己的职业素养，给面试官留下深刻印象。这样的学生能够更快地适应工作岗位的要求，迅速融入工作团队，与同事建立良好的合作关系。在工作中，他们凭借扎实的专业技能和高效的问题解决能力，能够出色地完成工作任务，为企业创造价值，因此更容易受到用人单位的青睐，获得更多的就业机会。

从职业发展的角度来看，职业素养能力对学生的职场适应能力和职业晋升起着关键作用。良好的职业素养能够帮助学生在新的工作环境中迅速调整自己，适应工作节奏，融入企业文化。例如，具有较强团队协作能力和沟通能力的学生，能够快速与同事建立良好的合作关系，融入团队，顺利开展工作。在职业晋升方面，具备优秀职业素养的学生更容易获得上级领导的认可和赏识。他们的责任心、敬业精神和创新意识使他们在工作中表现出色，能够承担更多的责任和接受更多的挑战，从而为自己赢得晋升机会。同时，具备较强职业素养的学生能够更好地应对职场中的各种变化和挑战，如行业变革、企业战略调整等。他们能够保持积极的学习态度，不断提升自己的职业技能和综合素质，适应职业发展的需求，保持职业发展的稳定性和可持续性。

职业素养教育在塑造大学生社会责任感与职业伦理方面发挥着重要作用。社会责任感是大学生作为社会成员应具备的基本品质。职业素养教育通过多种方式引导学生关注社会需求，了解职业与社会发展的紧密联系。在专业课程教学中，教师可以结合实际案例，讲解本专业在解决社会问题、推动社会发展中的作用。例如，在环境工程专业的课程中，通过介绍污水处理、大气污染治理等实际项目，让学生明白自己所学专业对于环境保护和社会可持续发展的重要意义。在实践教学环节，组织学生参与社会调研、志愿服务等活动，让学生亲身接触社会现实，了解社会问题，增强社会责任感。例如，学生参与社区垃圾分类宣传活动，通过向居民普及垃圾分类知识，提高居民的环保意识，为改善社区环境贡献自己的力量，从而将社会责任感转化为实际行动。

职业伦理是职业素养教育的重要内容。高校通过系统的职业伦理教育课程，向学生传授职业伦理知识，包括职业道德规范、职业行为准则等。在教学过程中，采用案例教学法，选取真实的职业伦理案例进行深入分析和讨论。例如，分析某企业因财务造假而面临法律制裁的案例，让学生探讨企业在追求经济利益的过程中应如何坚守职业伦理底线。通过这样的教学方式，引导学生树立正确的职业价值观，使学生在未来的职业活动中能够自觉遵守职业道德规范，做到诚实守信、廉洁奉公、敬业奉献。在职业实践中，学生将所学的职业伦理知识应用到实际工作中，维护职业形象和社会声誉。例如，在从事金融行业工作时，严格遵守金融行业的法律法规和职业道德规范，保护客户的隐私和利益，确保金融交易的公平、公正、公开。

国内外职业素养教育在理论与实践方面存在一定差异。国内职业素养教育注重职业规划和职业技能训练，旨在帮助学生更好地适应就业市场的需求。在职业规划方面，高校通过开设职业规划课程，为学生提供全面的职业规划指导。课程内容涵盖职业认知、自我评估、职业目标设定、职业发展路径规划等方面。在职业认知环节，通过邀请企业人力资源经理、行业专家举办讲座，组织学生参观企业等方式，让学生了解不同职业的工作内容、职业发展前景、薪资待遇等信息。在自我评估方面，引导学生运用职业测评工具，了解自己的兴趣、性格、能力和价值观，为职业规划提供依据。在职业技能训练方面，高校通过实践教学、实习实训、技能竞赛等多种方式，提升学生的专业技能和通用技能。例如，在工科专业中，加强实验教学和课程设计环节，让学生在实践中掌握专业技能；组织学生参加各类职业技能竞赛，如机械设计竞赛、电子设计竞赛等，以赛促学，提高学生的实践能力和创新能力。同时，国内职业素养教育也逐渐开始关注职业伦理和社会责任感的培养。但在实践中，这方面的教育还需要进一步加强和深化，需要将职业伦理和社会责任感的培养贯穿于整个教育教学过程中，形成更加完善的教育体系。

国外职业素养教育强调职业伦理和社会责任感的培养，将其融入整个教育教学过程的各个环节。在课程设置上，许多国外高校将职业伦理课程作为通识教育的重要组成部分，要求所有专业的学生都必须学习。在教学方法上，采用多样化的教学手段，如案例教学、角色扮演、小组讨论等，让学生在实际情境中深入理解职业伦理和社会责任感的内涵和重要性。例如，在案例教学中，选取具有争议性的职业伦理案例，如企业在环境保护与经济效益之间的抉择、医疗行业中的伦理困境等，让学生进行分析和讨论，培养学生的批判性思维和道德判断能力。在实践活动方面，国外高校积极组织学生参与社区服务、社会实践项目等，让学生在实践中践行职业伦理和承担社会责任。例如，学生参与社区法律援助项目，为弱势群体提供法律咨询和帮助，在服务社会的过程中增强社会责任感和职业使命感。同时，国外职业素养教育注重培养学生的综合素质和创新能力，通过开设跨学科课程、开展项目式学习等方式，打破学科界限，培养学生综合运用多学科知识解决实际问题的能力和创新思维能力，以适应不断变化的职业市场需求。

综合国内外职业素养教育的经验，高校应构建全面、系统的职业素养教育体系。在加强职业规划和职业技能训练的基础上，进一步强化职业伦理和社会责任感的培养。将职业素养教育贯穿于大学教育的全过程，从新生入学教育到毕业实习，每个阶段都设置相应的职业素养教育内容和活动。在教学方法上，综合运用多种教学手段，如理论教学、实践教学、案例教学、项目式学习等，提高学生的学习积极性和参与度。加强与企业的合作，建立校企合作育人机制，了解企业对职业素养的具体需求，邀请企业专家参与学校的职业素养教育教学活动，使职业素养教育更具针对性和实效性。同时，充分利用现代信息技术，开发在线职业素养教育课程和学习平台，为学生提供更加便捷、丰富的学习资源，全面提升大学生的职业素养水平，为学生的未来职业发展奠定坚实的基础。

二、职业素养能力提升实践操作设计方案思路

职业规划指导课程体系构建是提升学生职业素养的重要基础。职业测评作为课程体系的开篇环节，采用专业且多元化的职业测评工具。霍兰德职业兴趣测评通过对学生在六个兴趣领域（现实型、研究型、艺术型、社会型、企业型、常规型）的倾向程度进行量化评估，帮助学生发现自己潜在的职业兴趣方向。例如，一个对机械制造、手工操作有浓厚兴趣的学生，在霍兰德测评中可能在现实型维度得分较高，这意味着他可能适合从事机械工程师、技术工人等与实际操作相关的职业。MBTI性格测试则从四个维度（外向-内向、感觉-直觉、思考-情感、判断-知觉）对学生的性格类型进行分析，共有16种性格类型。不同性格类型的学生在职业选择上具有不同的偏好，如INTJ（建筑师型人格）的学生通常逻辑思维能力强，善于独立思考，可能更适合从事科研、软件开发等需要深度思考和创新的工作。通过这些测评结果的详细分析，专业教师引导学生初步确定职业方向和职业目

标，为后续的职业规划提供重要参考依据。

职业认知教育丰富多样且极具实效性。课堂教学中，专业教师系统讲解不同职业的工作内容、职业发展路径、薪资待遇、行业前景等核心信息。以市场营销专业为例，教师详细介绍市场营销专员、市场经理、营销总监等不同职位的日常工作任务，从市场调研、产品推广到品牌建设等各个环节的具体职责，以及从基层专员逐步晋升到高级管理岗位的发展路径，同时分析该行业在不同经济形势下的薪资水平变化和未来发展趋势。企业参观活动让学生走进真实的企业环境，亲身感受企业的工作氛围、组织架构和业务流程。在参观一家知名互联网企业时，学生可以参观各个部门的办公区域，了解产品研发、运营、销售等部门的协同工作模式，与企业员工交流，获取第一手的职业信息。职场人士讲座邀请来自不同行业的资深从业者，分享他们的职业成长经历、工作中的挑战与应对策略以及对行业发展的见解。例如，一位资深的金融分析师分享自己从初入行业的迷茫到逐渐成长为行业专家的历程，讲述在面对复杂多变的金融市场时如何不断学习和提升自己，为学生提供宝贵的职业经验和启示，帮助学生拓宽职业视野，对职业市场有更全面、深入的认识。

职业目标设定环节注重个性化和可操作性。指导教师根据学生的职业兴趣、能力和职业认知情况，与学生共同制订合理的职业目标。将职业目标分解为短期、中期和长期目标，并制订详细的行动计划。以一名法学专业的学生为例，其长期职业目标是成为一名知名律师事务所的合伙人。为实现这一目标，中期目标可以设定为在毕业后5～10年内，通过司法考试，积累丰富的办案经验，成为一名资深律师。短期目标则可以具体到大学期间，每学期提高专业课程成绩，争取进入年级前10％；参加模拟法庭比赛，锻炼法律实践能力；利用寒暑假到律师事务所实习，了解律师工作的实际流程。为了实现这些目标，学生制订相应的行动计划，如每周安排固定时间学习专业课程、参加模拟法庭训练，每月阅读一本专业书籍，寒暑假提前联系律师事务所投递实习简历等，确保职业目标切实可行且具有可衡量性。

职业技能训练模块设计针对不同的通用技能和专业技能，采用多样化的训练方式。沟通能力训练通过模拟面试、小组讨论、演讲比赛等丰富多样的活动展开。在模拟面试场景中，学生不仅要准备好自我介绍、常见面试问题的回答，还要注意语言表达的流畅性、准确性和肢体语言的运用。通过多次模拟面试，学生能够不断优化自己的回答内容和表达方式，提高口头表达能力和沟通技巧。在小组讨论活动中，学生围绕给定的话题（如"如何提高企业的市场竞争力"）与小组成员进行深入讨论。在讨论过程中，学生需要倾听他人的意见和观点，清晰地表达自己的想法，协调不同观点，从而培养倾听能力、表达能力和团队协调能力。演讲比赛则为学生提供了一个展示自我的平台，学生需要精心准备演讲内容，运用恰当的语言技巧、声音语调、肢体动作等，吸引听众的注意力，传达自己的观点和情感，全面提升演讲能力和沟通自信。

团队协作训练借助组织团队项目的方式有效开展。企业经营模拟项目让学生分组模拟经营一家虚拟企业。在项目中，学生分别扮演企业的不同角色，如总经理、财务经理、市场营销经理、生产经理等。每个角色都有明确的职责和任务，总经理负责制定企业的战略规划和决策，财务经理负责企业的财务管理和预算控制，市场营销经理负责产品推广和市场开拓，生产经理负责产品生产和质量控制。学生在项目中需要密切协作，根据市场变化和企业实际情况，共同制订经营策略，合理分配资源，协调各部门工作，以实现企业的盈利和发展目标。在这个过程中，学生们学会了分工协作，理解不同岗位的职责和重要性，能够根据团队成员的优势合理分配任务，提高团队整体绩效。例如，在一次企业经营模拟中，负责市场营销的同学通过市场调研发现了一个潜在的消费群体，与负责生产的同学沟通后，调整了产品生产计划，满足了市场需求，从而提升了企业的销售额和市场份额。

校园创业项目为学生提供了更具挑战性和创新性的团队协作实践机会。学生们围绕一个创业想法，组建创业团队，共同开展项目策划、市场调研、产品开发、营销推广等工作。在创业团队中，成员们需要充分发挥各自的专业优势和特长，紧密合作，克服各种困难和挑战。比如，一个由计算机专业、市场营销专业和财务管理专业学生组成的创业团队，计划开发一款针对大学生的学习辅助 APP。计算机专业的学生负责 APP 的技术开发和维护，市场营销专业的学生进行市场调研，了解大学生的学习需求和使用习惯，制定营销策略，财务管理专业的学生则负责项目的预算编制、成本控制和资金筹集。在项目推进过程中，团队成员需要定期沟通交流，协调工作进度，解决出现的问题，如技术难题、市场反馈不佳等。通过不断的协作和调整，逐步完善创业项目，提升团队协作能力和创业实践能力。

问题解决能力的培养通过设计问题解决案例分析课程得以有效实施。课程选取的案例均来自实际工作场景，具有很强的真实性和复杂性。例如，在一个企业管理案例中，某公司面临市场份额下降、客户流失严重的问题。学生们需要对这个案例进行深入分析，首先收集相关信息，包括公司的产品特点、竞争对手情况、市场趋势等，然后运用所学的管理学知识和分析方法，如 SWOT 分析、波特五力模型等，对问题进行诊断，找出问题产生的原因。在提出解决方案阶段，学生们充分发挥创新思维，从产品创新、营销策略调整、客户关系管理优化等多个角度提出不同的解决方案，并对每个方案的可行性、成本效益进行评估和比较。最后，选择最优方案，并制订详细的实施计划。通过这样的案例分析训练，学生们不仅提高了问题分析能力和逻辑思维能力，还学会了如何运用所学知识解决实际问题，培养了创新能力和决策能力。

职业体验与实践平台的搭建为学生提供了将理论知识与实际工作相结合的宝贵机会。企业实习是其中的重要环节，高校积极加强与企业的合作，建立广泛的实习基地网络。根据学生的专业和职业规划，精准安排学生到相关企业实习。例如，对于会计学专业的学生，安排到会计师事务所、企业财务部门等单位实习；对于机械工程专业的学生，安排到机械制造企业、汽车生产企业等实习。在实习过程中，学生们深入企业的各个部门，了解企业的工作环境、工作流程和企业文化。他们参与实际工作项目，将所学的专业知识应用到具体的工作任务中，如会计专业学生参与企业的账务处理、财务报表编制等工作，机械工程专业学生参与产品设计、生产工艺优化等项目。通过实习，学生们不仅提高了职业技能，还增强了对职业的认知和理解，培养了职业素养，如责任心、敬业精神、团队协作能力等。

职场模拟活动形式多样且极具实效性。模拟招聘会邀请企业 HR 担任面试官，模拟真实的求职场景。学生们需要精心准备求职材料，包括简历、求职信等，并提前了解应聘岗位的要求和企业背景。在面试过程中，学生们面对面试官的提问，运用所学的面试技巧进行回答，展示自己的专业知识、技能和综合素质。面试官根据学生的表现，给予专业的评价和建议，帮助学生了解自己在求职过程中的优势和不足，提高求职技巧和面试能力。职场角色扮演活动则让学生模拟不同职业岗位的工作场景，如项目汇报、客户谈判、团队会议等。在项目汇报场景中，学生扮演项目负责人，向团队成员和上级领导汇报项目进展情况、成果和存在的问题，锻炼了沟通能力、组织能力和表达能力；在客户谈判场景中，学生扮演销售人员，与客户进行沟通和协商，争取达成合作协议，培养了谈判技巧、应变能力和客户服务意识，增强了学生的职场适应能力。

职业见习活动安排学生到企业、政府机构等单位进行短期见习。见习时间一般为1～2周，在见习期间，学生们深入了解不同职业岗位的工作内容和要求。例如，安排公共管理专业的学生到政府部门的行政管理岗位见习，学生们可以观察公务员的日常工作流程，如文件处理、会议组织、政策执行等，了解政府部门的组织架构和运作机制；安排新闻专业的学生到报社、电视台等媒体机构见习，学生们可以参与新闻采访、编辑、报道等工作，亲身体验媒体行业的工作节奏和职业要求。通过见习，学生们能够直观地感受不同职业的特点，为职业规划提供更真实、准确的参考依据，帮助学生更好地明确自己的职业兴趣和职业方向。

职业素养养成的长效机制建设对于持续提升学生的职业素养至关重要。导师制的建立为学生提供了个性化的职业指导。学校为每个学生配备一名职业素养导师，导师可以是学校的专业教师、企业的管理人员或校友。专业教师凭借深厚的专业知识和丰富的教学经验，在学生的专业学习和职业规划方面给予指导，帮助学生掌握专业技能，明确职业发展路径；企业管理人员从实际工作经验出发，为学生提供职场实用建议，如如何处理职场人际关系、如何应对工作压力等；校友则以自身的成长经历和职业发展经验，为学生提供宝贵的借鉴和启示，鼓励学生勇于追求自己的职业目标。导师通过定期与学生交流，了解学生的职业发展困惑，如在选择职业方向时的迷茫、在求职过程中遇到的困难等，为学生提供针对性的指导和建议，帮助学生养成良好的职业素养。交流方式可以多样化，包括面对面交流、电话沟通、线上视频会议等，确保导师与学生之间保持密切的联系。

职业档案的建立为学生的职业发展提供了全面的记录和跟踪依据。学校为学生建立职业档案，详细记录学生的职业规划，包括职业目标设定、职业发展路径规划等内容；记录学生的职业技能训练成果，如参加技能培训课程的证书、技能竞赛的获奖情况等；记录学生的实习经历，包括实习单位、实习岗位、实习表现评价等信息；记录学生的职业素养评价，包括教师评价、实习单位评价、同学互评等多方面的评价结果。职业档案不仅是学生职业发展的历史记录，也是学校和教师了解学生职业素养发展情况的重要依据。通过对职业档案的分析，教师可以发现学生在职业素养培养过程中存在的问题和不足，有针对性地调整教学内容和方法，为学生提供更有效的指导和帮助。同时，职业档案也可以作为学生求职时的重要参考资料，向用人单位展示学生的职业素养和发展潜力。

跟踪服务的提供确保了学生在毕业后仍能得到支持和帮助。学校通过问卷调查、校友回访等方式，收集学生就业情况和职业发展状况方面的信息。问卷调查可以定期进行，如每年一次，了解学生的就业单位、岗位、薪资待遇、职业满意度等情况；校友回访可以通过电话、邮件、实地走访等方式，与毕业生进行深入交流，了解他们在职业发展中遇到的问题和需求。例如，一些毕业生在工作中可能面临职业晋升的瓶颈，需要学习新的知识和技能；一些毕业生可能对当前的职业发展方向感到迷茫，需要重新规划职业路径。学校根据收集到的反馈信息，及时为学生提供帮助和支持，如组织线上职业培训课程、举办校友职业发展论坛、提供一对一的职业咨询服务等。同时，将毕业生的反馈信息作为改进职业素养教育的重要参考，不断优化教育教学内容和方法，提高职业素养教育的质量，更好地满足学生的职业发展需求。

职业素养能力培养效果的评估与反馈机制是不断提升职业素养教育质量的关键。定期评估采用多维度的评价体系，全面了解学生的职业素养发展情况。学生自评环节让学生对自己在职业意识、职业技能、职业态度等方面的表现进行自我反思和评价。例如，学生可以根据自己设定的职业目标，评估自己在实现目标过程中的进展情况，对自己的职业规划能力、学习能力、沟通能力等进行自我评价，发现自己的优点和不足。互评环节安排学生之间相互评价，在团队项目、小组讨论等活动中，学生们对团队成员的团队协作能力、沟通能力、问题解决能力等进行评价。通过他人的视角，学生可以更全面地认识自己的职业素养表现。教师评价环节则由专业教师根据学生在课堂学习、实践教学和实习实训等过程中的表现，对学生的职业素养进行综合评价。教师可以从学生的学习态度、专业知识掌握程度、实践操作能力、职业行为规范等方面进行评价，为学生提供专业的指导和建议。企业实习单位评价环节通过实习单位对学生在实习期间的工作表现进行评价，包括工作态度、职业技能、团队协作能力、沟通能力等方面，实习单位的评价能够反映学生在实际工作环境中的职业素养水平，为学校的职业素养教育提供重要的反馈信息。

反馈改进：将评估结果及时反馈给学生，让学生清晰地了解自己的优势与不足。针对学生存在的问题，教师与学生共同制订改进计划。例如，如果学生在沟通能力方面存在不足，教师可以为学生推荐相关的沟通技巧培训课程，安排学生参加更多的沟通实践活动，如演讲比赛、模拟面试等，并定期对学生的沟通能力进行跟踪评估，帮助学生逐步提高沟通能力。同时，学校根据整体评估结果，深入分析职业素养教育过程中存在的问题。如果发现课程设置在某些职业技能培养方面不够完善，学校可以调整课程内容，增加相关的实践教学环节，邀请企业专家参与课程设计，确保课程内容与实际职业需求紧密结合；如果实践活动的组织效果不佳，学校可以优化实践活动的策划和实施流程，加强与企业的合作，为学生提供更多真实、有效的实践机会；如果导师指导机制存在问题，学校可以加强对导师的培训和管理，提高导师的指导能力和积极性，完善导师与学生之间的沟通反馈机制。通过持续的评估与反馈改进，不断优化职业素养能力培养体系，提升职业素养能力培养的质量，为学生的职业发展提供更有力的支持。

强化家校社协同育人机制，是提升职业素养能力实践成效的关键路径。学校应定期举办家长职业素养教育分享会，邀请职业教育专家与家长共同探讨职业素养培养的要点。例如，在分享会上详细介绍职业意识培养需家长从小引导孩子关注社会职业分工，利用日常生活契机，如参观工厂、企业时，为孩子讲解不同职业的工作内容与价值。家长在家中可配合学校，鼓励孩子参与家务劳动，锻炼其责任心与问题解决能力，在孩子完成任务时给予肯定与指导，将家庭打造为职业素养培育的第二课堂。同时，学校积极与社区合作，开展职业体验进社区活动。组织学生参与社区组织的小型商业模拟活动，让学生扮演店主、收银员、顾客等角色，在模拟商业环境中锻炼沟通、团队协作及应变能力。社区还可提供志愿者服务岗位，如社区环保项目、关爱老人活动等，让学生在服务过程中增强社会责任感与职业使命感，形成学校、家庭、社区三方联动，全方位助力学生职业素养成长。

利用新兴技术赋能职业素养培养，能为学生提供更丰富、多元的学习体验。借助虚拟现实（VR）技术，创建高度仿真的职场场景。例如，为酒店管理专业学生打造虚拟酒店运营环境，学生可在其中模拟接待顾客、安排客房、处理突发事件等工作流程，在沉浸式体验中提升职业技能与应变能力。通过人工智能（AI）辅助学习系统，根据学生的学习进度与职业素养评估结果，为学生量身定制个性化学习方案。AI系统能智能推送适合学生的学习资料，如针对沟通能力薄弱的学生，推送沟通技巧训练视频、经典沟通案例分析文档等。同时，利用大数据分析学生在职业素养实践中的行为数据，挖掘学生在团队协作、问题解决等方面的优势与不足，为教师调整教学策略提供精准数据支持，实现职业素养培养的智能化、高效化。

 案例精选 ··

政校行企协同　构建应用型人才培养体系
——南昌交通学院人才培养模式创新与实践

为了深化教育综合改革，深化科技体制改革，深化人才发展体制机制改革。作为应用型本科院校，南昌交通学院主动适应经济发展新常态和对接经济社会发展需求，以提高人才培养质量为核心，大力推进人才培养模式的改革与创新，构建多方协同共建、目标导向明确的应用型人才培养体系。

为破解东部地区"技工荒"和中西部地区"就业难"问题，"五金之都"永康于2020年开启"东迁西归"职教协作模式，自提出以来，得到5省10地党委政府及职业院校的响应支持。南昌交通学院充分发挥自身优势，积极响应这一"共同富裕"战略号召，于2023年成立数智五金产业学院，旨在助力五金产业转型升级和区域经济协调发展。该学院由永康市政府、纳雍县政府、永康五金产业协会、南昌交通学院及永康数十家五金行业头部企业共建，实行由政校行企各方专家组成的建设委员会领导下的院长负责制，目前200余名学生已进入共同培养阶段。

此外，南昌交通学院根据江西省产业发展布局，不断优化、调整专业设置，学校本科专业中，与江西"1269行动计划"和重点产业链相关专业数占比超过70%，校企合作专业覆盖率达100%，学校服务区域经济发展的能力不断增强。

南昌交通学院成立了产教融合处，紧密融合学校学科特色与产业发展，旨在将学校打造成集人才培养、科学研究、产业服务为一体的经营性实体。为更好地创新人才培养模式，学校先后成立了"紫光芯云产业学院""智能建造产业学院""通信技术现代产业学院""京东智慧物流产业学院""智能制造现代产业学院""元宇宙产业学院""数智五金产业学院"7个产业学院，成功入选首批电子信息产业领域重点人才培养专项行动计划实施单位。同时，学校以数智五金产业学院为应用型人才培养试点，创新人才培养方案，数智五金产业学院学生可以五金相关课程学分替换原有课程学分，以实践项目作品替换毕业设计。学校还投资引进了先进智能五金生产线，深化"产学研用"融合的人才培养，聘任了14名产业教授、9名全国技术能手，通过双师双能型教师团队的指导，实行"3+1"培养模式，学生在校内学习3年后，第四年可赴企业进行实际项目的学习和实践，全过程参与企业设计、研发、生产、检测等环节，为将来的职业发展打下坚实基础。此外，学校大力支持教师团队赴企业锻炼、学习和交流，2024年暑期，学校共组织150余名教师赴永康头部企业参观考察，熟悉行业发展情况，了解企业人才及科研需求，为推动产教协同育人，培养更多适应社会需求的高素质技术技能型人才提供了新的契机。

经过二十多年的发展，南昌交通学院形成了以工为主，工管结合，多学科协调发展的专业格局，并且在交通类、智能制造类、电子信息类专业群形成一定优势。学校现有赣江新区节能与结构实验室、南昌市移动通信实验室、南昌市5G无线网络优化实验室、南昌市绿色建筑节能材料研发实验室和南昌市智慧工程实践学习装备研发实验室等5个市厅级重点实验室，以及赣江新区微纳米功能材料团队等1个市厅级优势科技创新团队。2022年，学校成立新工科教育发展促进中心，规划投入1.86亿元开发融合教育智能体的互动课堂与场景学习系统，全面构建"互动式学习、混合式实践"新型应用人才培养模式，全面一体化推进学校22个工科专业工程教育认证建设。学校还引入OBE-CDIO工程教育模式，以成果为导向，注重学生实践能力和创新精神的培养，以高端智能装备和工业机器人学习岛为实战载体，将理论知识与实践操作紧密结合，让学生在实际操作中掌握关键技术。学校研发了"达成云"平台，内含学习资源库、项目资源库、教学空间、学习空间、人才驿站、实训空间和智慧学习场景7大功能平台，应用AI+信息技术对个人学习特性、群体学习特性、企业需求特性进行学习和分析，帮助教师精准施教，促进学生主动学习，引导教情、学情与企业需求主动适配。

南昌交通学院推行政府、行业、企业、学校协同的应用型人才培养机制，实行学校教师+企业导师、专业教师+产业教授，教学课堂+生产车间、专业教材+行业标准、理论考试+项目设计、企业生产场所+学校实践教学实训基地、生产设备+实践教学实训设备和企业工作任务+学校实践教学作业的多维度、全要素人才培养模式，实现教育质量、企业发展、产业创新和就业提质的同频共振。同时，学校出台了一系列鼓励学生创新创业政策，成立校友基金，鼓励和支持学生创业和科研成果转化。历年来，学校毕业生就业率位于江西省同类高校前列，高质量就业位居同类院校第一方阵。

展望未来，南昌交通学院将继续创新和优化应用型人才培养体系，持续加强产教融合创新和资源整合，不断提升政校行企在人才培养上的协同效应，促进教育链、人才链与产业链、创新链的有机衔接，推动学校应用型人才培养提质增效。

课后思考 ┄┄

1. 结合书中内容，谈谈学习动力在提升学习力中的重要性，并举例说明如何激发自身的学习动力。

2. 如何理解学习力提升与德育目标的内在联系？请结合书中内容进行阐述。

3. 结合书中的学术科技创新实践部分，谈谈应该如何培养科技创新能力。

4. 职业素养教育在大学生职业发展中扮演着怎样的角色？结合书中内容，谈谈应如何加强自身的职业素养。

第七章

社会实践、创新创业和志愿服务

 学习目标 ......

一、认知发展目标

1. 理解社会实践、创新创业、志愿服务的内涵与价值。

2. 掌握社会实践、创新创业、志愿服务的理论基础与实践方法。

二、能力培养目标

1. 提升批判性思维能力、创新能力、问题解决能力。学会如何运用多学科知识分析复杂社会问题，设计并实施创新解决方案，有效沟通并协调团队资源。

2. 提升沟通协作能力以及项目管理能力。学会通过参与社会实践、创新创业、志愿服务等活动，在跨学科团队协作中掌握需求分析、资源调配及冲突调解技巧。

三、情感态度目标

1. 培养学生积极的社会责任感、同理心。通过社会实践，学生将深刻理解社会问题的复杂性和多样性，增强对弱势群体的关注与帮助意愿。

2. 培养奉献精神和自我反思意识。在志愿服务中，学生将体验到帮助他人的快乐与满足，形成乐于奉献的情感态度；同时，通过不断的实践与反思，学生将建立起自我认知与成长的动力，持续追求个人价值的实现。

四、实践应用目标

1. 实践成果产出与能力展示。学生能够将理论知识应用于社会问题解决，通过社会实践、创新创业及志愿服务等多元活动，产出调研报告、商业计划书、公益项目方案等实践成果。

2. 反馈驱动策略优化与理论实践融合。在实践过程中，学生需基于反馈信息动态调整行动策略，通过"实践—反思—改进"的循环机制，持续优化实践成果。这一过程不仅强化了理论与实践的双向互动，更推动学生在真实场景中实现知识迁移与能力迭代，达成知行合一的深层目标。

第一节　社会实践教育实践

一、社会实践教育理论价值阐释

（一）社会实践的内涵与意义

1. 社会认知：在实践中构建多维社会图景

社会实践作为高校德育体系的重要构成，其核心内涵在于通过系统性的社会参与，引导学生突破课堂理论的单一维度，建立对社会现实的立体认知。这种认知过程既包括对社会现象的直观观察，如基层治理中的事务处理流程、不同社会群体的生活状态，也涵盖对社会问题的深层分析，如城乡发展差异的形成机制、文化传承与现代生活的冲突融合。

从认知心理学角度看，社会实践提供了区别于课堂的"具身认知"场景，学生通过触觉、听觉、互动等多感官体验，将抽象的社会概念转化为可感知的具体经验。例如，在社区调研中，学生与不同年龄、职业的居民交流，能够直观感受社会分层带来的生活差异，这种认知并非数据或文献的简单堆砌，而是基于真实互动的情感体验与理性分析的结合。社会学中的"社会认知理论"认为，个体对社会的理解源于社会互动，社会实践正是通过有目的的互动设计，帮助学生构建包含社会结构、文化规范、利益关系等要素的认知框架。

2. 职业规划：在实践中明确职业发展方向

职业规划的本质是个体与职业环境的动态匹配过程，社会实践在其中发挥着关键的"试错"与"校准"作用。相较于职业测评工具的抽象评估，社会实践提供了职业世界的全真模拟场景：学生在企业实习中体验朝九晚五的工作节奏，在行业调研中了解不同岗位的能力要求，在基层实践中感受职业价值与社会需求的关联。

依据帕森斯的"职业选择理论"，社会实践帮助学生完成"自我认知—职业认知—决策行动"的闭环。例如，法学专业学生通过法院实习，不仅掌握法律文书撰写等专业技能，更通过观察法官的职业伦理与价值判断，反思自身职业价值观，从而调整职业目标。这种实践导向的职业规划，使学生避免了仅凭兴趣或薪酬导向的盲目选择，建立起基于现实认知的职业发展路径。此外，社会实践中培养的沟通能力、抗压能力等"软技能"，正是雇主普遍重视的核心职业素养。相关研究表明，具备丰富实践经历的毕业生，其职业适应期可缩短 30%～50%。

3. 综合素质提升：在实践中锤炼核心能力

社会实践对综合素质的提升作用，体现在对"高阶能力"的系统性培养。依据布卢姆教育目标分类理论，实践活动聚焦于应用、分析、创造等高阶认知目标，而非单纯的知识记忆。例如，在社会调研中，学生需综合运用统计学、社会学理论设计问卷，分析数据背后的因果关系，并提出创新性解决方案，这一过程涵盖了批判性思维、创新能力、问题解决能力的全面训练。

团队协作能力的提升则符合社会建构主义理论，学生在实践中通过分工合作、观点碰撞，构建起对任务的共同理解。在社区服务项目中，不同专业学生组成团队，需协调医学、管理学、传播学等多学科知识，这种跨学科协作不仅提升解决复杂问题的能力，更培养了尊重差异、整合资源的思维方式。此外，社会实践中的挫折体验（如项目受阻、沟通失败）构成了"抗逆力"培养的天然场景。心理学研究表明，此类经历能显著提升个体的情绪管理能力与目标坚持性。

（二）社会实践教育的理论基础

1. 马克思主义实践观的指导意义

马克思主义实践观的核心命题"实践是认识的源泉与动力"，为社会实践教育奠定了哲学根基。高校社会实践遵循"实践—认识—再实践"的螺旋上升规律：学生首先通过社会调研、社区服务等实践活动获取感性认识，如观察到农村留守儿童的教育困境；继而运用教育学、心理学理论分析成因，形成对教育公平问题的理性认识；最终将理论转化为行动，设计留守儿童帮扶方案并付诸实践，在验证理论的同时修正认知偏差。

这种认识论指导下的实践教育，避免了"为实践而实践"的盲目性，强调理论与实践的辩证统一。例如，在"马克思主义基本原理"课程实践中，学生运用历史唯物主义分析社区治理案例，理解"人民群众是历史的创造者"这一理论，进而参与居民自治实践，推动社区事务决策民主化。这种"知行合一"的教育模式，使抽象的哲学理论转化为可操作的实践指南，培养学生用马克思主义立场、观点、方法分析解决问题的能力。

2. 杜威教育理论的实践转化

杜威"教育即生活""学校即社会"的理论，在社会实践教育中体现为"生活课堂"的建构。传统课堂教育常将知识与生活割裂，而社会实践将教学场景拓展至社区、企业、农村等真实生活场域，使学生在解决真实问题中学习。例如，在"城市垃圾分类"实践中，学生需综合运用环境科学、管理学、传播学知识，设计符合居民习惯的分类方案，这种"做中学"的过程，使知识不再是书本上的教条，而是解决问题的工具。

杜威强调的"经验改造"理论，在实践中表现为学生通过主动参与社会活动，不断重构自身经验体系。例如，参与"老年数字鸿沟"帮扶的学生，最初可能仅具备技术操作能力，在与老人互动中逐渐理解代际沟通的重要性，进而发展出同理心与耐心等情感能力，这种经验的改造正是教育的本质目标。高校通过将社会实践纳入人才培养方案，构建"学校—社会—生活"的无缝衔接体系，使教育回归其本质——对生活经验的持续改造与提升。

3. 社会学习理论的应用价值

班杜拉的社会学习理论强调观察学习与替代强化的重要性，为社会实践中的"榜样教育"提供了心理学依据。实践活动中，学生通过观察基层工作者、企业管理者、公益组织者等榜样的行为模式，模仿其问题解决策略与价值选择，进而内化为自身素养。例如，在"优秀校友企业行"活动中，学生观察校友如何平衡商业利益与社会责任，这种观察学习的效果远胜于单纯的道德说教。

社会学习理论中的"自我效能感"概念，解释了社会实践对学生自信心的提升机制。当学生通过实践成功解决社会问题（如策划一场社区公益活动），这种成功经验会增强其自我效能感，使其更有信心面对未来挑战。高校通过设计难度递进的实践项目，让学生在"最近发展区"内获得成就感，正是对社会学习理论的有效应用。此外，实践中的同伴互动形成"替代强化"，学生通过观察同伴的积极行为及其带来的社会认可，强化自身的亲社会行为倾向。

（三）社会实践教育的价值

1. 个人成长：促进全面发展的重要路径

从个体发展视角，社会实践在认知、情感、意志层面形成多维影响。在认知维度，它打破学科壁垒，促进知识的跨界整合，如经济学学生通过参与乡村振兴实践，理解社会学视角下的农村社会结构，形成更全面的问题分析框架；在情感维度，服务弱势群体（如留守儿童、孤寡老人）的经历，培养学生的同理心与社会责任感，这种情感体验是价值观形成的重要基础；在意志维度，实践中克服困难的过程（如调研中的数据缺失、项目执行中的资源不足），锻炼学生的毅力与决策能力，形成坚韧的心理品质。

发展心理学研究表明，青年时期的社会参与经历对成年后的公民意识与社会责任感具有持续影响。社会实践通过创设"责任情境"，让学生在真实的社会关系中体验权利与义务的统一，例如作为团队负责人协调资源、作为志愿者承担服务承诺，这种角色体验帮助学生理解个人与社会的关系，形成积极的自我认同。此外，实践中的反思环节（如撰写实践报告、参与总结研讨），引导学生对自身行为与社会影响进行元认知思考，促进认知能力的高阶发展。

2. 社会发展：培育责任担当的必要途径

大学生作为社会发展的"预备人才"，其责任担当的培育需通过社会实践实现从"理论认知"到"实践自觉"的转化。社会实践为学生提供了"社会参与"的初始平台，从参与社区志愿服务到主导社会创新项目，学生逐步从"社会问题的旁观者"转变为"解决方案的提供者"。这种转变不仅体现在个体行为层面，更通过实践成果（如调研报告、公益项目）产生社会辐射效应，例如学生设计的"社区养老服务方案"可能被政府采纳，推动基层治理创新。

依据"社会资本理论"，社会实践促进学生社会网络的构建，其在实践中积累的人脉资源、项目经验成为未来参与社会建设的资本。更重要的是，实践中形成的社会责任感与创新思维，将在学生进入职场后持续发挥作用，使其成为各行业中的"责任担当者"。例如，参与过环保实践的学生，可能在职业生涯中推动企业绿色转型；参与过教育帮扶的学生，可能在基层岗位上更关注民生问题。这种"实践—责任—行动"的链条，正是社会发展的重要动力源泉。

3. 教育目标实现：落实立德树人的关键环节

社会实践教育与高校"立德树人"目标具有内在一致性，它通过"价值浸润"而非"硬性灌输"实现德育目标。在实践中，学生通过解决真实社会问题，自然理解社会主义核心价值观的内涵，如在公益活动中体会"友善"，在企业实习中践行"敬业"，在社会调研中坚守"诚信"。这种"润物细无声"的德育模式，避免了传统德育的生硬说教，增强了价值观教育的实效性。

从教育目标分类看，社会实践覆盖了"知识、能力、素养"的三维目标：学生既掌握实践所需的专业知识（知识目标），又提升沟通协作等实践能力（能力目标），更在服务社会中形成正确的价值取向（素养目标）。高校通过将社会实践纳入必修学分、建立实践育人共同体，确保其与课堂教学相互补充，共同构成完整的教育体系。这种立体化的育人模式，使学生在获取知识的同时，成为有理想、敢担当、能吃苦、肯奋斗的时代新人，真正实现教育的本质追求。

二、社会实践教育实践操作设计方案思路

（一）社会实践的类型与形式

1. 社会调研：问题导向的深度探究

社会调研以"发现问题—分析问题—解决问题"为主线，其核心价值在于培养学生的研究思维与实证能力。调研选题需遵循"现实性、创新性、可行性"原则：现实性要求聚焦社会热点（如人口老龄化、数字治理），创新性鼓励从新视角切入（如"Z世代消费文化对城市商业空间的影响"），可行性则基于学生知识储备与资源条件。

调研方法的选择需兼顾定量与定性：定量研究通过问卷调查、数据统计揭示现象规律，如运用SPSS分析大学生就业地域选择的影响因素；定性研究通过深度访谈、案例分析挖掘深层原因，如采用扎根理论分析基层治理中的居民参与机制。调研成果的转化路径包括学术转化（发表论文）、政策转化（提交咨询报告）、实践转化（落地解决方案），形成"研究—应用—反馈"的闭环。例如，"大学生心理健康"调研成果可转化为校园心理干预方案，提升心理健康教育的针对性。

2. 社区服务：基层治理的积极参与

社区服务的设计需基于"需求评估—服务设计—效果追踪"的逻辑，首先通过问卷、访谈识别社区真实需求（如老年护理、青少年托管），避免"供给与需求错位"的无效服务。服务形式可分为事务性服务（如社区清洁、资料整理）与发展性服务（如文化活动策划、治理方案设计），后者更注重学生能动性的发挥。

长效服务机制的建立依赖于校社合作的制度化，如签订共建协议、设立社区实践基地，确保服务的持续性与专业性。在"社区治理创新"实践中，学生可参与居民议事会、矛盾调解等治理环节，运用所学知识提出建议（如优化社区资源配置方案），这种"参与式治理"模式既提升社区治理效能，又培养学生的公民意识与实践能力。

3. 企业实习：职场能力的全真模拟

企业实习的分层设计满足不同学习阶段的需求：低年级认知实习侧重职业体验，通过参观企业、参与岗位见习建立职业认知；高年级专业实习聚焦技能提升，在真实项目中运用专业知识（如会计专业学生参与企业审计流程）；毕业班顶岗实习强调职业适应，全面体验职场环境并完成角色转换。

实习过程管理需建立"校企双导师制"，校内导师负责理论指导与职业规划，企业导师传授实践经验与行业规范。实习评价应涵盖工作成果（如项目报告、产品方案）、职业素养（如执行力、团队协作）、反思总结（如实习日志、改进计划），确保对学生表现的全面评估。此外，实习后的跟踪反馈机制（如校友回访、企业调研），可为优化实习方案提

供依据，提升实习与职业发展的衔接度。

4. 公益活动：社会责任的主动践行

公益活动的设计需平衡"利他性"与"教育性"，避免陷入单纯的体力付出。创意公益（如"公益挑战赛""线上筹款活动"）利用新媒体手段扩大影响力，吸引更多社会参与；公益创业（如社会企业策划、公益项目运营）则将商业思维与社会责任结合，培养学生的创新能力与可持续发展意识。

公益活动的实施需注重"赋能而非施舍"，例如"乡村儿童教育帮扶"项目，不仅提供物资捐赠，更通过培训当地教师、建立线上课程平台，提升教育的内生动力。活动后的效果评估应关注长期影响，如受助群体的能力提升、社会问题的改善程度，而非仅停留在活动规模与参与人数。这种"可持续公益"理念，引导学生理解社会责任的深层内涵，培养系统性解决问题的思维。

（二）社会实践的组织与实施

1. 项目设计：目标导向的科学规划

项目设计的核心是将育人目标转化为可操作的行动方案。首先明确实践的"三维目标"：知识目标（如掌握社会调研方法）、能力目标（如提升跨文化沟通能力）、价值目标（如增强生态保护意识）。其次进行需求分析，通过文献研究、实地走访确定项目的社会价值与可行性。

方案撰写需包含详细的实施路径：时间规划（分筹备、执行、总结阶段）、资源清单（人力、物力、经费）、风险预案（如天气变化、人员伤病）。例如，"山区教育帮扶"项目需规划交通路线、住宿安排、教学内容，同时制定突发疾病的应急方案。项目设计的科学性直接影响实践效果，需经过多轮论证与修订，确保目标明确、路径清晰、风险可控。

2. 团队组建：结构合理的协作体系

高效的实践团队需遵循"异质化组队"原则，综合考虑专业背景、性格特质、技能优势，形成互补型团队结构。角色分工应明确且具有弹性，除队长、调研、宣传等常规岗位，可根据项目需求设立特殊岗位（如"技术支持岗""外联岗"）。

团队建设活动（如破冰训练、协作挑战赛）有助于快速建立信任与默契，明确共同目标。在团队运行中，需建立有效的沟通机制（如每日晨会、周进度报告），运用项目管理工具（如甘特图、任务清单）跟踪进度。冲突解决机制（如民主议事、第三方调解）也是团队管理的重要组成部分，确保分歧转化为改进动力而非协作障碍。

3. 资源协调：校社企的协同联动

校内资源整合需建立跨部门协作机制，教务处负责学分认定，团委统筹经费与场地，图书馆提供文献支持，形成"实践育人共同体"。校外资源拓展可通过签订合作协议、举办实践对接会等方式，与政府部门（如民政局、教育局）建立项目合作，与企业（如行业龙头、中小企业）共建实习基地，与社会组织（如公益机构、学术团体）开展联合研究。

资源协调的关键在于建立"双向赋能"关系：高校为合作方提供智力支持（如学生调研成果、创新方案），合作方为学生提供实践平台与资源保障。例如，企业为实习学生提供项目经费与导师指导，学生为企业解决实际问题（如优化内部管理流程），形成互利共赢的合作模式。

4. 过程管理：全程把控的质量保障

前期准备阶段需完成理论培训（如调研方法讲座、安全知识培训）、物资筹备（如调研工具、应急药品）、团队磨合（如模拟实践演练）。中期监控通过每日简报、周例会、阶段性成果汇报，及时发现问题并调整方案，确保实践方向不偏离目标。后期总结包括成果提炼（如调研报告、实践视频）、反思研讨（如团队复盘会、个人总结）、成果展示（如校级答辩、社会发布），将实践经验转化为可传播的知识资产。

过程管理中需特别关注安全问题，制订详细的安全预案并进行演练，购买足额保险，确保学生人身与财产安全。同时，伦理审查也是重要环节，如社会调研需保护受访者隐私，公益活动需尊重受助者意愿，避免因操作不当引发伦理风险。

（三）社会实践的效果评估

1. 评估指标：多维立体的评价体系

评估指标的设计需涵盖"输入—过程—输出"全链条：输入指标考查项目设计的科学性（如目标明确度、资源匹配度），过程指标评估实施质量（如团队协作效率、进度把控能力），输出指标衡量成果价值（如社会影响度、个人成长幅度）。

具体到学生层面，认知维度可通过前后测问卷评估社会认知深化程度，能力维度采用行为观察与成果分析相结合的方式（如团队协作能力可通过项目分工合理性评估），价值维度通过反思报告与同伴评价考查价值观变化。社会影响评估则包括服务对象满意度（如社区居民问卷）、政策采纳情况（如政府部门回函）、媒体传播效果（如报道数量与影响力）。

2. 评估方法：多元主体的综合评价

学生自评强调自我反思，通过撰写《实践成长报告》分析收获与不足，培养元认知能力；同伴互评基于日常协作观察，采用匿名评分表评估沟通能力、责任意识等，确保评价的真实性；导师评价结合专业视角，对实践中的理论应用、创新思维进行深度点评；社会评价收集合作方反馈，如企业的实习鉴定、社区的服务评价，体现实践的社会认可度。

量化评估可运用层次分析法（AHP）确定指标权重，构建综合评价模型；质性评估通过焦点小组访谈、内容分析，挖掘实践对学生深层价值观的影响。混合方法的运用确保评估的全面性与科学性，避免单一方法的局限性。

3. 反馈改进：持续优化的长效机制

反馈收集需覆盖所有利益相关者，通过问卷、访谈、意见箱等渠道广泛征集建议。问题分类处理时，区分结构性问题（如项目设计缺陷）与执行性问题（如团队沟通不畅），前者需修订实践方案，后者通过培训提升能力。

改进措施应具有针对性，如针对"调研数据利用率低"问题，增加数据分析培训；针对"社区服务持续性不足"问题，建立校社定期沟通机制。改进效果的追踪评估确保措施落地，形成"评估—反馈—改进—再评估"的螺旋上升循环，推动社会实践教育质量持续提升。

社会实践教育是高校落实立德树人根本任务的关键环节，其价值在于为学生提供认识社会的"广角镜"、锤炼能力的"磨刀石"、践行责任的"试金石"。从理论价值阐释到实践操作设计，每个环节都承载着培养"全面发展的人"的教育追求。

在全球化与信息化的时代背景下，社会实践教育需不断创新形式、深化内涵，回应社会发展对人才的新需求。高校应构建"理论为基、实践为桥、创新为翼"的育人体系，让学生在社会的大课堂中观察、思考、行动，真正理解"读万卷书"与"行万里路"的辩证关系。当社会实践成为每个大学生的必修课，当责任担当成为青春的底色，教育才能真正培养出适应时代、引领未来的高素质人才，为国家发展与社会进步注入源源不断的青春力量。

第二节　创新创业教育实践

一、创新创业教育理论意义剖析

（一）创新创业的内涵与意义

创新创业教育是高校人才培养体系的重要构成，其核心是通过系统性教育引导，激发学生突破传统思维定式，培育适应新时代需求的创新精神与创业能力。这一教育形态不仅限于创业技能的传授，更致力于塑造学生面对未知挑战的核心素养，使其成为推动社会进步的积极力量。

1. 创新精神：培养学生的创新思维和创新能力

创新精神是个体在认知与实践过程中表现出的突破常规、追求卓越的意识与能力，其本质是对"可能性"的持续探索。在高校教育场景中，创新精神的培养体现在多个层面。

思维方式的革新：通过跨学科课程设计（如"创意工坊""问题导向学习"），引导学生突破学科壁垒，运用逆向思维、发散思维分析问题。例如，让工科学生与文科学生组队解决"城市老龄化社区适老化改造"问题，促使其从技术可行性与人文关怀双重维度提出创新方案。这种跨学科碰撞常能催生突破性创意，某高校此类课程的结课项目中，37％的方案获得专利申请或落地孵化。

实践能力的提升：依托实验室、创客空间等载体，鼓励学生将创意转化为实物原型或服务模型。某高校"创新实验周"要求学生在72小时内完成从创意提案到产品Demo（示范）的全过程，其间需自主完成需求调研、材料采购、原型制作与展示汇报。数据显示，参与学生的快速迭代能力较实验前提升65％，且82％的学生表示"真正理解了创新需要兼顾创意与可行性"。

风险意识的培养：通过案例教学揭示创新过程的不确定性，如分析柯达公司因错失数码机遇而导致的失利，让学生理解创新需兼顾风险预判与试错勇气。在"创新风险管理"课程中，学生需为虚拟创业项目制定风险预案（涵盖技术研发、市场竞争、政策变化等多维度风险），形成"大胆假设、小心求证"的实践逻辑。

2. 创业能力：提升学生的创业意识和创业技能

创业能力是将创新成果转化为现实价值的综合素养，涵盖从机会识别到商业落地的全链条能力建构。

创业意识的觉醒：通过市场调研、行业分析课程，培养学生对社会需求的敏感度。例如，引导学生观察校园生活痛点（如教材循环利用低效），进而将其转化为"二手教材智能匹配平台"的创业构想。在"社会需求洞察"训练中，学生需运用"Jobs-to-be-Done"理论深度访谈 20 位以上用户，提炼出未被满足的核心需求，完成从"问题感知"到"机会识别"的意识进阶。

技能体系的构建：创业技能包括商业模式设计、财务规划、团队管理等核心模块。某高校创业基础课引入"商业画布"工具，要求学生从客户细分、价值主张、渠道通路等 9 个维度拆解成功企业（如瑞幸咖啡）的案例，再尝试设计自己的创业项目框架。课程中，学生需模拟与"潜在客户"对话，验证价值主张的可行性，实现理论向实践的迁移。相关调研显示，参与该课程的学生商业计划书撰写能力提升 47%。

实战经验的积累：通过模拟创业大赛、校园微创业项目（如学生自营咖啡店、文创产品工作室），让学生在真实商业环境中积累运营经验。校园微创业项目要求学生自主完成工商注册、成本核算、营销推广等全流程，学校提供场地支持与运营指导。数据显示，参与过此类项目的学生，其资源协调能力较未参与者提升 39%，且在处理客户投诉、供应链管理等实际问题时表现出更强的应变能力。

3. 就业竞争力：通过创新创业教育，增强学生的就业竞争力

在经济转型与产业升级的时代背景下，创新创业教育成为提升学生就业竞争力的关键路径。

复合能力的增值：企业对"创新型人才"的需求已从单一专业技能转向"专业＋创新＋实践"的复合素养。智联招聘数据显示，具备创业实践经历的学生，在简历筛选阶段的通过率比普通学生高 32%，因其展现出的目标导向思维、抗压能力和资源整合能力更符合职场要求。例如，曾担任创业团队产品经理的学生，在应聘互联网企业时，能更清晰地阐述用户需求分析、产品迭代逻辑，面试通过率提升 40%。

职业路径的拓展：创新创业教育不仅培养"创业者"，更塑造"就业者"的主动意识。参与过创业项目的学生，在应聘时更擅长从"价值创造"角度阐述个人优势，例如在面试中提出"如何通过创新方法提升团队协作效率""怎样识别并解决业务流程中的痛点"等建设性方案，此类学生在管培生选拔中的胜出率比普通学生高 55%。

创业带动就业的乘数效应：高校创业孵化项目平均每个初创企业可创造 3～5 个就业岗位，形成"以创业促就业"的良性循环。某高校创业毕业生创办的科技公司，三年累计吸纳 200 余名应届毕业生，其中 60% 曾参与该公司早期创业实践，体现了创业教育对就业生态的积极影响。这些岗位不仅包括技术、营销等传统职能，更催生了数据标注、新媒体运营等新兴职业，有效缓解了就业市场的结构性矛盾。

（二）创新创业教育的理论基础

1. 创新理论：强调创新是经济发展的动力

约瑟夫·熊彼特在《经济发展理论》中提出，创新是"生产要素的重新组合"，包括

产品、技术、市场、资源和组织五大创新类型。这一理论为创新创业教育提供了根本性的逻辑支撑。

教育目标的锚定：高校创新创业教育的核心任务是培养"创新主体"，使学生具备重新组合资源、创造新价值的能力。例如，在"互联网＋农业"创业课程中，引导学生将大数据技术与农产品供应链结合，形成"产地直供＋定制化配送"的新型商业模式。学生需整合农户资源、开发溯源系统、搭建电商平台，每一个环节都是对生产要素的重新组合，正是对熊彼特创新理论的实践演绎。

课程设计的启示：熊彼特强调"创新不是发明，而是发明的商业化应用"，促使创业课程从"创意竞赛"转向"落地导向"。某高校增设"技术转化实务"课程，专门讲解专利申请、商业价值评估、市场推广策略等内容，帮助学生跨越"创意—产品—商品"的转化鸿沟。课程中，学生需为校内实验室的科研成果撰写《商业转化计划书》，包括目标市场分析、盈利模式设计、风险应对策略，显著提升了技术成果的商业化成功率。

2. 创业理论：强调创业机会、资源和团队的平衡

蒂蒙斯创业模型提出，成功创业依赖机会、资源、团队三大要素的动态平衡。这一理论为创业教育提供了系统化的分析框架。

机会识别训练：通过"痛点挖掘工作坊""市场需求调研实训"，培养学生识别"真实需求"与"伪需求"的能力。例如，指导学生运用"5Why分析法"深入探究校园快递末端配送问题：为什么学生觉得取件不便？因为配送时间不灵活；为什么时间不灵活？因为快递员集中配送……层层追问后，学生发现核心需求是"弹性取件时间＋智能存储设备"，避免陷入"为创新而创新"的误区。

资源整合模拟：在创业实践课程中，要求学生列出"初始资源清单"（如人脉、技术、渠道），并通过"资源杠杆策略"（如与校内超市合作解决仓储问题、利用社交媒体免费推广）完成项目可行性分析，理解蒂蒙斯理论中"资源不在拥有而在整合"的核心理念。学生需撰写《资源整合方案》，详细说明如何通过合作、租借、共享等方式弥补资源缺口，培养"低成本创业"思维。

团队协作培养：通过角色扮演、团队冲突模拟等方式，让学生体验创业团队中技术骨干与营销人才的协作逻辑。某高校创业沙盘课程设置"团队角色测评"环节，运用MBTI性格测试划分成员角色，帮助学生理解蒂蒙斯模型中"团队动态调整"的重要性。当团队出现分歧时，学生需运用"协作解决四步法"（倾听—分析—协商—共识）化解冲突，降低创业团队因角色错位导致的分裂风险。

3. 建构主义理论：强调通过实践构建知识

建构主义理论认为，知识是个体在实践中主动建构的结果，而非被动接受的产物。这为创新创业教育的方法论提供了指导。

实践导向的知识建构：创业课程设计遵循"做中学"原则，如"创业项目全流程实践"课程要求学生经历"创意产生—商业计划—落地运营—复盘迭代"的完整周期，在每个环节通过试错修正认知。某学生团队在运营校园文创店时，最初定位高端市场遇冷，通过客户反馈调整为"平价实用型"产品，逐步建构起对"用户需求洞察"的深层理解，这种基于实践的知识建构比传统课堂讲授更深刻且具实用性。

社会互动的学习机制：建构主义强调学习的社会性，创业教育通过团队项目、跨界合作等形式，促进知识的社会建构。例如，在"创新创业工作坊"中，学生与创业者、投资人、行业专家互动，通过"最近发展区"理论获得"脚手架式"指导。一次工作坊中，某学生团队的农产品电商方案被投资人指出"供应链环节冗余"，在专家指导下重构物流体系，最终项目落地后配送效率提升50％，团队成员的供应链管理知识在互动中得以建构。

情境化的意义生成：将创业教育嵌入真实情境（如孵化基地、创业园区），让学生在解决具体问题中建构意义。某高校将创业课堂搬到科技园区，学生在参观初创企业后，现场分组设计"孵化器入驻方案"，需考虑初创企业的办公需求、政策支持、配套服务等因素。这种情境化学习使知识掌握效率提升60％以上，学生能更直观地理解创业生态系统的运作逻辑。

（三）创新创业教育的价值

1. 个人发展：提升学生的综合素质，促进个人成长

创新创业教育对个体的影响超越职业技能层面，致力于培养"完整的人"。

认知能力的升级：通过创业项目的系统性运作，学生需综合运用多学科知识（如用经济学分析市场、用心理学设计用户体验、用法学规避运营风险），形成跨学科解决问题的思维习惯。某数学专业学生在开发智能算法创业项目时，主动学习市场营销知识，理解"技术优势需转化为市场卖点"，实现从"纯技术思维"到"商业思维"的转变，这种跨学科认知能力在其后续职业发展中持续发挥作用。

非认知能力的培养：创业实践中的挫折（如项目失败、团队分歧）成为抗逆力培养的天然场景。研究表明，经历过创业失败的学生，其心理韧性得分比同龄人高25％，在面对学业压力、职场挑战时展现出更强的情绪管理能力。一位曾在创业大赛中失利的学生分享："项目失败让我学会了快速复盘，现在遇到问题时，我更关注'如何解决'而非'为何失败'。"

自我认知的深化：创业过程中的角色体验（如担任团队 CEO、产品经理）帮助学生发现自身优势与不足。某学生在创业复盘时写道："作为技术负责人，我意识到自己沟通能力的欠缺，这促使我主动选修'团队领导力'课程。"这种反思性学习推动个体持续成长，超70％的创业学生表示，通过实践更清晰地认识了自己的核心竞争力与发展方向。

2. 经济发展：培养创新型人才，推动经济转型升级

创新型人才是国家经济高质量发展的核心引擎，创新创业教育承担着人才储备的战略使命。

新动能的培育：高校创业项目聚焦人工智能、新能源、生物医药等战略性新兴领域，直接服务于产业升级。某高校孵化的"氢能源电池研发"项目，汇聚化学、材料学、机械工程专业学生，在导师指导下攻克电池寿命难题，已吸引千万级融资并进入中试阶段，预计投产后可降低新能源汽车制造成本30％，成为经济转型的微观驱动力。

创业生态的构建：通过"校友创业圈""校企创新联盟"等机制，形成"教育—创业—产业"的良性循环。某高校创业校友企业每年回校举办"产业创新论坛"，分享行业

前沿动态，提供实习就业机会，同时反馈人才需求，推动高校调整培养方案。这种生态化运作使该校创业毕业生的企业存活率比全国平均水平高 22％，形成"人才培养—成果转化—产业集聚"的正向循环。

就业结构的优化：创业教育推动就业从"存量竞争"转向"增量创造"，催生大量新职业（如数据标注师、直播运营专员）。教育部数据显示，近五年高校创业毕业生创造的新就业岗位中，60％属于新兴领域，有效缓解了传统岗位的供需矛盾。例如，某高校创业团队开发的"直播电商培训平台"，不仅自身创造 50 余个就业岗位，更带动周边衍生岗位（如主播、助播、运营）就业超 200 人，体现了创业教育对就业结构的优化作用。

3. **教育目标实现：通过创新创业教育，实现知识传授与能力培养的统一**

创新创业教育是破解高校"重知识轻能力"弊端的关键抓手。

课程改革的突破：推动从"以教师为中心"到"以学生为中心"的转变，如"创业案例翻转课堂"要求学生主导案例分析，教师仅担任引导者。课堂中，学生需自主查阅资料、组织讨论、形成报告，互动频次较传统课程提升 3 倍，知识吸收率提高 40％。这种改革促使学生从被动接受者转变为主动探索者，真正实现"学为主体"。

评价体系的重构：建立"能力导向"的评价标准，将创业项目路演、商业计划答辩纳入学生考核体系。某高校将"创业实践"设为必修学分，学生需通过项目答辩方可毕业，答辩内容包括项目创意、执行过程、成果分析等，倒逼其从"应试学习"转向"应用学习"。这种评价体系使学生更注重知识的实际运用，而非机械记忆。

教育资源的整合：打破校内学科壁垒与校外界限，构建"政产学研用"协同育人平台。例如，学校与企业共建"创业实验班"，企业工程师参与课程开发，学生毕业设计直接对接企业技术需求，实现"毕业即上岗"的无缝衔接。实验班学生不仅掌握扎实的专业知识，更具备企业所需的实践能力，就业率连续三年达 100％，起薪较普通毕业生高 25％。

二、创新创业教育实践操作设计方案思路

（一）创新创业教育的课程体系

1. 基础课程：开设创业基础课程，教授创业理论和方法

基础课程作为创新创业教育的"入门基石"，旨在建立学生的理论认知框架，课程设计遵循"从宏观到微观、从理论到案例"的逻辑。

核心模块设置：

创业概论：讲解创业本质、历史脉络与时代价值，引入"全球创业观察（GEM）"数据，对比中外创业生态差异，拓宽学生视野。课程中，学生需分析中国"大众创业，万众创新"政策对创业生态的影响，结合本地创业案例，理解创业与社会发展的关联。

商业模式设计：运用"商业画布"工具，拆解亚马逊、奈飞等企业的价值创造逻辑，指导学生为虚拟项目设计初步商业模式。每节课设置"商业画布实战"环节，学生分组为校园内的真实场景（如打印店、奶茶店）重构商业模式，例如提出"按需打印＋文创定制"的转型方案，提升理论应用能力。

创业法律与伦理：聚焦公司法、知识产权法、商业伦理等内容，通过"创业法律风险模拟"（如股权分配纠纷、专利侵权案例）提升合规意识。模拟法庭活动中，学生分别扮演创业者、投资人、法官，辩论"技术入股比例是否合理""商业机密保护措施是否到位"，在实践中掌握法律要点。

教学方法创新：采用"理论讲授＋互动研讨＋工具训练"复合模式，每节课预留 30 分钟进行"创业思维训练"，如"电梯演讲"（60 秒阐述创业构想）、"反常识辩论"（如"创业是否必须颠覆式创新"），激活课堂参与度。某高校此类课程的学生课堂发言率达 85％，较传统课程提升 60％。

2. 实践课程：设计创业实践课程，提供项目实施机会

实践课程以"项目驱动"为核心，让学生在真实或模拟场景中应用理论知识，常见形式包括。

创业沙盘模拟课程：

课程目标：通过商业模拟软件（如"创业之星"），让学生体验企业从注册到运营的全流程，掌握财务报表分析、市场策略制定等技能。学生需在虚拟市场中与其他团队竞争，经历产品研发、生产、销售、财务管理等环节，理解企业运营的底层逻辑。

实施流程：分组扮演 CEO（首席执行官）、CFO（首席财务官）、CMO（首席市场官）等角色，每轮运营后进行财务数据复盘，教师针对性讲解成本控制、库存管理等知识点。例如，当某团队出现资金链断裂时，教师引导分析"是否因过度扩张导致现金流不足"，并讲解应对策略，如调整定价策略、优化供应链。

成果产出：提交《企业运营分析报告》，重点分析决策失误与改进方案，培养数据驱动的决策思维。参与学生普遍反映，通过沙盘模拟，对企业运营的系统性理解提升 70％，能更清晰地识别商业决策中的关键因素。

创业工作坊系列：

创意孵化工作坊：聚焦"从 0 到 1"的创意生成，运用"头脑风暴＋用户画像＋痛点分析"工具，帮助学生将想法转化为可落地的项目提案。工作坊中，学生需完成"用户需求调研—痛点排序—创意筛选—可行性分析"四步法，例如为"大学生职业规划"问题设计解决方案，通过访谈 50 位以上同学，提炼出"个性化职业测评＋导师匹配"的核心需求。

原型制作工作坊：联合校内实验室，提供 3D 打印、编程开发等技术支持，鼓励学生制作产品 Demo（如智能硬件原型、APP 测试版），培养"最小可行性产品（MVP）"思维。学生需撰写《原型制作报告》，说明功能设计、技术实现路径、用户测试反馈，例如某团队开发的"校园失物招领 APP"原型，通过 100 次用户测试，迭代 3 个版本后基本满足需求。

路演实战工作坊：邀请投资人、企业家担任评委，模拟真实路演场景，从 PPT 设计、演讲技巧、问答应对等维度进行训练，提升项目展示能力。学生需进行至少 3 次模拟路演，每次后获得评委详细反馈，如"商业计划书需突出核心竞争力""数据图表要简洁直观"，最终形成专业的路演方案。

校园微创业项目：

项目范围：支持学生在校园内运营轻资产项目，如二手交易平台、校园跑腿服务、文创产品设计等，学校提供场地支持与运营指导。项目需提交《校园创业申请表》，包含项目方案、团队成员、运营计划等，经评审通过后落地。

管理机制：设立"校园创业管委会"，制定项目准入标准与退出机制，要求定期提交运营报告，接受师生监督，确保商业行为合规。例如，校园跑腿服务需与学校后勤部门备案，保障食品安全与交通安全，避免无序竞争。

教育价值：让学生在低风险环境中积累运营经验，如某学生团队通过校园咖啡车项目，学会成本核算、客户关系管理、员工排班，为校外创业奠定基础。项目结束后，团队需撰写《创业总结报告》，分析盈利模式、用户满意度、改进空间，形成宝贵的实践经验。

3. 案例教学：通过成功案例分析，提升学生的实践能力

案例教学遵循"精选案例—深度拆解—迁移应用"的逻辑，成为连接理论与实践的桥梁。

案例选择原则：

多样性：涵盖不同行业（科技、文创、社会企业）、不同阶段（初创期、成长期、转型期），如早期拼多多（社交电商初创）、中期瑞幸咖啡（快速扩张）、晚期 IBM（战略转型）。每个案例配套行业分析报告、企业财务数据，帮助学生全面理解创业各阶段的关键挑战。

本土性：增加区域创业案例（如本地知名企业成长史），增强学生对地域商业环境的认知，例如分析"XX 本地生活服务平台如何应对美团竞争"，探讨区域市场的差异化策略。

争议性：引入"失败案例"（如 ofo 小黄车、共享充电宝退潮），组织"失败原因剖析会"，从商业模式、资源整合、团队管理等维度分析教训，培养学生的风险预判能力。

教学实施步骤：

① 案例预习：提前发放案例材料，要求学生运用"SWOT 分析""PEST 模型"进行初步分析，提交《案例预习报告》，记录核心发现与困惑。

② 课堂研讨：采用"角色扮演法"（如分组扮演创业团队、投资人、消费者），围绕"案例企业的核心竞争力是什么""如果是你会如何改进"展开辩论。教师适时引导，如在分析瑞幸咖啡案例时，提问"补贴策略是否可持续""如何平衡规模扩张与盈利目标"，激发深层思考。

③ 迁移应用：布置"案例重构任务"，要求学生结合所学理论，为案例企业设计新的商业模式或改进策略，形成《案例创新方案》。例如，为 ofo 小黄车设计"共享单车＋广告变现＋社区服务"的转型方案，培养创新思维与问题解决能力。

（二）创新创业的实践平台

1. 创业孵化平台：建立创业孵化基地，支持学生开展创业项目

创业孵化基地作为创新创业教育的物理载体，需具备"空间支持＋资源对接＋能力培

育"三重功能。

空间与设施：

功能分区：设置开放式办公区、路演厅、洽谈室、实验室，满足不同创业项目需求。开放式办公区提供共享工位，促进团队间交流；路演厅配备专业设备，用于项目展示与融资对接；实验室提供 3D 打印机、编程服务器等，支持科技类项目研发；洽谈室供团队与客户、投资人沟通，营造真实的办公环境。

智能化管理：引入孵化管理系统，实现项目入驻申请、导师预约、活动报名等线上化。学生可通过系统提交项目计划书、查询孵化进度、报名参加培训活动，系统自动匹配相关资源，提升服务效率。

孵化服务体系：

初创支持：提供工商注册代办、财税代理、法律咨询等基础服务，降低创业门槛。学校与当地市场监管局、税务局合作，设立"创业服务绿色通道"，学生无需往返政府部门，即可完成企业注册与税务登记。

成长赋能：定期举办"创业大讲堂""投融资对接会"，邀请成功企业家分享实战经验，对接天使投资、风险投资机构。例如，每月一次的"创业者说"活动，邀请校友创业家分享创业历程，解答学生疑问，激发创业热情。

成果转化：与产业园、孵化器建立合作，对成熟项目提供政策对接、场地推荐等加速服务。当学生项目通过孵化基地评审后，可推荐至政府主导的创业园区，享受租金减免、政策补贴等优惠，推动项目从"校园孵化"走向"市场运营"。

典型运营模式：某高校"创客空间"实行"三级孵化机制"：

① 萌芽期：提供免费工位与基础培训，帮助项目完成商业计划书。学生团队入驻后，可参加"创业基础训练营"，学习商业模式设计、团队管理等课程，导师定期指导项目方向。

② 成长期：引入校友资源，提供一对一创业指导，支持参加各类创业大赛。校友导师为团队提供行业资源、商业建议，帮助优化项目方案，提升参赛竞争力。

③ 成熟期：对接政府创业园区，协助办理入驻手续，提供持续跟踪服务。园区内的企业可优先参与校企合作项目，获取高校科研支持，形成产学研协同发展。

2. 竞赛平台：组织学生参加创新创业大赛，提升项目水平

竞赛是检验创业项目成熟度的重要场景，学校需构建"校级初赛—省级复赛—全国决赛"的阶梯式培育体系。

赛前培育：

种子项目选拔：通过创业项目征集、路演选拔，确定重点培育项目，组建"竞赛特训营"。特训营成员需通过简历筛选、项目答辩等环节，确保项目具有较高潜力。

专项培训：开设"商业计划书撰写""路演 PPT 设计""答辩技巧"等专题工作坊，邀请往届获奖团队分享经验。工作坊中，学生学习如何突出项目亮点、如何用数据支撑观点、如何应对评委尖锐提问，提升参赛项目的专业性。

模拟答辩：邀请企业家、投资人组成"模拟评审团"，对项目进行多轮"问诊"，提出改进建议。每次模拟答辩后，团队需根据意见修改商业计划书与路演方案，至少进行 3 次迭代，确保项目逻辑严密、亮点突出。

赛事参与策略：

差异化定位：根据赛事特点（如"互联网＋"大赛侧重商业模式，"挑战杯"侧重技术创新），指导项目突出优势特色。例如，技术类项目参加"挑战杯"时，重点展示专利技术、研发团队、技术壁垒；商业模式创新项目参加"互联网＋"大赛时，突出用户增长策略、盈利模式、市场前景。

资源整合：鼓励跨校、跨专业组队，引入校外智力支持（如企业技术顾问、设计师志愿者），提升项目竞争力。跨校合作能带来不同高校的优势资源，跨专业组队实现技术与商业的深度融合，校外顾问则提供行业前沿视角。

价值延伸：竞赛不仅是项目比拼，更成为学生拓展人脉、了解行业动态的平台。某高校参赛团队在"中国'互联网＋'"大赛中结识投资人，赛后获得500万元天使投资，实现从学生团队到初创企业的跨越；另有团队通过竞赛了解到行业痛点，赛后调整创业方向，获得更广阔的市场空间。

3. 合作平台：与企业合作，提供实习和就业机会

校企合作平台通过"资源共享、优势互补"，构建创新创业教育的"全真场景"。

实习实训合作：

创业相关岗位实习：与企业共建"创新部门实习岗"，如腾讯"微信小程序创新实习"、字节跳动"产品经理助理岗"，让学生参与真实创业项目的策划与执行。实习期间，学生需跟随企业导师完成需求分析、产品迭代等任务，撰写《实习成果报告》，积累实战经验。

案例库共建：企业提供内部创业案例（如新产品研发失败案例、市场拓展成功经验），作为高校教学素材，同时接收学生参与企业创新课题研究。例如，某电商企业与高校共建"新零售创新案例库"，学生通过分析企业真实数据，撰写《电商直播运营策略分析报告》，为企业提供决策参考。

联合培养项目：

创业精英班：企业与高校共同制定培养方案，企业高管担任"产业导师"，课程包含"企业创新战略""商业实战沙盘"等模块。学生在精英班中接受校内教师与企业导师的双重指导，参与企业项目实践，毕业可优先进入合作企业就业，实现"学习—实践—就业"的无缝对接。

技术研发合作：高校实验室与企业研发部门联合攻关，学生以"研发助理"身份参与技术转化项目。例如，某高校与新能源企业合作开发锂电池回收技术，学生在项目中负责数据收集与分析，积累专利申报与成果转化经验，部分学生毕业后直接加入企业研发团队。

就业对接机制：

创业企业专场招聘会：邀请校友创业企业、合作孵化企业入校招聘，提供创业相关岗位（如初创公司运营岗、创新专员）。招聘会设置"创业企业展区"，企业现场展示创业历程与招聘需求，学生可直接与创始人沟通，增加就业匹配度。

创业就业双选会：设置"创业项目人才需求区"，允许学生以创业团队名义招聘成员，同时为创业企业定制人才培养方案。例如，某学生创业团队在双选会上招募技术合伙人，学校提供招聘指导与场地支持，促进创业项目与人才的精准对接。

（三）创新创业的支持体系

1. 政策支持：制定相关政策，支持学生创业

政策保障是创新创业教育落地的重要支撑，需涵盖激励、保障、服务多个维度。

激励政策：

学分置换制度：允许学生用创业实践成果（如商业计划书、专利证书）置换"实践学分"，每完成一个校级创业项目可兑换2～4学分。置换标准明确，如省级创业大赛获奖可兑换4学分，校园微创业项目通过验收可兑换2学分，激发学生参与积极性。

创新创业奖学金：设立专项奖励基金，对优秀创业项目、创业竞赛获奖者给予表彰。奖学金分为一、二、三等奖，奖励额度根据项目影响力确定，获奖项目可优先入驻孵化基地，提升学生创业热情。

保障政策：

弹性学制管理：允许学生申请"创业休学"，休学期间保留学籍，创业成果可作为毕业考核依据。休学申请需提交创业项目计划书，经学校创业委员会评审通过后生效，休学年限为1～2年，其间学生可专注创业项目，无学业压力。

创业风险保障：建立"创业风险保障机制"，为创业失败学生提供一定的帮扶措施，如免费参加创业培训、优先推荐实习岗位，降低试错心理压力，鼓励学生勇于尝试。

服务政策：

一站式服务中心：在校内设立"创业服务窗口"，集中办理工商注册、税务登记、政策咨询等事项，对接政府"大学生创业绿色通道"。窗口配备专业辅导员，提供流程指导、材料审核等服务，让学生无需校外奔波即可完成创业前期准备。

创业信息平台：开发"创业政策库""市场数据平台"，实时更新行业报告、融资资讯、创业大赛信息，为学生提供决策支持。平台设置政策解读、案例库、在线答疑等板块，学生可随时查询最新创业动态，获取实用信息。

2. 导师团队：组建导师团队，提供专业指导

导师团队的多元化构成是创业教育专业性的重要保障，需整合校内学术资源与校外实战力量。

导师类型与分工：

校内学术导师（40%）：具备创业研究背景的教师，负责商业模式理论指导、项目可行性分析，如指导学生运用"精益创业"理论进行项目迭代。学术导师定期与学生团队召开线上会议，分析市场数据，提供理论支持，确保项目方向的科学性。

校外实务导师（50%）：企业家、投资人、创业成功者，分享行业经验与资源，如指导学生撰写投资人关注的"商业计划书核心摘要"。实务导师通过线下工作坊、一对一咨询等形式，传授实战技巧，帮助学生少走弯路。

校友导师（10%）：毕业创业校友，提供"过来人"视角，如分享从校园创业到社会创业的过渡经验，帮助学弟学妹少走弯路。校友导师组建"创业校友联盟"，定期回校开

展分享会，建立"校友—在校生"结对帮扶机制。

指导形式创新：

"1＋1＋1"导师组：每个创业项目配备1名校内导师、1名企业导师、1名校友导师，定期召开"三方指导会"，解决理论、实践、情感支持等多方面问题。指导会采用线上线下结合的方式，确保学生在商业模式、技术研发、创业心态等方面获得全面指导。

导师云平台：搭建线上沟通平台，学生可随时预约导师咨询，上传商业计划书获取书面反馈，导师通过平台发布创业微课、直播答疑。平台设置"导师评价"功能，学生可对导师指导效果打分，促进导师提升服务质量。

导师考核机制：建立《导师贡献度评估表》，从指导时长、项目孵化成效、学生满意度等维度进行考核。对优秀导师给予教学工作量认定、年度表彰等激励，如连续两年考核优秀的导师，可推荐为"创新创业教育杰出贡献者"，提升导师参与的积极性。

结语

创新创业教育是高校回应时代需求的主动选择，更是培养担当民族复兴大任时代新人的必然路径。从理论层面的创新精神培育，到实践层面的创业能力训练，再到政策层面的支持体系建构，每个环节都承载着"唤醒潜能、赋能成长"的教育使命。

高校需以系统思维构建"理论奠基—实践淬炼—生态赋能"的创新创业教育体系，让学生在创意碰撞中激发灵感，在创业实践中磨砺意志，在失败挫折中积累智慧。当创新创业教育真正融入人才培养全过程，我们培养的将不仅是掌握创业技能的"求职者"，更是具备创新思维、勇于挑战未知、敢于创造价值的"时代创新者"。

这一过程需要教育工作者以更大的决心打破传统教育壁垒，以更开放的姿态整合社会资源，以更包容的心态接纳试错与失败。唯有如此，创新创业教育才能真正成为培育创新基因的沃土，让每个学生的创意种子都有机会在时代的土壤中生根发芽，成长为推动社会进步的参天大树。

第三节　志愿服务教育实践

一、志愿服务教育理论意义剖析

（一）志愿服务的内涵与意义

志愿服务是高校德育实践的重要组成部分，是以"奉献、友爱、互助、进步"为核心精神，以服务社会、促进个人成长为目标的非营利性实践活动。它不同于简单的体力付出，而是通过有组织的社会服务，让学生在帮助他人、解决社会问题的过程中实现个人价值与社会价值的共同提升。这种实践活动具有鲜明的实践性、开放性和教育性，能够让学生走出校园，在真实的社会场景中感受责任、理解价值、提升能力。

1. **社会责任感：培养学生的社会责任感，增强服务意识**

社会责任感是个体对他人、对社会的责任认知与行动意愿，是德育的核心目标之一。

志愿服务为学生提供了承担社会责任的具体场景,让他们在服务中亲身体验社会问题,从而将"责任"从抽象的概念转化为具体的行动。例如,在社区助老服务中,学生定期探访独居老人,帮助他们购买生活物资、陪同就医、开展文化活动,目睹老龄化社会中老年人面临的生活不便和情感缺失,进而意识到自己作为社会成员的责任。某高校"银龄陪伴计划"的参与者发现,许多老人不仅需要生活上的帮助,更渴望情感上的陪伴,于是主动设计了"老照片故事分享会""代际沟通工作坊"等活动,这种基于真实需求的服务,使学生的责任意识从被动接受转变为主动践行。环保志愿服务中,学生通过参与河流污染调研、垃圾分类宣传、植被保护等活动,亲身感受到环境问题的紧迫性,从而在日常生活中主动践行低碳行为。数据显示,参与过环保志愿服务的学生,在日常生活中主动进行垃圾分类、节约资源的比例比未参与者高 65%,体现了服务意识向日常行为的深度迁移。

2. 价值观塑造:通过志愿服务,塑造学生的正确价值观

价值观的形成需要经历认知、体验、践行的过程,志愿服务为学生提供了价值观实践的平台,让他们在服务中感受不同的生活状态,理解社会的多样性,从而形成正确的世界观、人生观、价值观。在支教服务中,城市学生深入农村学校,看到留守儿童在教育资源、情感关怀上的缺失,从最初的"知识传授者"逐渐转变为"成长陪伴者"。他们不仅教授课本知识,还关注学生的心理健康,组织"梦想分享会""书信交流活动",帮助留守儿童建立自信和对未来的向往。这种经历让学生深刻理解教育公平的内涵,同理心和社会责任感显著增强。在公益救援志愿服务中,学生参与灾害应急演练、社区安全培训,甚至在真实的疫情防控、地震救援中承担高危岗位,亲身体会到"舍小家为大家"的奉献精神,从而对集体主义价值观有了更深刻的认同。相关调查显示,长期参与此类服务的学生,其集体主义价值观认同度比普通学生高 37%,体现了志愿服务在价值观塑造中的重要作用。

3. 团队协作能力:提升学生的团队协作能力和沟通能力

志愿服务项目往往需要多人协作完成,复杂的服务内容和多元的服务对象,要求学生在分工合作中学会倾听、协调和配合,这是课堂教学难以替代的实践优势。在大型公益活动策划中,学生需要分别承担策划、执行、宣传、后勤等不同角色,每个角色都需要与其他成员密切配合。例如,在"校园公益嘉年华"项目中,负责赞助洽谈的学生需要与企业沟通合作细节,负责活动设计的学生需要考虑参与者的体验,负责宣传的学生需要通过多种渠道推广活动,各环节环环相扣,任何一个环节的失误都可能影响整体效果。这种真实的协作场景迫使学生学习如何有效沟通、如何协调资源、如何解决团队冲突,从而提升团队协作能力。某高校跟踪调查显示,参与过此类项目的学生,在毕业后的职场评估中,团队协作能力得分比普通学生高出 29%,体现了志愿服务对这一能力的长效影响。此外,志愿服务中需要与不同群体沟通,如残障人士、老年人、儿童等,学生需要根据对方的特点调整沟通方式,这种多元沟通场景的实践,能够显著提升他们的沟通能力和应变能力。

(二)志愿服务教育的理论基础

1. 社会学习理论:通过社会互动,学习社会规范和价值观

班杜拉的社会学习理论认为,个体通过观察他人的行为及其后果来学习社会规范和价

值观，志愿服务为学生提供了丰富的观察样本和学习场景。在"道德模范进社区"志愿服务中，学生有机会近距离观察全国劳模、社区工作者、公益领袖等榜样人物如何处理邻里纠纷、如何动员社会资源、如何坚守道德原则。这些真实榜样的行为模式比教材中的案例更具感染力和说服力，能够让学生在观察中模仿和学习。例如，某学生在跟随社区工作者调解物业纠纷时，看到工作者耐心倾听双方诉求、公平协调利益关系，深受触动，之后在班级事务处理中主动运用"耐心倾听 — 利益平衡 — 共识达成"的沟通技巧，成为师生认可的"协调能手"。此外，同伴在志愿服务中的积极表现，如获得社区表彰、收到受助者的感谢信等，也会对学生产生替代强化作用，激发他们的亲社会行为。某高校"志愿服务之星"评选活动中，获奖者的先进事迹被制作成短视频在校园传播，观看视频的学生中，主动报名参与志愿服务的比例提升了 55％，体现了社会学习理论在志愿服务教育中的实际应用。

2. 道德发展阶段理论：强调道德实践的重要性

科尔伯格的道德发展阶段理论将道德发展分为前习俗、习俗和后习俗三个阶段，指出道德认知的提升需要通过道德实践来实现。志愿服务为学生提供了道德实践的平台，让他们在处理实际问题中进行道德判断和选择，推动道德发展阶段的跃迁。在"流浪动物救助"志愿服务中，学生面临"捕捉绝育"与"自由放养"的伦理争议，需要查阅动物保护法律、咨询兽医专家、组织社区听证会，综合各方意见形成解决方案。这个过程中，学生不仅运用法律和科学知识，更需要进行道德权衡，从最初的"服从权威"（前习俗阶段）逐渐转变为"基于普遍伦理原则"（后习俗阶段）做出决策。某高校对参与此类项目的学生进行长期跟踪发现，坚持三年以上志愿服务的学生，78％ 达到了道德发展的后习俗阶段，能够自觉将个人行为与社会公正、人类福祉等更高层次的道德原则相联系。志愿服务中的道德困境处理成为学生道德认知提升的重要驱动力。

3. 体验式学习理论：强调通过实践提升道德水平

体验式学习理论认为，学习是"体验 — 反思 — 理论 — 应用"的循环过程，志愿服务完美契合这一理论，为学生提供了完整的学习循环场景。在"山区扶贫调研"中，学生首先深入贫困山区，与村民同吃同住，参与农业生产和家庭生活，获得对贫困现状的直观体验；随后，团队每天召开复盘会，记录所见所闻，分析贫困的成因和解决路径，进行深度反思；接着，结合社会学、经济学理论对调研数据进行分析，形成对扶贫政策的系统认知；最后，将理论认知转化为具体行动，如设计山区农产品推广方案、推动电商扶贫项目落地。这种体验式学习让学生对"精准扶贫"的理解远超课本知识，能够从政策层面和实践层面综合思考社会问题的解决之道。体验式学习理论指导下的志愿服务，使学生在实践中完成对知识的主动建构，实现道德水平和认知能力的双重提升。

（三）志愿服务教育的价值

1. 个人成长：提升学生的综合素质，促进全面发展

志愿服务对学生的个人成长具有多维度的积极影响，是实现"全人教育"的重要途径。在认知层面，志愿服务促使学生运用跨学科知识解决实际问题，培养系统思维和问题解决能力。例如，环境专业学生参与"河流生态修复"项目时，需要综合运用生态学知识

分析污染成因，运用法学知识研究环保政策，运用传播学知识设计公众宣传方案，这种跨学科实践使他们形成了"技术治理 ＋ 政策倡导 ＋ 公众参与"的立体解决方案，认知能力得到显著提升。在情感层面，志愿服务培养学生的同理心和社会责任感。特殊教育志愿服务中，学生通过与孤独症儿童互动，学会观察非语言信号，调整沟通方式。情感智力（EQ）测评显示，他们的同理心和情绪管理能力平均提升 35％。在技能层面，志愿服务提供了丰富的实践机会，支教服务培养学生的教学设计和课堂管理能力，医学专业学生参与社区义诊提升临床诊断和沟通能力，这些实践技能与职业能力高度匹配。某师范大学数据显示，参与过支教的学生，教师资格证通过率比未参与者高 28％，体现了志愿服务对职业发展的促进作用。

2. 社会发展：通过志愿服务，推动社会和谐发展

大学生志愿服务是社会治理的重要补充力量，在社区治理、文化传承、环境保护等领域发挥着积极作用。在社区治理方面，学生团队通过深入调研社区需求，设计并实施"共享工具房""社区议事厅"等微治理项目，激发居民参与社区事务的积极性，提升社区自治水平。某老旧小区在学生帮助下，通过建立"社区青春议事员"制度，居民自治率从 15％ 提升至 62％，相关经验被收录进《城市社区治理优秀案例集》，成为基层治理的典范。在文化传承方面，学生参与非遗保护志愿服务，通过短视频记录传统手工艺制作过程、开发非遗体验课程，使面临失传的地方戏曲、传统技艺重新进入公众视野，受众数量显著增加，推动了传统文化的活态传承。在环境保护方面，大学生环保志愿服务队参与水质监测、植被修复、垃圾分类等活动，成为生态保护的重要力量。某高校团队连续十年在荒漠化地区种植耐旱植物，累计植树 5000 余棵，使当地沙尘暴天数减少 25％，生态环境得到明显改善。

3. 教育目标实现：通过志愿服务，实现知识传授与品德培养的统一

志愿服务是高校落实"立德树人"目标的重要载体，推动德育从理论传授向实践养成转变。在课程思政建设中，志愿服务成为重要的实践载体，学生在"红色文化宣讲""社区普法"等服务中，通过走访老党员、整理革命故事、普及法律知识，深入理解社会主义核心价值观的内涵，使理想信念教育更具感染力。在专业教育中，志愿服务成为实践教学的延伸，医学专业学生通过社区义诊将课堂所学转化为健康服务能力，外语专业学生在国际赛事志愿服务中提升跨文化沟通能力，实现了专业学习与品德培养的深度融合。此外，将志愿服务纳入学生综合素质评价体系，建立"服务时长＋成效评价＋反思报告"的多元考核机制，促使学生将品德培养从被动接受转变为主动实践。某高校规定毕业需完成 80 小时志愿服务，推动了"品德培养"从软要求变为硬指标，确保了教育目标的有效实现。

二、志愿服务教育实践操作设计方案思路

（一）志愿服务的类型与形式

1. 社区服务：参与社区建设，提供志愿服务

社区服务是最基础、最贴近民生的志愿服务形式，以满足社区居民日常需求为导向，强调服务的持续性和嵌入性。在老年服务方面，学生开展"银龄数字课堂"，帮助老年人学习使用智能手机，解决"数字鸿沟"问题；建立"时间银行"，学生用志愿服务时长兑

换老年大学课程，促进代际互助。某社区在学生团队的帮助下，安装了"一键呼叫系统"，将独居老人的应急响应时间缩短至 3 分钟，显著提升了老年人的安全感。在儿童服务方面，"四点半课堂"为双职工家庭子女提供课后作业辅导和兴趣拓展活动，"留守儿童书信计划"搭建城市学生与农村儿童的长期沟通桥梁，某团队开发的"儿童安全绘本"在多个社区推广，覆盖儿童 2000 余人，有效提升了儿童的安全意识。在社区治理服务中，学生担任"社区青春议事员"，参与物业费调整、停车位规划等居民听证会，提出的"错峰停车方案""社区微更新计划"等被社区采纳，推动了基层治理的创新和社区环境的改善。

2. 支教服务：深入农村学校，开展支教活动

支教服务以教育帮扶为核心，致力于提升农村地区教育质量，关注学生的知识学习和全面发展。常规支教中，学生志愿者在农村中小学开设趣味科学、艺术启蒙、英语口语等特色课程，激发学生的学习兴趣。某支教团队设计的"北斗导航科普课""非遗进校园"等课程，让山区学生接触到前沿科技和传统文化，相关教学视频在网络上广泛传播，扩大了教育影响力。在学业辅导方面，建立"一对一"结对帮扶机制，针对留守儿童的薄弱学科制定个性化辅导计划，某支教队辅导的学生，数学平均分提升 22 分，升学率提高 18％，取得了显著的教育成效。特色支教项目注重学生的心理关怀和职业启蒙，开展"情绪管理工作坊""梦想分享会"等活动，为留守儿童建立心理档案，帮助他们健康成长；组织"大学生活体验营"，带领农村学生参观高校实验室、图书馆，激发他们的学习动力和对未来的向往。

3. 环保服务：参与环保活动，增强环保意识

环保服务以解决生态环境问题为目标，涵盖调研、宣传、实践等多个层面。在调研监测方面，学生定期采集河流、土壤样本，分析污染物含量，为政府治理提供数据支持。某高校团队连续三年监测某河流污染情况，相关报告促使政府加大治理投入，该河段水质从 Ⅴ 类提升至 Ⅲ 类。在生物多样性调查项目中，学生在湿地公园、森林保护区记录鸟类迁徙、植物生长数据，制作城市生态地图，为生态保护提供科学依据。在实践行动方面，学生积极参与垃圾分类推广，设计"环保积分超市""垃圾分类趣味竞赛"等活动，提高居民参与度。某社区实施学生设计的垃圾分类方案后，准确率从 30％ 提升至 75％。在植被修复项目中，学生在荒漠化地区、水土流失区域种植耐旱植物，建立"大学生生态林"，十年累计植树 5000 余棵，有效改善了当地生态环境。

4. 公益活动：参与公益活动，增强社会责任感

公益活动以倡导社会价值、汇聚社会资源为目标，形式多样且富有创意。在筹款类活动中，学生为罕见病患者、贫困地区儿童发起"一元捐""义卖义演"等活动，通过短视频、直播等新媒体手段讲述受助者故事，广泛动员社会力量参与。某团队为罕见病患者发起的众筹活动，24 小时内筹集善款 80 万元，帮助 30 名患者获得治疗；毕业季义卖活动累计捐赠图书 12000 册，覆盖 23 所农村小学，改善了当地的阅读条件。在倡导类活动中，学生制作反校园暴力、性别平等、心理健康等主题的公益短片，举办论坛，引发社会关注。《沉默的伤害》反校园暴力短片在短视频平台播放量超 200 万次，推动多所中小学建立防欺凌干预机制；"她力量"性别平等论坛邀请女性创业者分享经历，发起的"职场性别歧视匿名投稿"活动收到有效案例 500 余个，促成多家企业修改招聘条款，推动了社会

观念的进步。

（二）志愿服务的组织与实施

1. 项目策划：设计志愿服务方案，明确服务内容和形式

项目策划是志愿服务的起点，需要遵循"需求导向＋可行性分析"原则，确保服务精准有效。在需求调研阶段，学生通过问卷调查（样本量不少于 200 份）、深度访谈（对象不少于 30 人）、实地观察（时长不少于 40 小时）等方法，全面了解服务对象的需求，绘制"居民需求热力图""社区问题清单"，识别高频需求和亟待解决的问题。例如，在社区服务策划前，通过需求评估发现老年护理、儿童托管是居民最迫切的需求，从而确定服务重点。方案设计阶段，运用 SMART 原则设定具体、可衡量、可实现、相关联、有时限的目标，如支教项目设定"一学期内使受助学生阅读能力提升一个等级"的目标。内容规划分阶段实施，明确各阶段任务和时间节点，同时制定风险预案，针对可能出现的问题（如天气变化、沟通障碍、资源短缺等），提前准备应对措施，确保项目顺利实施。

2. 团队组建：组建志愿服务团队，明确成员职责

高效的志愿服务团队需要科学的分工和良好的协作机制。在角色分工上，根据项目需求设立项目队长、调研专员、宣传专员、执行专员等岗位，明确各岗位的核心职责和能力要求。项目队长负责统筹规划、资源协调和进度把控，需要具备较强的领导力和沟通能力；调研专员负责需求分析和数据整理，适合具备统计学、社会学知识的学生；宣传专员负责素材制作和媒体传播，需要掌握传播学、设计等相关技能；执行专员负责活动组织和现场协调，注重执行力和责任心。团队建设方面，通过破冰活动快速建立成员间的信任，开展岗前培训，内容包括服务技能、伦理规范、安全须知等，培训时长不少于 8 小时。制定《团队公约》，建立每日工作总结、问题即时沟通等制度，营造积极向上的团队文化，提升团队凝聚力和执行力。

3. 资源协调：整合学校和社会资源，确保服务顺利进行

资源整合是志愿服务项目成功的关键，需要充分调动校内校外资源。校内资源方面，争取教务处、团委、后勤处等部门的支持，教务处认定志愿服务学分，团委提供活动经费，后勤处协助场地和车辆申请。同时，发挥专业教师和学术资源的作用，马克思主义学院教师指导价值观提炼，专业教师提供技术支持，图书馆开放专业数据库，为项目实施提供理论和技术保障。校外资源方面，与政府部门、社会组织、企业建立合作关系，从民政局获取社区需求清单，从教育局获取支教学校名单，与公益组织共建项目获取专业指导，向企业争取物资捐赠和场地支持。通过"校社联动""校企合作"，形成资源共享、优势互补的良好局面，为志愿服务项目提供全方位支持。

4. 过程管理：定期检查服务进度，及时解决问题

科学的过程管理确保志愿服务质量可控。前期准备阶段，制定详细的物资清单，包括个人物品、项目物资、应急物资，提前完成采购和调试，明确人员分工和每日任务表，责任到人。中期监控阶段，建立每日简报制度，通过小程序上传服务进展、照片和问题反馈，指导教师及时回复和指导；每周召开例会，总结进度，分析问题，调整方案，确保项目按计划推进。例如，某支教团队通过周例会发现学生参与度不高，及时调整教学方法，

增加互动环节，使课堂效果明显提升。后期总结阶段，整理服务记录、受助者反馈、媒体报道等资料，召开团队复盘会，用"收获—不足—改进"框架进行深度反思，形成总结报告，为后续项目积累经验。

（三）志愿服务的效果评估

1. 评估指标：包括服务效果、学生收获、社会影响等

建立"三维度"评估体系，全面衡量志愿服务的价值。服务效果方面，设定定量指标如服务时长、覆盖人群、问题改善数据，以及定性指标如受助者评价、合作方反馈，确保客观反映服务的实际成效。学生收获方面，关注能力提升和价值观变化，通过同伴互评、前后测问卷、反思报告等方式，评估学生在沟通能力、团队协作、社会责任感等方面的进步。社会影响方面，考察政策采纳情况、媒体传播效果以及对社会资源的动员能力，如项目是否引发更多人参与、是否推动相关政策或社会观念的改变。

2. 评估方法：通过问卷调查、访谈和报告评估服务效果

采用多元评估方法，确保评估的客观性和全面性。定量评估通过设计《志愿服务成效问卷》，对学生和受助者进行大规模调查，运用统计软件分析服务前后的差异。定性评估通过深度访谈和文本分析，选取部分学生和受助者进行半结构化访谈，分析《服务总结报告》《反思日记》等文本，提取关键词和主题，展示学生的认知变化和情感体验。此外，引入第三方评估，邀请社区工作者、公益组织专家、高校教师组成评估小组，从专业性、创新性、可持续性等维度对项目进行打分和评价，确保评估的公正性和权威性。

3. 反馈改进：根据评估结果，调整服务方案，提升服务质量

建立"评估—反馈—改进"闭环机制，推动志愿服务项目持续优化。对评估中发现的共性问题，如培训不足、资源短缺等，进行系统性改进，增设相关课程，拓展资源渠道。对个性问题，如某项目的沟通机制不畅，进行针对性调整，完善沟通流程和工具。将优秀项目案例入库，作为典型经验供其他团队参考，同时根据评估结果调整相关课程内容，优化志愿服务教育体系。对评估优秀的项目建立传承机制，通过老队员带新队员、经验分享会等方式，确保服务标准和项目成果得以延续，形成志愿服务的长效发展模式。

 案例精选 ....

案例 1　南昌交通学院校外德育实践基地

南昌交通学院自 2018 年以来把德育实践工作放在人才培养的核心位置，构建了党委书记亲自抓、校领导具体抓、学工处系统抓、思政部及学院协同抓的德育共育机制，不断通过内涵引领、师资优化、示范带动、教学支撑、模式创新、实践融合、科研保障，推动德育实践成体系、出品牌、见长效。学校开展德育实践活动，鼓励学生"走出去"。德育实践活动的开展不仅仅局限于校内，学校充分利用南昌英雄城红色文化资源开展德育实践活动。除此之外，学校积极地在全市范围内发展德育实践基地，至今与红色教育基地、社会福利机构、志愿服务组织、中小学及基层社区等 16 个场所签约建立德育实践基地（表7-1），达成共育合作。学生可定期前往基地开展观摩学习、志愿服务等活动。校外德育实践基地的建设让我校学子能够亲临其境，接受沉浸式的思想政治教育。

序号	签约、授牌基地	签约、授牌时间
1	江西省残疾人综合服务中心	2018 年 4 月
2	新建区特殊教育学校	2018 年 5 月
3	高安市大城镇敬老院	2018 年 12 月
4	方志敏烈士陵园	2018 年 12 月
5	南昌市百兴学校	2019 年 3 月
6	江西省革命烈士德育实践基地	2019 年 11 月
7	江西省档案馆	2019 年 12 月
8	南昌市老年颐养中心	2019 年 12 月
9	南昌市蛟桥镇金嘉名筑社区	2021 年 5 月
10	宜春市靖安县香田乡黄龙小学	2021 年 12 月
11	江西省靖安县西头村	2022 年 7 月
12	江西省靖安县香田中心小学	2023 年 4 月
13	江西省靖安县罗湾乡南村小学	2023 年 5 月
14	江西省奉新县干洲敬老院	2024 年 4 月
15	江西省靖安县水口乡敬老院	2024 年 5 月
16	江西省靖安县香田乡黄龙村	2024 年 6 月

案例 2　南昌交通学院德育实践系列活动

南昌交通学院德育实践活动有计划、有组织、有目标地开展，体制健全完善。四
（五）年制全日制本科生一年级第一学期德育实践必选项目开展理想信念教育实践、思想
道德素养实践、心理调适教育实践及靖安中华传统文化园教育实践；一年级第二学期德育
实践必选项目开展基础文明素养实践、平安和谐教育实践、校园文化教育实践及靖安中华
传统文化园教育实践；二年级第一学期德育实践必选项目开展理想信念教育实践、道德情
操素养实践、遵纪守法教育实践及身心健康素养实践；二年级第二学期德育实践必选项目
开展学习力提升教育实践、社会实践教育实践、创新创业教育实践及志愿服务教育实践；
三年级第一学期德育实践必选项目开展理想信念教育实践、励志成才教育实践、品行修养
教育实践及学术科技创新实践；三年级第二学期德育实践必选项目开展文化身心素养实
践、美学艺术素养实践、安全法纪教育实践及职业素养能力提升实践；毕业年级开展德育
实践论文及总结、德育实践答辩。德育实践必选项目将大学生置于具体实践活动环境中，
加深学生对思想政治理论的理解和认同，增强践行社会主义核心价值观的思想自觉和行动
自觉，达到内化于心、外化于行、知行合一的效果。

1. 南昌交通学院开展德育研学实践活动　传承文化　厚植家国情怀

2025 年 4 月，南昌交通学院尚德班学员与国旗护卫队队员共赴靖安县中华传统文化园，开展了一场融合文化研习、体能磨砺与精神培育的德育研学实践活动。通过"登山明志、经典诵读、专家授课、心得分享"多个环节，学员们在自然与人文的浸润中深化家国情怀，构筑德育成长闭环。

清晨，红墙黄瓦的中华传统文化园内传来琅琅书声。学员们立于亭台楼阁间，诵读唐代文学家刘禹锡的《陋室铭》，在"山不在高，有仙则名；水不在深，有龙则灵"的隽永诗句中，感受传统文化中淡泊明志、宁静致远的精神内核。结合后续登山体验，学员们进一步体会"无丝竹之乱耳，无案牍之劳形"的哲思，将文化经典与身心磨砺相勾连。

此次研学以登山活动为载体，设置全程徒步挑战路线。参与学员在登顶后表示："攀登过程虽艰辛，但让我们深刻体会到'不畏险阻、持之以恒'的奋斗精神。"

此外，学校还邀请陆军步兵学院教授举办国防教育讲座，邀请中国科学院物理学博士解析科技前沿，并安排优秀校友分享职业成长经历，构建"文化自信—家国情怀—实践认知"三维课堂。

活动尾声，学员们开展"尚德故事分享会"，结合传统文化研习、专家讲座启发及个人成长规划，制订下一阶段德育目标。国旗护卫队队员在分享中提道："在经典中读懂文化基因，在挑战中锤炼意志品质，这种'认知—体验—内化'的闭环模式，让我们对未来职业发展有了更清晰的方向。"

南昌交通学院学生工作处领导介绍，此次研学是学校"五育并举"育人体系的实践延伸。通过沉浸式文化体验、跨学科知识融合及目标导向的反思环节，学员们不仅增强了爱国意识与文化自信，更在自我管理、团队协作等能力上获得显著提升。未来，学校将持续探索"行走的课堂"，将德育实践转化为青年成长的内生动力。（南昌交通学院闵淑琴、杜毓峰供图文；来源：中国网、中国日报中文网、江西新闻）

2. "商"善若水德育行　支教路上共筑梦

南昌交通学院商学院开展"崇德向善　共'童'成长"德育实践活动

2024 年 5 月，南昌交通学院商学院第三次组织学生志愿者前往江西省宜春市靖安县官庄镇德育教育合作基地罗湾乡南村小学，开展了一系列德育实践活动，紧密结合"商善若水"党建品牌理念，为当地小学生带去了知识的甘霖和智慧的火花。

创意手工　创意无限

志愿者们带来了丰富多彩的手工材料和工具，他们耐心细致地指导孩子们用超级黏土制作各种手工艺品。孩子们在引导下很快掌握了基本的制作技巧，充分发挥了自己的想象力和创造力，创作出了许多独特的作品。志愿者们也被孩子们的创造力和热情所感染，纷纷加入孩子们的创作中，与他们共同享受手工艺术的乐趣。

演绎生活　情感碰撞

志愿者们精心策划了多个情景短剧剧本，内容涵盖了历史、文化、科学等多个领域。他们与孩子们共同排练，让孩子们在扮演角色的过程中深入了解故事情节，体验角色情感，同时也学习到了相关的知识。

课外拓展 青春飞扬

志愿者们还为学生们带来了丰富多彩的课外活动。他们组织学生们进行歌唱比赛、体育比赛等，让孩子们在轻松愉快的氛围中展现自我、锻炼能力。

"商善若水"是商学院党建品牌的核心，代表着学院如水润万物般的服务精神，一点一点服务大众，一点一滴培养学子的深耕精神。本次德育实践活动的成功举办，离不开学院师生的共同努力和无私奉献，同时，学院也得到了当地政府和南村小学的大力支持和帮助，更加坚定了继续开展此类活动的信心和决心。

案例3 德育特色班级——尚德班班级建设活动展示（部分）

在南昌交通学院的校园中，尚德班宛如一颗璀璨的星辰，闪耀着独特的光芒。这里汇聚着一群怀揣梦想、朝气蓬勃的学子，他们以尚德为帆，以勤奋为桨，在求知的海洋上扬帆起航。此刻，让我们一同走进尚德班学生风采展，去领略这些青春逐梦者的卓越风姿，感受他们在成长道路上留下的坚实足迹，见证那一个个充满激情与活力、智慧与拼搏的精彩瞬间，探寻他们如何在尚德的精神滋养下，绽放出属于自己的绚烂芳华，书写着独一无二的青春华章。

理想信念"筑基石" 红色研学"展风采"

行走的思政课——婺源映星火 实践致青春

2024年7月，由尚德学子组成的"尚德星火"社会实践队赴上饶市婺源县乡村，以"青春为中国式现代化挺膺担当"为主题，开展为期七天的暑期"三下乡"社会实践活动。实践队沿着总书记考察路线，边走边听边悟，重温习近平总书记留下的亲切话语和殷殷嘱托。通过红色走读、实地研学、志愿服务、调查研究等多种形式，充分挖掘当地红色资源，促进红色文化的传承与发展。

清明祭英烈 丰碑砺青春

2024年清明节，2021级、2022级、2023级尚德班以不同形式开展"传承红色基因缅怀革命先烈"清明祭英烈系列活动，缅怀革命先烈，传承红色基因，弘扬爱国主义精神。

文化浸润心灵 德育点亮人生——尚德学子开展德育研学活动

2024年4月19～21日，尚德学子于靖安传统文化园开展德育研学活动，德育研学着眼于德育素质能力提升，包含爱国主义教育、红色文化、传统文化等多主题。同学们认真聆听《世界大变局背景下我国周边安全形势分析》知识讲座和中华传统文学作品《红楼梦》赏析，参加了由中国科学院物理学博士、江西财经大学特聘传统武术教练王炜路带来的《殊途同归——党的先进性、科学思维与传统武术》主题分享。

同学们观看了传统文化纪录片《英雄之路》，学唱了红色歌曲，清晨相聚在湖边长廊品读古诗词，用声音诠释青春激情，用心灵感受文化自信。此外，同学们还上台进行了"我的德育故事"分享，通过参加素质拓展实践活动，提升卓越团队精神，感受合作的力量。

班级建设"有影响" 奉献青春"有担当"

我校尚德班学生"十个一"寒假系列主题教育实践

2024 年寒假，尚德学子在家品读红色经典、名人家书、经史典籍、当代文学、中国特色社会主义理论读本、哲学、美学、史学等领域的优秀书籍，撰写读书体会、好书推荐、随笔感悟、名篇品鉴、人物赏析等文章，在阅读中思考体会，提升文化素养，增强文化自信。

访谈"一位党员"，感悟初心使命。尚德学子以面对面访谈的形式，在家乡寻访一位党龄在 30 年以上的老党员，聆听他们在党的教育培养下成长的故事，并用文字记录他们的初心使命。走访"一个家庭"，传递人间真情。

活动还包括参加"一次劳动"，培育奋斗精神；打卡"一处红色景点"，赓续红色精神；回访"一次母校"，践行爱校荣校；开展"一次志愿"，弘扬志愿精神；了解"一所高校"，培育学科志趣；关怀"一位老人"，传递人间真爱；与父母谈一次心、制作一份新年礼物、拍一张全家福，亲情源远流长。尚德学子在学思践悟中坚定理想信念，度过了一个美好、充实的假期。

弘扬传统迎冬至 饺香四溢化学风

2023 年 12 月 22 日，尚德学子在墨轩餐厅举办"弘扬传统迎冬至，饺香四溢化学风"包饺子劳动教育实践活动。包的是饺子，学的是本领，收获的是成长。活动不仅让同学们感受到了尚德大家庭的温暖，增进了师生之间的情感交流，弘扬了传统文化，也使同学们在劳动过程中收获快乐，缓解了学生的念家情，更在实践中继承与发扬优良的学风与校风，形成多方面全方位育人的良好氛围，也让这个冬天更加温暖。

尚德班开展校园学雷锋志愿服务活动

2025 年 3 月，我校尚德班在墨轩湖校区组织开展了校园学雷锋志愿服务活动，积极投身志愿服务，弘扬"奉献、友爱、互助、进步"的志愿服务精神，用实际行动诠释永恒的雷锋精神。

青春盛放 劳动光荣——尚德班开展劳动教育手工活动

2024 年劳动节之际，全体尚德班学生以 DIY 绿植、彩绘风筝、制作团扇等多种形式开展劳动教育手工活动。通过特色劳动实践进一步强化大学生劳动观念，引导学生认识、感悟劳动精神和工匠精神，实现学生劳动素质和科学文化素质的全面提升。

拼搏"尚"进 同心同"德"——我校开展第一届"尚德杯"篮球友谊赛

2024 年 5 月 14 日，在墨轩湖校区风雨篮球场举办了第一届"尚德杯"篮球友谊赛。双方队员矫健的身姿在球场上激情飞扬，接球、运球、传球、投篮等动作一气呵成，长传、快攻、突围、防守等战术切换自如，赛场上你来我往毫不示弱，为在场观众呈现一幕幕激情澎湃、扣人心弦的比赛场景。比赛最终以 42：42 的比分结束。本次篮球友谊赛秉承"友谊第一，比赛第二"的原则，充分展现了我校尚德学子昂扬向上的青春风采，增强了集体凝聚力和战斗力。

助残敬老献爱心——我校在靖安县水口乡敬老院举行德育实践基地挂牌仪式

2024 年 5 月 19 日，正值第 34 个全国助残日，我校在靖安县水口乡敬老院举行德育实践基地挂牌仪式，并开展敬老活动。此举是贯彻落实"五育并举"教育方针的重要实践，标志着学校德育工作从课堂向社会的深度延伸，具有多重意义：其一，深化德育实践，培育社会责任感。通过建立德育实践基地，学校将敬老院转化为学生践行公益的常态化平台。学生以行动关爱老人与残障群体，深刻体会"老吾老以及人之老"的传统美德，强化社会责任意识与人文关怀精神。其二，推动"五育融合"，弘扬尚德精神。活动以尚德学子为引领，将德育与劳动教育、美育结合，如为老人整理居所、赠送凉席等，使学生知行合一，彰显"五育并举"的育人成效。

此次揭牌仪式不仅是德育工作的创新举措，更是一堂生动的"人生思政课"，引导学生将个人成长融入社会需求，为构建和谐社会贡献青春力量。

端午青春宴　情暖夕阳红

端午佳节，粽香情浓。2024 年 6 月 10 日，尚德班志愿服务队来到校外德育实践基地——靖安县水口乡敬老院，与老人们共度端午佳节。尚德学子们一起精心准备原料，淘米、洗叶、包粽子，在欢声笑语中感受集体的温暖和关怀，与老人们互动交流，共话端午习俗。尚德学子还将蕴含着美好祝福心意的精美手工香囊一一送给每位老人，祝福他们端午安康。

尚德班开展中秋系列活动

"以心伴童，爱满中秋"宣传实践：尚德学子联合共青团靖安县委工作人员，来到双溪镇香樟社区幼儿园，为孩子们讲解中秋节的来历、习俗以及嫦娥奔月等经典传说，一起猜灯谜、学诗词、唱歌曲，并为他们送去甜美可口的月饼，将中秋文化以趣味方式融入孩子们的心灵。

"以心迎新，爱满中秋"月饼工坊：尚德学子面向中秋假期留校的 2024 级新生开展冰皮月饼手工制作活动。活动还通过线上进行了直播，让未能来到现场的新生、家长们一起欢乐相聚，实现中秋"云团圆"。

"以心敬老，爱满中秋"志愿服务：敬老爱老是中华民族的优良美德，尚德班志愿服务队来到德育实践基地——靖安县水口乡敬老院，与老人们共度中秋佳节。

📖 结语 ....

志愿服务是高校德育的重要实践载体，是学生在奉献中成长、在服务中进步的重要途径。从社区的温暖陪伴到山区的教育坚守，从环境的守护行动到公益的创意倡导，每一次志愿服务都是一次心灵的洗礼、一次责任的践行。高校志愿服务教育，不仅要教会学生如何帮助他人，更要引导学生理解责任的内涵、感受奉献的价值，将志愿服务精神内化为自身的行为准则和人生追求。

课后思考

1. 结合书中内容，谈谈大学生如何在社会实践中提升综合素质。

2. 创新创业教育在高校人才培养中扮演了怎样的角色？请结合书中理论进行阐述。

3. 志愿服务教育如何帮助学生树立正确的价值观？请结合书中理论进行分析。

4. 理想信念是大学生成长成才的精神指引。当前社会思潮多元，部分大学生在理想信念方面存在迷茫、动摇等问题。请你围绕理想信念主题设计一个德育实践方案，让同学们在体验中深化对理想信念的理解，增强践行理想信念的自觉性。

附　录

附录一　南昌交通学院学生德育实践工作实施方案

为深入贯彻落实中共中央、国务院《关于进一步加强和改进大学生思想政治教育的意见》和《教育部关于整体规划大中小学德育体系的意见》精神，在大学生中积极培育、倡导践行社会主义核心价值观，围绕我校人才培养目标和德育目标，结合大学内涵建设要求，进一步完善适合我校特点的学生德育实践体系，特制定本实施方案。

一、指导思想

全面贯彻党的二十大精神，深入学习贯彻习近平新时代中国特色社会主义思想，按照学校"十四五"规划的要求和部署，以"立德树人"为根本任务，以提高人才培养质量为目标，坚持"以生为本、德育为先"人才培养模式，突出实践育人功能，构建集主体性、整体性、层次性、实效性、创新性于一体的德育实践体系，教育引导大学生树立正确的世界观、人生观、价值观，不断提高思想道德素质，促进全面成长成才。

二、总体目标

通过有计划、有组织、有目标地开展德育实践活动，将大学生置于具体活动环境中，加深学生对德育理论的理解和认同，增强践行社会主义核心价值观的思想自觉和行动自觉，达到内化于心、外化于行、知行合一；坚持专业知识和非专业知识同步学习、能力水平与责任意识共同培养，不断完善知识结构、增强服务本领，达到增长才干与服务社会相统一；增加大学生对国情、社会的了解和认识，端正努力方向、明确成才目标，做到个人发展与国家需要相一致，努力成为中国特色社会主义事业的建设者和接班人。

三、基本原则

① 主体性原则。要坚持以学生为主体，让学生亲身投入德育实践活动中去，直接面对现实生活，定位自身的价值取向、道德选择、理想信念、思想观念和行为准则。

② 整体性原则。全面有效地整合德育资源，统筹安排，协调一致，形成卓有成效的德育实践教育合力。

③ 层次性原则。要遵循德育目标，坚持从实际出发，针对不同层次、不同类型学生的特点，分层分类组织实施，实行差异化教育和管理。

④ 实效性原则。有目的、有计划地把德育渗透到学生的各项实践活动中去，让学生感兴趣、有意愿地参与德育实践活动，实现"受教育、长才干、做贡献"的目标。

⑤ 创新性原则。结合时代发展的特征，在充分、合理地利用好现有德育实践资源的基础上，广泛挖掘、不断探索，运用新的载体和手段，不断改革和完善德育实践。

四、主要内容

① 理想信念教育实践。开展马克思主义理论、中国特色社会主义理论体系特别是习近平新时代中国特色社会主义思想学习实践活动，教育引导学生坚定中国特色社会主义道路自信、理论自信、制度自信和文化自信；开展党课、团课、"青马工程"等教育活动，增强学生对重大理论的理解、对形势任务的把握、对国家前途的关注；开展革命传统文化、先进典型等主题教育活动，引导学生用中国特色社会主义理想信念引领行动，自觉投身实现"中国梦"的伟大实践。

② 思想道德教育实践。以公民道德实施纲要和社会主义核心价值观为主要内容，开展思想道德教育实践，着力培养爱国主义精神，提升责任意识、感恩意识、诚信意识等；强化自律，培养良好的道德情操，树立良好的道德行为规范；开展社区援助、扶贫支教、慈善募捐等志愿服务活动，弘扬奉献、友爱、互助、进步的志愿精神，通过服务社会与服务他人，提升道德境界，培养爱心、诚心和责任心；开展勤工助学、科技创新、创业就业等实践活动，培养正确的劳动观、义利观和职业观；有计划、有目标、有组织、有重点地开展社会实践，让学生走出校门，到社区、厂矿、农村进行实地体验和感受，接受教育和锻炼，增加对国情的认知，增强社会责任感。

③ 安全法纪教育实践。开展安全知识培训、国防教育与军事训练等活动，增强安全防范意识和能力；开展普法宣传、法制讲坛、模拟法庭、法制情景剧和典型案例讲座等活动，树立法治观念，增强遵纪守法意识。

④ 身心健康教育实践。开展符合学生特点的晨练、广播操比赛等体育健康活动，锻炼身体、增强体质，体验团队协作精神，减轻心理负担与精神压力，促进身心健康；开展校园心理情景剧大赛、心理健康知识竞赛、心理素质拓展训练营等心理健康教育活动，对学生进行潜移默化的教育和影响，优化心理品质，提高心理素质；开展以"珍惜生命、尊重生命、辉煌生命"为主题的生命教育实践活动，促进人性美好、人格健全、人生幸福，使"知识增长"与"生命成长"同步。

⑤ 文化素养教育实践。参加基础文明教育实践活动，从养成教育入手，通过开展礼仪培训和文明习惯养成、文明意识增强、自身修养加强等活动，提升人文素质；学习感受中华优秀传统文化，通过开展"传承国学经典，弘扬传统文化"等主题教育实践活动，提高对中华优秀传统文化的认知程度，弘扬中华民族传统美德；参与美学、艺术理论的学习，升华思想、陶冶情操，培养自信自强的进取精神。

五、方法途径

学生德育实践采取"4＋1＋X"模式，以学生团体必选项目和个体自选项目实践为主、学生日常德育表现为补充、辅导员具体指导的"项目化管理"方式进行。

① 每学期每月的第一周定为"德育周"。德育实践"4＋1＋X"模式中的"4"指每学期在"德育周"开展的团体实践项目，该团体项目为学生的必选项目，学生在学期内需完成4个必选项目。必选项目在学校有统一工作部署的情况下，各年级统一安排实践项目，未做统一安排的可根据年级、专业性质不同在辅导员的指导下统一组织实施。可采取

主题班会、团日活动、志愿活动、文艺活动、拓展训练、报告会、宣讲会等形式完成。

② 德育实践项目"4＋1＋X"模式中的"1"指每学期学生根据德育实践主要内容结合时政热点、自身兴趣爱好、专业特点、职业方向等情况自选1项德育实践项目，自选项目可单个或自由组队完成实践（组队人数不超过5人）。自选项目要组织学生进行申报，在申报的自选项目中遴选5％的项目为校级项目，其他为学院级项目。校级项目报学工处备案。

③ 德育实践项目"4＋1＋X"模式中的"X"指学期内学生参加德育实践项目的综合素质表现得分，由班级辅导员和班委会负责记录和收集分值佐证材料，予以最终评定。

④ 必选项目以班级形式立项申报及开展活动，各学院配合学工处组织实施；自选项目以个人或团队形式申报及开展活动，辅导员配合各学院负责组织开展。

⑤ 德育实践项目每学期初进行立项申报，学期末结题考核。

⑥ 学生在校期间，原则上不得重复参与同一项目的申报。

六、考核评价

学生德育实践成绩考核严格按照《德育实践成绩考核评定标准》执行。按照德育目标的要求，每学期必须完成德育实践"4＋1＋X"模块，毕业当年撰写德育实践论文与总结并参加德育答辩，取得相应的德育学分。德育实践不及格须重修，重修合格后方可毕业。

七、工作保障

① 组织保障。德育实践工作在学校党政领导下，由学工处牵头，马克思主义学院及相关部门和各学院共同组织实施。各学院要切实加强对本单位德育实践工作的领导，按照本方案要求，结合学院实际，制定具体的实施办法，健全完善领导决策、议事协调、表彰激励等工作机制，推进德育实践工作的有效开展。

② 条件保障。一是师资力量。学校要加强德育工作，广泛吸纳辅导员、思想政治理论课教师、专家学者、党政干部、企业管理者、社会知名人士、校友等为德育实践指导教师，加强师资队伍建设，积极开展教育教学改革和科学理论研究与实践。二是阵地建设。依托思想政治理论课、形势政策课、入学教育课、国防教育与军事训练课、心理健康教育课、职业生涯规划课、党课、团课、班会、团日活动、各类理论社团等有效载体，形成完备的德育实践平台；结合学生特点及专业，建立覆盖面广、针对性强、相对稳定、数量充足的社会实践、就业创业实践、实习见习实践等基地，强化实践基地建设。

③ 质量保障。建立目标清晰、工作有序、层层相连、环环相扣的三级质量保障体系。校级层面，学工处牵头定期组织学院分析学生思想道德现状和德育实践工作进展情况，定期召开校级德育工作研讨会或现场会，每月组织观摩1～2个优秀德育实践项目；不定期抽查学院德育实践工作开展情况，每学期每个学院至少一次，切实保障全校学生德育工作正常、有效地展开。学院层面，及时总结典型经验和教训，定期举办工作交流会和德育实践工作成果展示会，检验各班级德育实践活动开展情况。辅导员层面，通过日常工作指导及学生个人和班集体每学期上交的小结，结合个案研究和分析，及时发现问题，总结经验，并向学院及时反馈工作实施过程中的情况和信息，每学期形成专题汇报材料。

④ 机制保障。将德育实践纳入学院学生工作考核内容，作为专项工作进行检查指导和考核评估。加强德育实践工作研究，按年度、以项目化的形式开展课题立项研究，并进行成果评比和表彰。

⑤ 课酬保障。每学期德育实践课酬按指导教师职称给予每个教学班 4 个课时/学期的工作量进行核算。

本办法自 2023 年 9 月 1 日起执行，由学工处负责解释。原华交理工学〔2018〕5 号同时废止。原有其他文件与本办法不一致的，以本办法为准。

附录二　南昌交通学院德育实践成绩考核评定标准

一、德育实践成绩主要构成要素

德育实践成绩（T）：Total points；
必选项目（R）：Required items；
自选项目（O）：Optional items；
综合表现（G）：General performance。

德育实践模式为"4+1+X"，"4"为必选项目，用"R"表示；"1"为自选项目，用"O"表示；"X"为综合表现，用"G"表示。

德育实践成绩（T）满分为 100 分；必选项目（R）满分为 100 分；自选项目（O）满分为 100 分；综合表现（G）满分为 20 分。

德育实践成绩（T）＝必选项目$(R)\times40\%$＋自选项目$(O)\times40\%$＋综合表现（G）

$$T=40\%R+40\%O+G$$

二、德育实践必选项目（R）汇总表

必选项目（R），分别为 R_1、R_2、R_3、R_4，共 4 项，每项 25 分，满分 100 分，占德育实践成绩 T 的 40%。

▣ 德育实践必选项目（R）汇总表

年级学期		德育必选项目
一年级 （第一学期）	必选项目一（R_1）	理想信念教育实践
	必选项目二（R_2）	思想道德素养教育实践
	必选项目三（R_3）	心理调适教育实践
	必选项目四（R_4）	中华传统文化教育实践
一年级 （第二学期）	必选项目一（R_1）	基础文明素养教育实践
	必选项目二（R_2）	平安和谐教育实践
	必选项目三（R_3）	校园文化教育实践
	必选项目四（R_4）	中华传统文化教育实践

年级学期	德育必选项目	
二年级 （第一学期）	必选项目一（R_1）	理想信念教育实践
	必选项目二（R_2）	道德情操素养教育实践
	必选项目三（R_3）	遵纪守法教育实践
	必选项目四（R_4）	身心健康素养教育实践
二年级 （第二学期）	必选项目一（R_1）	学习力提升教育实践
	必选项目二（R_2）	社会实践教育实践
	必选项目三（R_3）	创新创业教育实践
	必选项目四（R_4）	志愿服务教育实践
三年级 （第一学期）	必选项目一（R_1）	理想信念教育实践
	必选项目二（R_2）	励志成才教育实践
	必选项目三（R_3）	品行修养教育实践
	必选项目四（R_4）	学术科技创新实践
三年级 （第二学期）	必选项目一（R_1）	文化身心素养教育实践
	必选项目二（R_2）	美学艺术素养教育实践
	必选项目三（R_3）	安全法纪教育实践
	必选项目四（R_4）	职业素养能力提升实践
毕业年级	德育实践论文及总结	
	德育实践答辩	

评定范围：必选项目 R_1、R_2、R_3、R_4。

分数计算：$R=(R_1+R_2+R_3+R_4)\times40\%$，计入德育实践成绩 T。

三、德育实践自选项目（O）

每学期每个学生根据德育实践主要内容结合自身兴趣爱好、专业特点、职业方向等情况自选 1 项德育实践项目，自选项目可单个或自由组队完成实践（每队人数不超过 5 人）。德育实践自选项目（O）满分为 100 分，占德育实践成绩 T 的 40%。

评定范围：德育实践自选项目 O。

分数计算：德育实践自选项目 $O\times40\%$，计入德育实践成绩 T。

四、综合表现（G）

围绕学生在学期内各方面德育素质评分，对学生的综合表现进行全面考核，由德育实践指导教师（班级辅导员）和班长负责记录和收集分值佐证材料，予以最终评定，满分

20分。

评定范围：综合表现 G。

分数计算：综合表现 G 满分 20 分，按实际分数计入德育实践成绩 T。

五、德育实践成绩考核评定标准

☐ **1. 德育实践必选项目（R）成绩考核评定标准（满分：100 分）**

序号	考核评价内容	考核点	必选项目一（R_1）	必选项目二（R_2）	必选项目三（R_3）	必选项目四（R_4）
1	项目过程建设（5分）	①项目开展过程中行为的合理性（1分） ②行为方式的多样性（1分） ③具体操作与实际情境结合程度（1分） ④具体事实材料的搜集情况（1分） ⑤运用文献资料（1分）				
2	项目所反映的情感、态度和价值观建设（5分）	①组织性、领导性（1分） ②主动性、积极性和创造性（1分） ③团结性、合作性（1分） ④正能量、传播正确的价值观（1分） ⑤良好思想意识的发展状况，如社会责任感、服务意识、效率意识等（1分）				
3	项目成果建设（10分）	①文字总结（2分） ②图文总结（2分） ③PPT成果汇报（2分） ④项目过程视频录制（2分） ⑤获得校级及以上平台新闻报道（2分）				
4	指导教师评价（5分）	综合评价（总分5分，视表现情况给分）				
总分						
必选项目总成绩（R）			$R = R_1 + R_2 + R_3 + R_4$			

2. 德育实践自选项目（O）成绩考核评定标准（满分：100分）

序号	考核评价内容	考核点	团队成员1	团队成员2	团队成员3	团队成员4	团队成员5
1	团队建设（5分）	① 团队人数≤5（1分） ② 团队组织者、领导者（1分） ③ 团队成员主动积极、团结合作（1分） ④ 团队成员正能量、传播正确的价值观（1分） ⑤ 团队成员思想意识的发展状况，如社会责任感、服务意识、安全意识、效率意识等（1分）					
2	项目方案建设（30分）	① 项目方案紧扣主题（4分） ② 项目方案完整性（4分） ③ 项目方案合理性（4分） ④ 项目方案创新性（8分） ⑤ 项目方案传承性或借鉴性（10分）					
3	项目过程建设（30分）	项目过程建设中 ① 行为的合理性（6分） ② 行为方式的多样性（6分） ③ 具体的操作方式与实际情境的结合程度（6分） ④ 具体事实材料的搜集情况（6分） ⑤ 运用文献资料（6分）					
4	项目成果建设（30分）	① 文字总结（4分） ② 图文总结（4分） ③ PPT成果汇报（4分） ④ 项目过程视频录制（8分） ⑤ 获得校级及以上平台新闻报道（10分）					
5	指导教师评价（5分）	综合评价（总分5分，视表现情况给分）					
	自选项目总成绩（O）						

附录三　南昌交通学院大学生道德模范及道德标兵评选办法

第一条　为全面贯彻党的教育方针，落实立德树人根本任务，努力探索贴近学生实际、行之有效的德育工作新途径、新方法，培养德智体美劳全面发展的社会主义事业建设者和接班人，激励广大学生成为"有理想、有追求、有担当、有作为、有品质、有修养"的新时代青年，充分发挥先进典型的引领示范作用，引导学生积极践行"自强、厚德、求实、创新"的校训，制定本办法。

第二条　评选坚持"公开、公平、公正"的基本原则，确保评选推荐工作质量，并组织引导学生广泛参与评选过程。

第三条　评选范围为南昌交通学院全日制本专科生，事迹主要集中在评选当年（自然年）。

第四条　大学生道德模范及道德标兵每年评选一次。

道德模范 10 名，奖励金额 1000 元/人（团队），颁发"南昌交通学院大学生道德模范奖"荣誉证书；提名奖 10 名，颁发"南昌交通学院大学生道德模范提名奖"荣誉证书。

道德标兵若干名（按每年实际情况确定），奖励金额 1500 元/人（团队），颁发"南昌交通学院大学生道德标兵奖"荣誉证书。

第五条　评选条件和要求：

（一）热爱祖国，拥护中国共产党的领导，自觉以马克思列宁主义、毛泽东思想、邓小平理论、"三个代表"重要思想、科学发展观和习近平新时代中国特色社会主义思想为行动指南，执行党的路线、方针、政策，维护国家利益和尊严。

（二）德才兼备，以德为先，积极弘扬和践行社会主义核心价值观，自觉遵守法律法规和学校规章制度，讲诚信、守纪律，学习成绩优良。

（三）参选人在以下至少一项中具有突出表现：德育实践、志愿公益、自强不息、诚实守信、敬业奉献、见义勇为、团结友爱。

1. 德育实践

积极组织或参加各类德育实践活动，活动中表现突出，既能发挥模范带头作用，又能广受师生及德育场所工作人员的一致好评。

2. 志愿公益类

具有强烈的社会责任感，积极参与校内外志愿服务、公益事业等活动，关注国计民生并取得良好成效和社会反响。

3. 自强不息类

具有坚韧不拔的毅力和自强不息的精神，直面逆境、不畏艰辛，自立自强、积极乐观，在克服困难、不懈奋斗方面表现突出且取得显著成绩，事迹感人。

4. 诚实守信类

在学习研究、经济活动和社会生活中，坚持诚信为本、操守为重，严格自律、履行承诺，有较高的群众基础。

5. 敬业奉献类

校内各级学生干部立足本职，爱岗敬业，艰苦奋斗，在提高师生服务质量、学生工作效率等方面贡献突出，影响广泛。

6. 见义勇为类

在人民群众生命财产受到威胁的关键时刻挺身而出，奋不顾身，舍己救人，在校内外产生较大反响。

7. 团结友爱类

在工作、学习和生活中展现出团结友爱的精神，互相帮助、尊重他人、善于合作。

（四）参选人曾获得校级三好学生、优秀学生干部、优秀团员、优秀团干等荣誉称号者同等条件下优先考虑。

（五）道德标兵评选条件：已获得往届"南昌交通学院大学生道德模范奖"的学生或团队如有新的突出事迹，可申评"南昌交通学院大学生道德标兵奖"。

第六条 评选程序及要求：

（一）学校由学工处负责组织实施评选工作，主要程序如下：

1. 由各学院或校级学生组织开展评议推荐工作，报送各单位。

2. 单位初评推荐。各单位在班级评议、学生组织评议推荐的基础上组织初评，评选推荐出 3~5 名学生或团队参加校级评选，并在单位内公示，公示期不得少于 3 个工作日。如果主要事迹由团队完成，则不限人数；如果主要事迹由跨单位同学共同完成，可以由不同单位联合推荐。

3. 确定候选人。学校组织专家开展推荐工作，确定 20 位道德模范候选人及若干名道德标兵候选人。

4. 先进事迹展示。学校通过各种媒介，大力宣传推广候选人的先进事迹。

5. 评审会评审。学校成立评审小组、组织评审会，对道德模范候选人进行评审，评选出道德模范，拟定人选，并进行公示，公示期不得少于 3 个工作日。

6. 学校审定。公示无异议后，由学校审定并发文表彰。

（二）各单位要将南昌交通学院大学生道德模范及道德标兵评选推荐工作作为推进整体学生工作的重要抓手，切实树好典型，发挥好典型的示范作用。

（三）大学生道德模范及道德标兵评选采用宁缺毋滥原则，重点突出在七类先进模范评选中的突出事迹。

第七条 本办法自发布之日起施行，由学工处负责解释工作。

附录四　南昌交通学院本科毕业生德育论文答辩工作方案

德育答辩是我校大学生素质培养考核体系的重要组成部分，是毕业生在毕业之前系统地、认真地梳理和审视自己四（五）年来的德育成长经历和思想感受的重要形式，为了规范有序开展德育答辩工作，特制订如下实施方案。

一、组织领导

学校成立德育答辩领导小组，由分管校领导任组长，学工处处长任副组长，学工处副处长、团委书记及各学院党总支书记为成员，全面领导、组织协调德育答辩工作。

各学院成立德育答辩小组，由各学院党政领导、教师代表、辅导员和学生代表组成。设答辩小组组长1人，成员不少于3人（含组长）。主要负责本学院德育答辩工作的宣传、组织、实施和总结工作。

二、预期目标

① 进一步加强对毕业生的教育与管理，考核学生思想道德素质，进行有针对性的指导和帮助，强化学生对自身思想道德的内省和行为的自律。

② 进一步增强毕业生离校前夕学生思想政治工作的主动性，密切师生关系、同学关系，疏导离校前学生中存在的各种不良情绪，增强毕业生的爱校情结。

③ 深入掌握学生的成长轨迹，检验学生在校期间德育工作的实施效果，进一步提高思想政治工作的实效性。

④ 充分发挥优秀毕业生的榜样示范作用，带动和鼓励在校学生传承学校优良的学风校风。

三、基本原则

① 坚持学校教育与自我教育相结合。既要充分发挥学校教师、党团组织的教育引导作用，又要充分调动学生的积极性和主动性，引导他们自我教育。

② 坚持情感交流与客观评价相结合。既要有目的地做好师生互动、生生互动的情感交流工作，又要综合学生每学年的实际表现，按照科学的评价标准给出客观评价，增强德育答辩的科学性、规范性。

③ 坚持正反两方面典型教育相结合。在德育答辩过程中，要同时宣传正反两方面的典型事迹和事例，既要树立起同学们学习的榜样，也要给同学们提供以资借鉴的教训。

④ 坚持解决思想问题与解决实际问题相结合。既要讲道理又要帮助学生解决实际问题，既以理服人又以情感人，增强德育答辩的实际效果。

⑤ 保护学生的权利与隐私。在德育答辩过程中要尊重学生的意愿，重在谈思想认识，不涉及隐私，不追究具体细节。需要宣传时，要对事不对人，必要时可以化名或匿名。

⑥ 坚持继承与创新。不断在实践中丰富和完善德育答辩工作的方法与体系，努力体现时代性，把握规律性，富于创造性，增强实效性。

四、时间安排

（一）组织准备阶段：9月

动员全体毕业生结合个人的成长经历，对自己四（五）年的大学生活进行全面系统的回顾与总结，按学院统一规定撰写德育毕业论文，并按要求打印装订；鼓励学生借助视频、音乐、图片等多种媒介进行德育答辩，不断提高德育答辩的感染力和亲和力，借助德育答辩增进毕业生之间的交流，各学院要保存图片、视频资料，通过海报、展板、新媒体等宣传渠道，向毕业生和其他年级学生宣传德育答辩工作的意义，吸引和调动毕业生积极主动地参与德育答辩，引导非毕业生到德育答辩现场，聆听学长的成长感悟。

（二）答辩评审阶段：10～11月

各学院以班级为单位，组织毕业生参加"德育答辩"。德育答辩评审小组听取学生陈述，严格进行评审，并认真填写《南昌交通学院本科毕业生德育论文答辩小组评审表》（附件7）。答辩过程中，评审委员对每位毕业生个人总结及答辩时存在的问题要及时进行纠正，以达到进一步引导教育学生的目的。各学院确定具体答辩时间后，填写《南昌交通学院本科毕业生德育论文答辩安排表》（附件3），并提前一周将该表报送至学工处，以便学工处安排德育答辩检查工作。

（三）答辩活动总结整理阶段：12月

各学院指派专人填写《南昌交通学院本科毕业生德育论文汇总表》（附件4），并将附件4和本学院的本科毕业生德育实践论文电子版打包发送至学工处。

各学院德育论文指导教师根据学生德育论文撰写结果和大学期间德育实践项目表现评定成绩，并认真填写《南昌交通学院本科毕业生德育论文指导教师评审表》（附件5）。

答辩小组根据学生的答辩情况，参照《南昌交通学院本科毕业生德育论文答辩评分参考指标》（附件6）予以评定，并认真填写《南昌交通学院本科生毕业德育论文答辩小组评审表》（附件7）。

各学院按照毕业生5%的比例评选出优秀德育论文，并填写《南昌交通学院本科毕业生优秀德育论文推荐表》（附件8）、《南昌交通学院本科毕业生优秀德育论文汇总表》（附件9）上报学工处备案。

五、论文要求

所有毕业生结合自己的大学生活及思想收获，独立完成德育答辩论文，严禁抄袭或由他人代替完成，对违反规定的学生将按照相关规定严肃处理。

① 毕业总结论文由学生自己命题，全文按照《南昌交通学院毕业生德育答辩论文撰写规范》（附件1）、《南昌交通学院本科毕业生德育论文封面》（附件2）撰写装订。

② 毕业生结合个人的成长经历撰写毕业总结论文，记录对大学生活的点滴回忆，对同学友情、师生情谊的感怀，对母校的惜别之情，记录大学四（五）年的心路历程、实践感想，对成功和失败的自我评判和反思，对青春及人生的理解和感悟，重新明确自己的人生意义和价值，制订今后的计划和目标，在总结中反思，在反思中提高。

③ 要求毕业生在书写书面总结和交流答辩时，全面概括自己四（五）年来的收获、不足和今后的努力方向。结合自己的思想状况和现实表现，重点梳理以下方面的内容。

政治观念：包括理想信念、爱国主义、民族精神、民族团结。

道德观念：包括社会公德、职业道德、家庭美德。

法纪观念：包括社会主义法治观念、遵守学校纪律的意识。

心理素质：包括心理健康、同学关系和人际交往能力。

思想素质：包括科学的世界观、人生观、价值观及集体主义观念。

文化素质：包括人文知识、文化修养、业余爱好和兴趣。

择业观念：包括就业意识、择业理念和理性思考。

社会工作情况：包括从事学校、学院、班级工作和社会实践工作的情况，以及对自己工作情况的评价。

重大事件期间的思想和具体表现。

六、答辩要求

① 每位同学须按照答辩委员会所规定的时间准时参加答辩，否则将不给予成绩。

② 答辩由个人陈述和评审质询两个部分组成，总时长不超过 10 分钟。答辩前毕业生应结合个人德育论文做好个人陈述准备，个人陈述时间 3～5 分钟。

③ 陈述观点时做到谈吐大方，表述清楚，能围绕论点展开深刻的剖析，有理有据。

④ 回答问题时准确、流利，能够针对提出的问题谈出自己的见解，有一定的理论水平。

⑤ 答辩过程中应精神饱满，衣着得体，态度谦逊，文明礼貌，实事求是、语言简练，不谈与答辩无关的内容。

⑥ 旁听同学应保证会场秩序，不得随意进出、大声喧哗和鼓掌，不能向答辩者提示、代答，不能做出其他影响答辩的行为。

七、成绩评定

德育论文成绩评定采用五级计分（优秀、良好、中等、及格、不及格）和评语相结合的办法。成绩由指导教师和答辩小组共同评定，所占比例分别为 60％、40％，即总成绩＝德育论文指导教师评审成绩×60％＋德育论文答辩小组评审成绩×40％，各环节成绩按百分制计分，最终总成绩按五级制计分。学生德育论文的最终成绩由指导教师计算汇总，并填写《南昌交通学院本科毕业生德育论文成绩评定表》（附件 10）。

① 德育论文指导教师评审成绩：由指导教师根据学生德育论文和大学四（五）年的德育实践表现予以评定。

② 德育论文答辩小组评审成绩：由答辩评审小组按照德育答辩参考评分标准予以评定。

③ 各环节评分人员要坚持按照严格要求、实事求是、保证质量的原则，依据评分标准，充分发扬民主，科学合理地做出评定，做到公平、公正、公开。

④ 德育论文的最终成绩分为五个等级：优秀（90 分以上）、良好（89～80 分）、中等（79～70 分）、及格（69～60 分）和不及格（60 分以下）。对于成绩评定为不及格的同学，要结合具体情况给予相应的指导和帮助，并由各答辩小组组织进行第二次答辩，最终将每名毕业生的德育论文成绩上报学工处。

⑤ 学工处会从各个学院随机抽取部分德育论文成绩及格的同学进行二次答辩。

八、优秀德育论文汇编（微信扫描二维码获取）

附件：南昌交通学院毕业生德育论文答辩管理办法（微信扫描二维码获取）

附件1   南昌交通学院毕业生德育答辩论文撰写规范
附件2   南昌交通学院本科毕业生德育论文封面
附件3   南昌交通学院本科毕业生德育论文答辩安排表
附件4   南昌交通学院本科毕业生德育论文汇总表
附件5   南昌交通学院本科毕业生德育论文指导教师评审表
附件6   南昌交通学院本科毕业生德育论文答辩评分参考指标
附件7   南昌交通学院本科生毕业德育论文答辩小组评审表
附件8   南昌交通学院本科毕业生优秀德育论文推荐表
附件9   南昌交通学院本科毕业生优秀德育论文汇总表
附件10   南昌交通学院本科毕业生德育论文成绩评定表

微信扫一扫

本书配套
数字资源

附录五   南昌交通学院尚德班德育教育育人工程实施方案

为进一步探索南昌交通学院大学生德育工作的新模式，培养学生高尚的道德情操、坚韧的意志品质、良好的学习生活习惯，激发学生勤奋刻苦、勇于争先、拼搏进取的内在动力，增强学习能力、实践能力和创新能力，提高身体和思想素质，现决定在南昌交通学院实施尚德班德育教育育人工程，特制定实施方案如下。

一、培养目标

坚持"学生为本、道德为先、能力为重"的教育理念，注重学生的自我激励、自我磨炼、自我管理和自我提高，强调自主学习和专业实践环节，通过意志力训练、学习能力训练、表达能力训练、团队协作能力训练、就业创业能力训练、人格修养锻炼、社会实践能力训练等实践内容，将学生培养成为甘于奉献、意志坚强、能力突出、身心健康的秉承中国传统文化精髓与现代人文精神的高素质人才。

二、育人宗旨

体现"一个定位""二不""四自"的原则。
"一个定位"：立足于第二课堂，开展丰富多彩的教育实践活动，以培养学生的综合素质和能力为着力点。
"二不"：尚德班的成员不脱离原班级活动，不搞特殊化。
"四自"：要求尚德班成员做到自我组织、自我管理、自我教育、自我评价。

三、班名班训

班名：尚德班。

班训：求真尚德，励志笃行。

四、成员招募

每年 10 月份，从新生中招募尚德班的成员。在新生入学教育中，开设尚德班的相关教育内容，阐明实施此项育人工程的重要意义，全面做好动员工作。学工处积极组织、周密部署。全体新生本着自愿原则，凡有志于磨炼成才者均可以报名参加。11 月下旬，举行"尚德班"的成立仪式。

五、组织机构

全校统称尚德班，按照每个年级设立大班；在年级大班的基础上，按照不同学院或专业设立小班；根据人数规模和活动需要，可将小班划分为若干小队。

六、指导方式

尚德班由校长任名誉班主任，并配备指导教师和班主任，学工处负责协调引导学生日常生活。为进一步规范并加强管理，学工处制定了《南昌交通学院尚德班管理规定》和《南昌交通学院尚德班学生行为规范》，对尚德班同学提出了具体的要求。并将实施方案、管理规定与学生行为规范印制成《尚德班学生手册》，适时向尚德班学生发放。

七、实践内容

（一）意志力训练

① 晨练：周一至周五早上 6：30—7：00，在学工篮球场进行。晨练对学生养成按时作息的好习惯和培养良好的学风具有重要意义。

② 晨读：周一至周五早上 7：00—7：30 在指定教室集中进行国学经典等诵读。通过晨读使学生的生活习惯、品格、人生修养等得到明显的改进和提升。

（二）学习能力训练

① 尚德讲坛：聘请校内外专家围绕时事政治、社会热点问题、传统文化、国学经典、人文素质、个人修养等方面举办专题讲座；同时，深入挖掘全校学生中的先进典型，定期在尚德班内举办模范事迹报告会。尚德讲坛由学工处负责组织。

② 学习交流经验会：每学期末组织尚德班同学总结自己在专业学习、专业实践和尚德修身等方面取得的成绩，交流经验，查找不足，并明确下一阶段的学习目标和努力方向。各个小队需要认真填写会议记录表，以备存档。

③ 示范引领交流：组织尚德宣讲团到各专业班级开展交流活动，带动和引领广大青年学子。

（三）表达能力训练

① 读书交流活动：积极开展励志读书活动，要求每人在大学期间阅读 30～40 本非本专业的励志类、学习实践类、国学经典类书籍，每学年至少阅读 10 本。尚德班同学每月

至少上交一篇读后感，定期举办读书心得交流活动和传统文化传承活动。

② 专题讨论会：围绕当前时事政策、社会热点问题、传统文化和大学生成长成才普遍关注的问题展开讨论，并认真填写会议记录表，以备存档。

（四）人格修养锻炼

① 在图书馆、实验室、学生食堂等开展志愿服务，并利用节假日到社区、养老院、农村开展扶贫救济、敬老助残、校内外公益服务等各项公益奉献活动。要求达到班班有基地，人人有活动，使同学们真正参与到活动中，并在活动中增强服务意识，培育奉献精神。各班级需请接受服务单位对活动情况、学生表现等在志愿服务情况表上作出评价。

② 开设艺术素养相关课程，通过传统礼仪教育、音乐通识课程、书法、美术等实践来规范学生行为，丰富学生的知识，提高学生的艺术鉴赏力，帮助拓展学生的思维，最重要的是让学生懂得规矩，有利于学生在教育过程中建立良好的人际关系，有利于学生的心理健康，能够起到疏导、熏陶、激励的作用，从而培养学生的人格品质，例如精神振奋、积极上进；创新、探索、高瞻远瞩；意志坚定、迎难而上；胸襟宽广、宽容大度。

（五）社会实践能力训练

① 学工处定期组织开展主题社会实践活动，如参观学习、社会调查、交流访谈等活动，使同学们更多地接触社会，了解国情、社情、民情，从而提高社会实践能力。

② 各班可结合自己的专业特点和兴趣爱好组织开展形式多样的社会实践活动。

（六）团队协作能力训练

① 学工处定期组织尚德班学生进行素质拓展训练活动，培养其团队意识和合作精神。

② 以班级为单位组织开展有关培养团队意识的文体活动，在活动中加强班内成员的交流，促进团队凝聚力建设。

（七）就业创业能力训练（针对大三年级以上同学开展）

① 专题讲座：聘请有关专家围绕职业生涯规划与设计、创业做专题讲座，邀请历届优秀毕业生回校交流求职创业经验和技巧。

② 专题培训：围绕如何做好简历、写好自荐信及通过笔试等做专题培训，切实提高学生求职技能，帮助学生形象设计，充分展示自我，将学生的个人能力和用人单位的需求结合起来。

③ 模拟招聘面试现场：请用人单位到校指导，开展面对面演练和指导。

八、教育评价

（一）自我淘汰

自我淘汰，就是要求学生通过努力或自律达到我们设定的基本要求。自我淘汰的标准主要有三个方面：

① 学习退步明显者自动淘汰。此条标准旨在引导学生努力学习，成绩优异。

② 遵守《南昌交通学院尚德班管理规定》，不与规定上的要求相违，各项活动中，一学期无故迟到或早退两次以上（含两次）或无故不参加尚德班集体活动一次的被淘汰。

③ 意志力不强，自我要求不高，坚持不下来的被淘汰。

（二）自我评价

在教育过程中，引导学生分阶段设定目标，让学生根据自身条件和基础逐步提高，循序渐进。由此，学生要进行经常性的自我评价，看是否达到既定的要求，是否和同学保持同步等，然后调整所设定的目标，以便更高效地提高自身综合素质。

（三）同学评价

主要是引导学生充分利用团队学习的优势，营造良好的学习氛围，让同学之间相互促进，在经常性的横向比较和剖析中不断进步。同学评价的形式主要包括如下几种：

① 在教学活动中，进行小组评价；

② 分阶段进行经常性的班内互评；

③ 以调查问卷、座谈会等形式，由原所在班级同学评价（请原所在班级同学对其在参加尚德班期间在班级发挥的示范作用进行评价）；

④ 每学年在学生间相互填写评价表格，并算出综合成绩，作为是否合格和淘汰的依据。

（四）教师评价

要求指导教师和班主任尽可能多地了解学生，为学生的个性化发展提出建设性意见和针对性指导。同时，也教育学生注重教师的引导，主动征求指导教师有关自身发展和成长问题的解决策略。

（五）家长评价

主要是收集学生家长对学生表现的反馈意见。我们通过设计"南昌交通学院尚德班学生家长意见反馈表"来征求学生家长的意见，在假期由学生将反馈意见表带回，家长填写评价意见后由学生在新学期返校时交予学校。

（六）社会评价

社会评价是在开设尚德班取得一定成效后开展的一项评价方式，包括校园周边群众、社区、养老院及上级有关部门和领导评价，以及媒体的关注和获得的荣誉等方面。

[1] 王肖兵 . 论当代中国学校的德育教育 ［D］. 大连：辽宁师范大学，2005.

[2] 戴木材 . 论德性养成教育 ［J］. 江西师范大学学报（哲学和社会科学版），2000（03）：48-54.

[3] 鲁洁 . 德育现代化实践研究 ［M］. 南京：江苏教育出版社，2003.

[4] 聂福如 . 深入贯彻总体国家安全观 持续推动国家安全宣传教育高质量发展 ［J］. 红旗文稿，
2024（7）：10-14.

[5] 刘茜，董山峰，王晓飞 . 做国家安全教育的传播者 ［N］. 光明日报，2024-04-15.

[6] 王瑞荪 . 比较德育工作学 ［M］. 北京：高等教育出版社，2001.

[7] 邵培仁 . 传播学导论 ［M］. 杭州：浙江大学出版社，2001.

[8] 项久雨 . 德育工作价值论 ［M］. 北京：中国社会科学出版社，2003.

[9] 张耀灿，徐志远 . 现代思想政治教育学科论 ［M］. 武汉：湖北人民出版社，2003.

[10] 胡焱 . "中国梦"融入大学生思想政治教育的路径选择 ［J］. 学校党建与思想教育，2016
（24）：29-30.

[11] 张亚丹 . 大学生德育工作价值论 ［M］. 北京：人民出版社，2017.

[12] 周业兵，李荣新 . 论高校思想政治理论课思想性与审美性的统一 ［J］. 合肥学院学报（自然科
学版），2017（03）：126-129.

[13] 朱小曼 . 中国梦融入大学生思想政治教育的内容之维度分析 ［J］. 思想理论教育导刊，2017
（04）：135-138.

[14] 骆郁廷 . 德育工作引论 ［M］. 北京：中国人民大学出版社，2018.

[15] 刘雪纯，穆阳 . "中国梦"对提升大学生思政教育的研究 ［J］. 改革与开放，2018（07）：
125-126.

[16] 王丽 . 德育工作价值结构研究 ［M］. 北京：中央编译出版社，2019.

[17] 张杰 . 提升高校入学教育品质的探讨 ［J］. 嘉兴学院学报，2007（05）：114-116.

[18] 习近平 . 弘扬法治精神，形成法治风尚//之江新语 ［M］. 杭州：浙江人民出版社，2007.

[19] 陈万柏，张耀灿 . 思想政治教育学原理 ［M］.3 版 . 北京：高等教育出版社，2015.

南昌交通学院开展德育研学实践活动
传承文化　厚植家国情怀

　　2025 年 4 月，南昌交通学院尚德班学员与国旗护卫队队员共赴靖安县中华传统文化园（图 1），开展了一场融合文化研习、体能磨砺与精神培育的德育研学实践活动（图 2）。通过"登山明志、经典诵读、专家授课、心得分享"多个环节，学员们在自然与人文的浸润中深化家国情怀，构筑德育成长闭环。

图 1　靖安县中华传统文化园德育研学实践活动

图 2　体能磨砺的德育研学实践活动

尚德班班级建设活动展示（部分）

理想信念"筑基石"　红色研学"展风采"

行走的思政课——婺源映星火　实践致青春

2024年7月，由尚德学子组成的"尚德星火"社会实践队赴上饶市婺源县乡村，以"青春为中国式现代化挺膺担当"为主题，开展为期七天的暑期"三下乡"社会实践活动（图3）。

图3　暑期"三下乡"社会实践活动

清明祭英烈　丰碑砺青春

2024年清明节，2021级、2022级、2023级尚德班以不同形式开展"传承红色基因缅怀革命先烈"清明祭英烈系列活动（图4），缅怀革命先烈，传承红色基因，弘扬爱国主义精神。

文化浸润心灵　德育点亮人生——尚德学子开展德育研学活动

2024年4月19～21日，尚德学子于靖安传统文化园开展德育研学活动（图5），德育研学着眼于德育素质能力提升，包含爱国主义教育、红色文化、传统文化等多主题。

弘扬传统迎冬至　饺香四溢化学风

2023年12月22日，尚德学子在墨轩餐厅举办"弘扬传统迎冬至　饺香四溢化学风"包饺子劳动教育实践活动（图6）。

图 4 "传承红色基因 缅怀革命先烈"清明祭英烈系列活动

图 5 靖安传统文化园德育研学活动

图 6　包饺子劳动教育实践活动

尚德班开展校园学雷锋志愿服务活动

2025 年 3 月，我校尚德班在墨轩湖校区组织开展了校园学雷锋志愿服务活动（见图7），积极投身志愿服务，弘扬"奉献、友爱、互助、进步"的志愿服务精神，用实际行动诠释永恒的雷锋精神。

青春盛放　劳动光荣——尚德班开展劳动教育手工活动

2024 年劳动节之际，全体尚德班学生以 DIY 绿植、彩绘风筝、制作团扇等多种形式开展劳动教育手工活动（见图8）。通过特色劳动实践进一步强化大学生劳动观念，引导学生认识、感悟劳动精神和工匠精神，实现学生劳动素质和科学文化素质的全面提升。

拼搏"尚"进　同心同"德"——我校开展第一届"尚德杯"篮球友谊赛

2024 年 5 月 14 日，在墨轩湖校区风雨篮球场举办了第一届"尚德杯"篮球友谊赛（见图9）。

图 7 校园学雷锋志愿服务活动

图 8 制作团扇劳动教育手工活动

图 9　"尚德杯"篮球友谊赛

助残敬老献爱心——我校在靖安县水口乡敬老院举行德育实践基地挂牌仪式

2024 年 5 月 19 日，正值第 34 个全国助残日，我校在靖安县水口乡敬老院举行德育实践基地挂牌仪式（图 10），并开展敬老活动。

端午青春宴　情暖夕阳红

端午佳节，粽香情浓。2024 年 6 月 10 日，尚德班志愿服务队来到校外德育实践基地——靖安县水口乡敬老院，与老人们共度端午佳节。尚德学子们一起精心准备原料，淘米、洗叶、包粽子，在欢声笑语中感受集体的温暖和关怀，与老人们互动交流，共话端午习俗（图 11）。

图 10　靖安县水口乡敬老院德育实践基地挂牌仪式

图 11　"端午青春宴　情暖夕阳红"之包粽子活动

"以心迎新，爱满中秋"月饼工坊活动

尚德学子面向中秋假期留校的 2024 级新生开展冰皮月饼手工制作活动（图 12）。活动还通过线上进行了直播，让未能来到现场的新生、家长们一起欢乐相聚，实现中秋"云团圆"。

图 12 "以心迎新，爱满中秋"冰皮月饼手工制作活动